本书系湖南省教育科学"十三

"湖南中小学校责任督学能力建设实证研究"（XJ

责任督学
能力建设探微

肖凯文　等／著

湖南师范大学出版社
·长沙·

图书在版编目（CIP）数据

责任督学能力建设探微 / 肖凯文等著. —长沙：湖南师范大学出版社，2021.6

ISBN 978 - 7 - 5648 - 4214 - 7

Ⅰ.①责… Ⅱ.①肖… Ⅲ.①中小学—教育视导—研究—湖南

Ⅳ.①G637

中国版本图书馆 CIP 数据核字（2021）第 118410 号

责任督学能力建设探微

Zeren Duxue Nengli Jianshe Tanwei

肖凯文　等/著

◇出　版　人：吴真文
◇责任编辑：彭　慧
◇责任校对：赵英姿
◇出版发行：湖南师范大学出版社
　　　　　　地址/长沙市岳麓区　邮编/410081
　　　　　　电话/0731 - 88873071　88873070　传真/0731 - 88872636
　　　　　　网址/http：//press. hunnu. edu. cn
◇经销：新华书店
◇印刷：湖南雅嘉彩色印刷有限公司
◇开本：787 mm×1092 mm　1/16
◇印张：15.5
◇字数：360 千字
◇版次：2021 年 6 月第 1 版
◇印次：2021 年 6 月第 1 次印刷
◇书号：ISBN 978 - 7 - 5648 - 4214 - 7
◇定价：69.00 元

如有印装质量问题，请与承印厂调换。

因爱出发　为爱成长

——我的教育督导成长经历
（代序）

肖凯文

我和教育督导的缘分是从 1996 年开始的。那一年，我在一所镇中心中学当教务主任，同时担任班主任和语文教学工作。有一天，学校收到一个素质教育论文比赛的通知，组织单位是县人民政府教育督导室。这是我第一次知道有这么一个部门，也是第一次接触"教育督导"这个固定短语。我试着写了《浅谈班主任在实施素质教育中的作用》参赛，居然获了一等奖，一种对教育督导的好感油然而生。从此，我开始关注起关于教育督导的话题和文章来，找来《教育督导暂行规定》反复研读，对教育督导和督学有了一些基本的认识。

1999 年 8 月，我从一所县属完全中学选调到镇教育办担任普教专干。当时，正逢全县迎接省和国家"两基"评估验收，有不少的评估指标需要普教专干指导并落实。我废寝忘食地学习了关于"两基"的全部资料，遇到疑惑，虚心向同事、同行请教。我迅速进入角色，承担起了普教这一块的迎检工作。也是在这段时间，我深入了解和理解了教育督导，目睹了各级督学的风采。督学们谈吐时的博学多才、工作上的一丝不苟、作风上的客观公正，让我羡慕和钦佩。我爱上了教育督导这个职业，做一名优秀的督学成了我的奋斗目标。

有了目标，就有了前行的动力。坚持对教育法律法规、规章、党和国家教育方针政策的学习，成了我的自觉行为；对相关的培训，我倍加珍惜；关注教育热点、难点、弱点，也成了我的习惯。譬如，2000 年教育部开展"减负"行动，我关注后写的随笔《"减负"的关键在于提高教师的素质》，发表在 5 月 8 日《娄底日报》"校园四季"版头条；《让学生做做"小板凳"吧》发表在 2002 年 5 月 26 日《教师报》头版。2006 年 6 月 29 日，第十届全国人民代表大会常务委员会第二十二次会议对《中华人民共和国义务教育法》进行了修订；我反复研读，撰写的《依法治教：办教育的理想境界——解读新修订的〈中华人民共和国义务教育法〉》，发表在当时的《新化教育》上。我一直高度关注党和国家教育方针在不同时期的表述，前后写过几篇关于党和国家教育方针的文章。

我特别重视提升自己的实践能力。我先后在两个教育办分管年度目标管理考核工作，一方面负责迎接县教育局对教育办的考核，另一方面要组织实施对辖区内中小学校的考核。我有一个成功的做法：先反复研读教育局印发的方案和考核细则，仔细揣摩每一个指标的设计意图，思考相应的措施。然后组织召开目标管理考核专题会议，我对方案与考核细则进行解读，组织讨论，了解与征求不同意见，统一认识后，把每项指标分解给相关成员负责，要求把负责的指标融入到所分管工作的计划和活动安排中，有些指标还必须纳入到对辖区内中小学校的考核细则中。最后，我每月组织一次指标落实情况的摸底，并通报。坚持这么做之后，两个教育办的年度目标管理考核均取得了全县乡镇第一名的历史性突破。慢慢地，我在全县教育行政队伍里有了点小名气。

机会总是垂青有准备的人。2003年，省人大对县级人民政府开展义务教育执法检查。县教育局组织股室负责人以上领导干部研究这项工作，一致达成由县教育督导室牵头做迎检准备的共识。当时，县教育督导室只有两位老同志，其中主任临近退休，参加会议的督导室主任提出："要我们牵头可以，但必须借调一个年轻人来做事。"局长当即表态同意，并问借谁。督导室主任说出了我的名字。了解我的领导随即表示支持，发表了诸如"这位同志很优秀，完全可以胜任这项工作"的意见。大家基本上没有异议，我被当场确定为借调人选。这些，是事后一位领导朋友无意间说出来的。

这是我第一次借调到县教育督导室。尽管这只是一次临时的借调，但也算出发在教育督导的路上了。我异常兴奋，全身心地投入迎检工作，资料汇总、数据统计、自查报告撰写，都是我一人负责。双休日都没有了，但我一点不觉得累，反而收获着工作的快感。迎检工作结束后，我留在督导室继续工作了几个月，参与了全县首批示范性完全小学的评估；指导相关学校接受市级示范性初中的评估；为全省展示"两基"成果的著作《历史的丰碑》撰稿，主笔写了《安得广厦千万间，大庇莘莘学子俱欢颜》的通讯；具体组织与参与对乡镇教育办、县属学校的年度目标管理考核；负责迎接"普九"年检工作，撰写的汇报材料，被当时的分管局长称赞是他目前见到写得最好的。短短的10个月，我在督导室得到了真刀实枪的锻炼，明显感觉自己在成长。

2004年4月，我被组织安排到城郊一个镇教育办任普教专干，不久被提拔为分管教育教学业务的副主任。由于有在县教育督导室的工作经历，我的视野开阔了，追求起办学的品位，开始用科研思维来探寻解决实际问题的策略。当时，正逢轰轰烈烈的全国第八次新课改。我对全镇中小学教师作了通识培训讲座；组织开发的小学品德与生活、语文、数学、英语四堂新课改示范课，被县教育局安排到不少乡镇开展观摩研讨；为切实指导课改实践，我主编《走进新课堂 实施新课程》一书，该书被县教育局推荐到全县中小学校学习、借鉴；撰写的《爱，实施新课程的灵魂》发表在2005年第2期《课程改革实验通讯》；作为核心研究人员参与了省级教育科学规划课题《提高教师开发与利用课程资源能力研究》的研究工作，主持省教育学会规划课题《农村学校开发利用德育课程资源，增强德育实效研究》。这些算是为全县推进新课改尽了一点绵薄之力吧。

2006年，湖南启动县级人民政府教育工作"两项督导评估考核"。我县2008年接受督导评估。2007年下半年，县教育局成立了迎检办。我又被借调到县教育督导室，担任迎检办副主任，负责业务培训指导、组织召开现场会、整理迎检资料、开展自评等工作。我那时尽管还不是正儿八经的督学，但能严格按督学的标准要求自己。心想，我既然热爱督学这个"角色"，那就不能辜负这种爱，要让这个"角色"因为我的爱而更加充满魅力，所以，我必须努力成长。那段时间，我坚持做到勤于学习与思考、善于实践与总结、敢于反思与创新，教育政策理论水平与实践能力有了较大提升；撰写的《关于增强农村教师队伍建设实效的督导报告》在湖南省第三届教育督导优秀论文和成果评选中获一等奖，发表在《教师》杂志上，全文收入《湖南教育督导工作年度报告》，多次被一些省级以上科研课题作为参考文献；撰写的《一个细节激发了一位教师的成长》发表在《教育督导》杂志上，被《教师》杂志转载。

2010 年 8 月，我被组织安排到一所处于倒闭状态的县属完全中学负责，不久，被任命为这所学校的校长兼支部书记。两次教育督导工作经历，使我把握全局的能力增强了。我想，要让这所学校从低谷中突围，恢复元气，有所发展，光以身作则、吃苦耐劳还远远不够，必须有管理智慧，创造性地开展工作。经过一个月的调研与思考，我提出了"办积极影响学生一生的学校""让每个学生每天都有新进步"的办学理念；明确了"从最容易做好的校容校貌抓起，从最能产生教育效益的养成教育抓起，从最能提高教学质量的课堂教学改革抓起，从最能全面提升教师素养的校本培训抓起，从最能得到认可的校友文化抓起，从最有效解决实际问题的教育科研抓起"的"六抓"工作策略；制定学校近期、中期、长期发展规划来凝聚和激励师生。得到师生认可后，我和师生一道一点一点去落实。老师们当年是这么评价我的："我们的校长天天在想事，天天在做事，天天在按计划艰难推进……几年下来，我们校长消瘦了 20 多斤。"其间，我主持省级教育科学规划资助课题《中学校友资源开发利用研究》，有效开发校友资源，凝聚起校友的力量与智慧，助力学校可持续发展；课题研究收获了丰富的理论成果与实践成果，结题鉴定为"优秀"。我和师生付出的心血与智慧有了回报，学校逐渐走出困境，步入正常的发展轨道，获得了"全省教育系统十佳学习载体""全市教育宣传工作先进单位""全县先进基层党组织""全县城乡环境整建先进单位""全县教育教学常规管理先进单位"等荣誉称号。全县第二轮"两项督导评估考核"迎检现场会在我校召开，由我作业务辅导讲座。

出于做一位优秀督学的初心，我向组织请求调整到县教育督导室工作，得到了组织的批准。我第三次来到县教育督导室，当了一名"货真价实"的专职督学。很多朋友对我此举不解，说我一个堂堂的副科级法人代表，高级五档，在学校的几年，既有苦劳，又有功劳，现在连股室负责人都不是，职称岗位也从五档降到六档，到底图什么啊！我平静地告诉朋友们，我能做专职督学比什么都强，这可是我近 20 年追求的梦想啊！我与教育督导结下的这个情结这辈子怕是解不开了。

我有自知之明，清楚自己现在顶多算是一名合格督学，离"优秀"还差很远。有了这种认识，尽管我第三次进县教育督导室时，已近知天命之年，但对教育督导的信念一点没有动摇，对工作的激情一点没有减少，对成长的渴望一点没有消失，坚持做好"学习、思考、实践、总结、反思、创新""12 字"文章；我在督导室分管业务工作也给了我得天独厚的成长机会。期间，我负责创建了县教育阳光服务中心，担任了一段时间的全县教育新闻发言人。这些工作实践也助我成长。我特别重视督学集中培训学习的机会，每次培训都坚持撰写学习心得。

在这样的氛围里，这几年，我有了实实在在的成长，先后被聘为湖南省示范性普通高中网络督导评估专家、湖南省教育督导评估专家、湖南省教育科学"十四五"规划课题评审咨询专家。湖南省示范性普通高中网络督导评估专家，全省只聘了 30 位，我有幸成为三十分之一，还被评为优秀专家。我撰写的《精准督导，促进薄弱学校快速健康发展》《有效督学，促进教师专业成长》在全省教育督导优秀论文评选中均获得一等奖，前者全文收入 2018 年 5 月湖南省政府督查室编印的《政务督查案例文集》；《责任督学能力建设的思考与探索》发表在 2017 年第三期《中小学校长》；等等。我申报的科研成果《魅力人生：校友育人研究》获娄底市第五届基础教育教学成果一等奖、第四届湖南省教育科学研究优秀成果一等奖，填补了县里在这个奖项上一等奖的空白和市里在这个奖项上一等奖的空白。

我县督学责任区制度及责任督学挂牌督导制度实施以来，我就承担了督学责任区与责任督学挂牌督导的机制建设工作，担任责任督学的业务指导。我一直在思考，怎么来提高挂牌督导的成效？怎么来保持这项制度的生命力？我把落脚点集中到了责任督学这个群体。2017 年，我作为主持人向省教育科学规划办申报了《湖南中小学校责任督学能力建设实证研究》课题，该课题被省教育科学规划领导小组批准立项为重点资助课题。几年来，我团结带领课题组成员开展扎实有效的研究，取得了较为丰富的理论成果与实践成果。我县责任督学的业务水平、专业素养与实践能力有了大幅提升，挂牌督导成效明显，助力全县取得了一系列成果。如新化县责任督学挂牌督导体制机制建设获 2017 年度娄底市教育系统创新奖；新化县第一中学与新化县第二中学、新化县第三中学、新化县第四中学分别在省、市督导部门组织的督导评估中获得优秀等级；新化县人民政府教育督导室荣获 2018 年国家义务教育质量监测优秀组织奖；新化县在湖南省第三轮"两项督导评估考核"中荣获"综合优秀"，并被授予"教育强县"称号等。

这是我的教育督导成长经历。我只是督学大军里的一粒微尘，在这里，很想借我的成长经历告诉责任督学朋友们：既然选择了责任督学这个岗位，就要深深地爱着，为爱成长；在挂牌督导的工作经历中，肯定会遇到很多不如意，不要轻易动摇你当初对挂牌督导的信念，要坚信教育督导的明天会更好。正如知名人士鄢福初先生曾经教导我的"看准了，就要'锲而不舍'"。做督学确实需要锲而不舍的意志。持久的爱、坚定的信念和锲而不舍的意志，是你自觉提升能力、不断成长、走向成功的原动力。

目 录
CONTENTS

上编 理论篇

第一章 责任督学顶层设计 ················ （003）

第一节 责任督学产生的背景 ················ （003）

第二节 责任督学挂牌督导顶层设计 ················ （004）

第三节 责任督学挂牌督导湖南探索 ················ （005）

第二章 责任督学能力需求 ················ （008）

第一节 职能职责基本规定 ················ （008）

第二节 责任督学水平评估 ················ （009）

第三节 学校督导内容与策略 ················ （010）

第四节 教育质量评估监测 ················ （016）

第三章 责任督学能力建设 ················ （021）

第一节 责任督学能力建设政策摘要 ················ （021）

第二节 责任督学能力建设途径方式 ················ （022）

第三节 责任督学能力建设湖南做法 ················ （027）

第四节 责任督学能力建设研究报告 ················ （028）

第四章 研究人员理论成果 ················ （036）

第一节 第三只眼看责任督学 ················ （036）

第二节 责任督学能力建设探索 ················ （044）

第三节 督学方式创新研究 ················ （061）

第四节 学校督导案例研究 ················ （070）

下编　实践篇

第五章　责任督学机制建设 ·· (093)

新化县督学责任区管理规程 ·· (093)

新化县责任督学管理办法 ·· (096)

新化县督学责任区与责任督学绩效考评实施方案 ········· (101)

新化县 2017 年度责任督学挂牌督导工作要点 ··············· (109)

新化县责任督学赴新晃、芷江学习考察方案 ················· (113)

第六章　督导评估工具开发 ·· (115)

新化县 2017 年初中、高中学考和高考复习迎考专项督导方案 ···· (115)

新化县督学责任区 2017 年 9 月随访督导方案 ··············· (121)

新化县乡镇（场、办）中心小学督导评估方案 ·············· (128)

新化县教育工作模拟督导评估方案 ······························ (140)

第七章　责任督学县本培训 ·· (143)

精准·有效·创新　全面推进督学责任区工作 ············· (143)

关于"义务教育均衡发展"的学习与思考 ·················· (150)

做实基础　查漏补缺　胸有成竹　微笑应对 ················ (154)

第八章　学校督导评估报告 ·· (161)

新化县 2018 年度幼儿园办园行为督导评估报告 ············ (161)

湖南省某示范性高中网上督导评估意见 ······················ (166)

娄底市某示范性高中督导评估意见 ······························ (170)

新化县某中心小学督导评估意见 ································· (175)

新化县某初级中学督导评估意见 ································· (178)

新化县责任督学随访督导报告 ···································· (181)

第九章　教育督导经验推广 ·· (183)

人大决议提升教育督导权威 ·· (183)

以教育科研促责任督学能力提升 ································· (184)

以督导评估为抓手，推进县域教育跨越发展 ················ (186)

新化县着力加强督学能力建设 ···································· (187)

全面部署幼儿园办园行为督导评估工作 ······················ (188)

落实三大举措　提升挂牌督导成效 ………………………………………（189）

基于国家质量监测结果，组织开展课题研究 ……………………………（192）

全县顺利完成中西部教育发展监测信息填报工作 ………………………（193）

新化一中：以网评为抓手，促管理，提质量 ……………………………（194）

新化一中：有效开展师德师风教育与业务培训 …………………………（196）

新化三中为考生提供优质服务 ……………………………………………（197）

附录　一位督学的观察与思考 ……………………………………（198）

让学生做做"小板凳"吧 ……………………………………………………（198）

关于增强农村教师队伍建设实效的督导报告 ……………………………（200）

办学理念：学校文化的灵魂 ………………………………………………（205）

爱：实施新课程的灵魂 ……………………………………………………（207）

现行党和国家教育方针必须有个统一表述 ………………………………（210）

呼唤德育魅力 ………………………………………………………………（212）

我们的教育忽视了什么 ……………………………………………………（214）

"减负"的关键在于提高教师的素质 ………………………………………（216）

教育督导要为学校解围 ……………………………………………………（218）

社会实践不应成为学生的"奢求" …………………………………………（222）

开发利用校友资源　推动学校文化建设 …………………………………（223）

推进依法治教的思考 ………………………………………………………（226）

新化教育到了"众人划桨开大船"的时刻 ………………………………（229）

快乐着　收获着 ……………………………………………………………（232）

参考文献 ………………………………………………………………（234）

后记 ……………………………………………………………………（236）

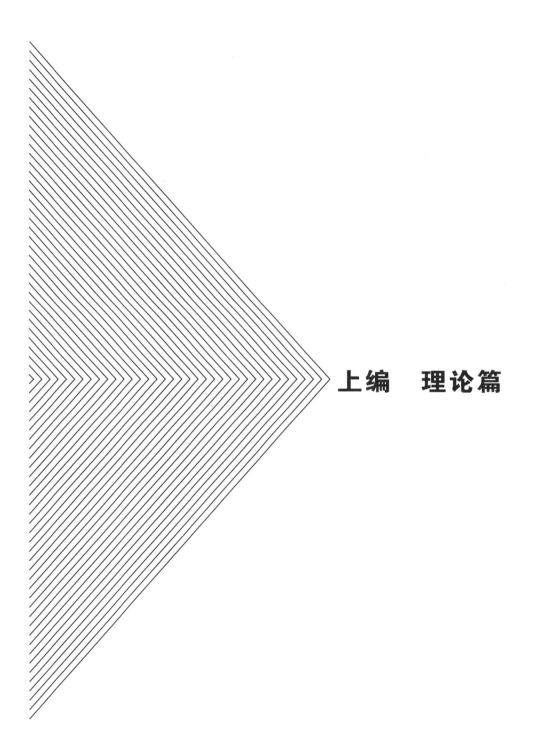

上编　理论篇

教育督导的目的是为了保证教育法律、法规、规章和国家教育方针、政策的贯彻执行，实施素质教育，提高教育质量，促进教育公平，推动教育事业科学发展。

责任督学实施挂牌督导，承担着多个角色。一般认为，责任督学是教育政策的宣传贯彻者、办学行为的监督者、学校管理和教育教学的指导者、素质教育的推动者、教育质量的评价者、现状问题的发现与诊断者、典型经验的推广者、社会各界的联系者等。本编就责任督学胜任这些角色的能力需求与能力建设作系统的理论探索。

党的教育方针是党的理论和路线方针政策在教育领域的集中体现，在教育事业发展中具有根本性地位和作用。党的教育方针最新的规范表述为："教育必须为社会主义现代化建设服务、为人民服务，必须与生产劳动和社会实践相结合，培养德智体美劳全面发展的社会主义建设者和接班人。"责任督学要做学习宣传贯彻党的教育方针的先锋。

第一章　责任督学顶层设计

"责任督学"是一个年轻的词汇，正式出现还不足 9 年，目前在教育界却广为人知，为什么有这样的效果呢？这是与责任督学挂牌督导的工作特点分不开的。挂牌督导是指县（市、区）人民政府教育督导部门为区域内每一所学校设置责任督学，对学校进行经常性督导；教育督导部门根据区域内中小学校布局和在校生规模等情况，按 1 人负责 5 所左右学校的标准配备责任督学；教育督导部门按统一规格制作标牌，标明责任督学的姓名、照片、联系方式和督导事项，在校门显著位置予以公布。本章针对"责任督学从哪里来""为什么要设置'责任督学'"等问题予以阐述。

第一节　责任督学产生的背景

责任督学是伴随督学责任区而产生的。我国督学责任区制度的建立经历了一个自下而上的过程，可追溯到 2004 年，河南焦作市率先在教育督导规定中提出了实施督导责任区，其后，这一制度逐步在各地推开。真正全面铺开是在 2010 年 7 月 29 日国家发布《国家中长期教育改革和发展规划纲要（2010—2020 年）》（以下简称《教育规划纲要》）以后。

《教育规划纲要》明确提出：完善督导制度和监督问责机制。制定教育督导条例，进一步健全教育督导制度。探索建立相对独立的教育督导机构，独立行使督导职能。健全国家督学制度，建设专职督导队伍。坚持督政与督学并重、监督与指导并重。加强义务教育督导检查，开展学前教育和高中阶段教育督导检查。强化对政府落实教育法律法规和政策情况的督导检查。建立督导检查结果公告制度和限期整改制度。

为落实《教育规划纲要》"坚持督政与督学并重"的要求，至 2011 年底，全国已有 25 个省份及新疆生产建设兵团建立了督学责任区制度。在广泛实践探索总结的基础上，2012 年 5 月 4 日，教育部出台了《关于加强督学责任区建设的意见》（以下简称《意见》）。《意见》阐述了加强督学责任区建设的意义，明确了督学责任区设立的原则和职能、责任区督学的工作任务与工作要求、督学责任区工作的管理。该文件里，"责任督学"的称谓还没出现，一直表述为"责任区督学"。2012 年 9 月 5 日，教育部出台了《关于进一步加强中小学校督导评估工作的意见》，目的在于落实教育规划纲要对中小学校建设和发展提出的新目标、对教育督导评估工作提出的新要求，适应基础教育自身的新发展。该文件明确提出"要落实督学责任区制度，明确责任督学职责，加强对学校教育教学工作的督查和指导"。"责任督学"的称谓也因此确定下来。2012 年 8 月 29 日，国务院第 215 次常务会议通过了《教育督导条例》，自 2012 年 10 月 1 日起施行。《教育督导条例》第十三条规定"县级人民政府负责教育督导的机构应当根据本行政区域内的学校布局设立教育督导责任区，指派督学对责任区内学校的教育教学工作实施经常性督导"。第十四条规定"督学对责任区内学校实施经常性督导每学期不得少于 2 次"。自此，督学责任区建设、责任督学的配备与工作要求进入了教育法规。2013 年，国务院教育督导委员会办公室相继出台《中小学校责任督学挂牌督导办法》《中小学校责任督学挂牌督导规程》《中小学校责任督学工作守则》，明确了责任督学的工作职责与工作规程，奠定了责任督学的地位。2014 年 2 月 7 日，国务院教育督导委员会办公室印发《深化教育督导改革转变教育管理方式的意见》，提出了"深化教育督导改革是转变教育管理方式的重大举措"。要求各地将责任督学挂牌督导作为教育督导改革的重点内容抓紧抓实。这对督学责任区制度与责任督学挂牌督导制度落实落地起到了推动作用。

第二节　责任督学挂牌督导顶层设计

对于中小学校责任督学挂牌督导，国家层面作出了较好的顶层设计。2013 年 9 月 17 日，国务院教育督导委员会办公室印发《中小学校责任督学挂牌督导办法》（以下简称《办法》），《办法》指出：实行挂牌督导制度是转变政府管理职能、加强对学校监督指导的重要举措，也是加强与学校和社会联系、办人民满意教育的有效方式，有利于延伸教育督导的触角，及时发现和解决学校改革发展中出现的问题，推动学校端正办学思想，规范办学行为，实施素质教育，提高教育质量，实现内涵发展。要求各地要高度重视，加强领导，制定和完善本地挂牌督导的措施和办法，积极创造条件，按照《办法》的要求配足责任督学，在2013 年年底前将挂牌督导制度覆盖所有中小学校，并及时将有关实施情况报国务院教育督导委员会办公室。强调国务院教育督导委员会办公室将对各地实行挂牌督导工作进行检查。

《中小学校责任督学挂牌督导办法》共十二条，第一条对"挂牌督导"进行了释义，要求"教育督导部门应按统一规格制作标牌，标明责任督学的姓名、照片、联系方式和督导事项，在校门显著位置予以公布"。本办法对挂牌督导工作进行了全面的设计与安排，明确了责任督学的基本职责和经常性督导的主要事项；对责任督学挂牌督导学校所数、公示牌、聘任、督导方式、督导纪律、工作保障、培训、考核、奖惩、结果运用等方面有比较明确的规定；对学校作出了"必须接受责任督学的监督指导，按要求提供情况和进行整改"的规定。在经常性督导的主要事项中，强调了学校安全：发现危及师生安全的重大隐患，责任督学应及时督促学校和相关部门处理；对各种突发事件或重大事故，责任督学应第一时间赶赴现场，及时了解并上报有关情况。规定责任督学对每所学校实施经常性督导每月不得少于 1 次，视情况可随时对学校进行督导。这比《教育督导条例》规定的"督学对责任区内学校实施经常性督导每学期不得少于 2 次"更加明确。《中小学校责任督学挂牌督导办法》对县级教育督导部门部署挂牌督导工作、责任督学对所挂牌学校实施经常性督导提供了条件保障与可操作性。

同年 12 月 18 日，国务院教育督导委员会办公室印发《中小学校责任督学挂牌督导规程》《中小学校责任督学工作守则》。这些文件的出台，为责任督学开展规范、科学、实效的挂牌督导工作提供了行动指南。

2015 年 9 月 11 日，国务院教育督导委员会办公室印发《关于开展全国中小学校责任督学挂牌督导创新县（市、区）评估认定工作的通知》，制定了《全国中小学校责任督学挂牌督导创新县（市、区）评估认定标准》，该标准共设计了 39 个考核指标。这项举措为县（市、区）挂牌督导工作树立了一个奋斗目标，有利于促进全国中小学校责任督学挂牌督导工作质量的提升。2016 年 7 月 29 日，教育部印发了《督学管理暂行办法》，本办法对督学的聘任、责权、监管、培训、考核等方面作了明确的规定，旨在促进督学管理科学化、规范化、专业化，建设一支高水平、专业化、适应教育督导工作新形势的督学队伍，提高教育督导工作的质量和水平，保障教育事业科学发展。

2018 年 7 月 12 日，国务院教育督导委员会办公室印发了《全国中小学校责任督学挂牌督导创新县（市、区）评分标准的函》。《全国中小学校责任督学挂牌督导创新县（市、区）评分标准》完善与提升了《全国中小学校责任督学挂牌督导创新县（市、区）评估认定标准》，强调了挂牌督导的效益，设计了 46 个考核指标和三项一票否决，总分设置为 100 分，量化到了每一个考核指标，提供了详细的扣分细则，还特别提示单个指标得分可为负分。这套评分标准吸收了挂牌督导制度实施以来的成果，结合了教育发展的新形势和对教育督导评估的新要求，便于各县（市、区）开展自查自评，找到短板与差距，是目前县（市、区）完善挂牌督导制度和责任督学实施挂牌督导的指路明灯，需认真研读，落实在行动中。

第三节　责任督学挂牌督导湖南探索

湖南是建立督学责任区制度较早的省份之一。2010 年 4 月 28 日，湖南省教育厅印发了《关于建立督学责任区制度的通知（试行）》，决定从 2010 年秋季起，在全省范围内建立和实施督学责任区制度。此文件阐明了建立督学责任区制度的目的与意义：长期以来，教育督导在落实教育优先发展战略地位、全面推进素质教育、努力提高教育教学质量等方面发挥了独特而有力的推动作用。但目前基础教育领域仍然存在办学思想不够端正、办学行为不够规范，尤其是国家新课程改革难以落实的问题，不符合现代教育发展的基本规律和全面实施素质教育的基本要求。为了有效遏止这种现象，适应基础教育改革发展对教育督导工作的新要求，有必要在全省建立"以县为主、分级负责"的督学责任区制度，对各地教育行政管理工作和中小学校办学情况进行全方位、经常性的随机督导检查，及时发现和纠正各种不规范办学行为。这既是健全教育督导制度、强化各级教育督导部门功能的有益尝试，也是推进中小学督导评估和评价，全面提高学校管理水平和教育教学质量的重要保障。实施这一制度，必将更好地优化中小学教师队伍结构、提高义务教育质量、推进义务教育均衡发展和学前教育、高中教育全面发展，进而推动教育强省宏伟目标的全面实现。文件对责任区督学的组成提出了指导性的意见：每个责任区由政府教育督导室选派 3～5 名工作认真负责、业务能力强、身体健康的督学和教育督导评估专家担任责任区督学，负责对该责任区教育行政管理和学校工作进行全面督导，每个责任区设组长和联络员各一名。责任区督学的聘期一般为三年，可以优先聘任教研、电教、教育装备等部门的业务骨干，也可以聘任长期从事教育教学管理因年龄退居二线但尚未退休的教育行政管理干部、中小学校长以及教研员等，还可以根据工作需要安排部分已退休的督学或督导评估专家。

2011 年 7 月 21 日—25 日，湖南省人民政府教育督导室在省城举办了"湖南省 2011 年市县责任区督学研修班"，办班规模达到了近 500 人，培训课程相当丰富，有 10 位省内外知名专家作讲座，有 3 位厅领导讲话，有 7 个县（市、区）代表作了经验交流，还组织了结业考试。为责任督学培训课程开发与组织形式提供了成功的范例。同年 11 月 29 日，全国督学责任区制度建设经验现场交流会在长沙举行，教育部副部长刘利民称赞湖南经验"很有借鉴意义，听后倍感振奋"。这极大地鼓舞了湖南督导人，也为国家的顶层设计提供了实证依据。

2012 年 6 月，湖南大学出版社出版了由湖南省人民政府教育督导室、湖南省教育科学研究院教育督导与评价研究所组编的《湖南省督学责任区学校督导评价指南（试用本）》。该书践行"让每一所学校都有进步"的督学理念，对学校督导评价的目的、原则与督学责任，学校督导评价的过程，学校督导评价的内容和方法，学校督导评价结果的运用，督学行为准则，学校督导的各种量表与问卷开展了有效的研究与探索，为每一位督学对责任区的每一所学校实施督导评价提供了基本的操作规范和依据，是责任督学对学校开展综合督导、专项督导、随访督导可凭借的重要工具，也是学校办学应该遵循的指南。

《湖南省督学责任区学校督导评价指南（试用本）》较之同类型的工具书，独特地提出了督学实施学校督导评价时，应重点把握的原则。一是发展性原则。应以发展性评价为核心理念，以引导学生的全面发展、提高教师专业化发展水平、推进学校内涵发展为目标，坚持"督学为主、指导为主、过程性评价为主"的工作方针，使督导评价的过程成为引导学生、教师与学校发展的过程，让每一所学校都有进步。二是科学性原则。在督导评价内容与方法选择、评价工具开发与利用、信息采集与整理分析、评价报告的形成等方面，督学应树立先进的教育理念，借鉴前沿的国内外督导评价研究成果，运用现代教育测量技术，认真研究与科学实施，确保督导评价结果的效度与信度。三是差异性原则。无论是对学校的全面督导还是专项督导，都应尊重学校的原有基础与历史差异，既整体把握学校发展全局，帮助、指导学校准确定位，又差别化对待每一所学校，引导学校向创新型、特色化方向发展。四是合作性原则。督学应与学校建立互相信任、密切合作的伙伴关系，以平等的身份与学校进行沟通与交流，引导学校不断增强反思、调控、改进与发展的能力。同时，应采用多种方式加强与教师、学生、家长、社区公众的合作，激励相关各方参与到评价中来，逐步形成多方合作的评价机制。这些原则，确保了责任督学挂牌督导不偏向。

为实现省域内责任督学挂牌督导的"全覆盖""全过程""全方位"，湖南从 2013 年开始，又有创新举措，实施开展创建省级督学责任区建设示范点活动，年初确定一些县市区作为创建省级督学责任区建设示范点的对象，年底进行评估验收，分为优秀、合格、不合格等级，对获得优秀、合格等级的县（市、区）分别给予 10 万元、7 万元的奖励，对不合格者提出限期整改。这全面推动了全省督学责任区建设与挂牌督导工作。充分发挥示范点的作用，全省组织了多次经验交流与培训会。配合"全国中小学校责任督学挂牌督导创新县（市、区）"评估认定，开展了"中小学校责任督学挂牌督导省级创新县（市、区）"评估认定。

督学责任区建设与中小学校责任督学挂牌督导，湖南形成了经验，贡献了智慧，成效显著。醴陵、祁阳、泸溪、怀化、衡阳的实践案例入选国家教育行政学院选编的《教育管理干部研修资料》，占入选实践案例的三分之一。据 2018 年的初步统计，全省 14 个市州、122 个县市区建立了 780 个督学责任区，有专兼职责任督学 5429 人，实现了中小学校挂牌督导全覆盖。

第二章　责任督学能力需求

　　《中小学校责任督学挂牌督导办法》对"挂牌督导"进行了解释，是指县（市、区）人民政府教育督导部门为区域内每一所学校设置责任督学，对学校进行经常性督导。由此可见，中小学校责任督学属于最基层的督学，处于督学"金字塔"的第一层。责任督学直接面对的是每一所学校、每一位师生、每一位家长，接触到的是生动的教育实践与方方面面的教育问题，要对所挂牌学校的教育教学开展有效的监督、诊断、反馈、指导、协调、服务、推介、提升等督学行动，需要方方面面的能力支撑。教育督导部门、责任督学对督学的能力需求有个全面的了解，有利于增强责任督学能力建设的针对性。

第一节　职能职责基本规定

一、责任督学任职条件

　　《中小学校责任督学挂牌督导办法》第二条第二款规定：责任督学应符合《教育督导条例》第七条规定的条件。《教育督导条例》第七条规定了督学六项任职条件：（一）坚持党的基本路线，热爱社会主义教育事业；（二）熟悉教育法律、法规、规章和国家教育方针、政策，具有相应的专业知识和业务能力；（三）坚持原则，办事公道，品行端正，廉洁自律；（四）具有大学本科以上学历，从事教育管理、教学或者教育研究工作10年以上，工作实绩突出；（五）具有较强的组织协调能力和表达能力；（六）身体健康，能胜任教育督导工作。

　　《督学管理暂行办法》第六条规定，督学除符合《教育督导条例》第二章第七条的任职条件外，还应适应改革发展和教育督导工作需要，达到下列工作要求：（一）热爱教育督导工作，能够深入一线、深入学校、深入师生开展教育督导工作；（二）熟悉教育督导业务，掌握必要的检查指导、评估验收以及监测方面专业知识和技术；（三）能够保证教育督导工作时间。

二、责任督学基本职责

　　《中小学校责任督学挂牌督导办法》第三条规定了责任督学五项基本职责：（一）对学

校依法依规办学进行监督；（二）对学校管理和教育教学进行指导；（三）受理、核实相关举报和投诉；（四）发现问题并督促学校整改；（五）向教育督导部门报告情况，并向政府有关部门提出意见。

三、责任督学工作任务

《教育部关于加强督学责任区建设的意见》提出了责任督学的具体工作任务：1. 督导检查中小学校贯彻落实教育法律、法规、规章和国家教育方针政策的情况，及时发现危及中小学校安全、师生合法权益和教育教学秩序的违法违规行为，调查核实群众举报、投诉的有关教育问题。2. 指导帮助中小学校合理制定学校发展规划，规范办学行为，提高办学水平，形成办学特色；督促指导中小学校全面贯彻党和国家教育方针，遵循教育教学规律，深化教育教学改革，落实国家课程方案，扎实推进素质教育，不断提高教育教学质量，切实减轻学生过重的课业负担。3. 及时推介督导过程中发现的典型经验；及时向教育行政部门、教育督导部门和中小学校反馈可能影响中小学校正常教学秩序以及违背教育规律的问题。4. 认真研究中小学校教育教学工作中的重点、热点、难点问题，在深入调研的基础上，形成调研报告。5. 准确掌握中小学校的办学现状、发展动态及存在的问题，定期或不定期向教育行政部门和学校报告，提出建议并督促落实。

《中小学校责任督学挂牌督导办法》第四条规定责任督学围绕八项主要事项对学校实施经常性督导：（一）校务管理和制度执行情况；（二）招生、收费、择校情况；（三）课程开设和课堂教学情况；（四）学生学习、体育锻炼和课业负担情况；（五）教师师德和专业发展情况；（六）校园及周边安全情况，学生交通安全情况；（七）食堂、食品、饮水及宿舍卫生情况；（八）校风、教风、学风建设情况。

四、责任督学工作规程与工作守则

国务院教育督导委员会办公室为规范中小学校责任督学挂牌督导工作，制定了工作规程与工作守则。工作规程简要版为：制订计划、确定方案、选择方式、持证督导、校园巡视、推门听课、查阅资料、问卷调查、座谈走访、督导记录、反馈意见、整改通知、督促整改、总结汇报、撰写报告等。工作守则简要版为：爱岗敬业、依法履职、科学规范、客观公正、善于沟通、勇于担当、开拓创新、注重实效、业务精湛、廉洁自律。

第二节　责任督学水平评估

高水平的责任督学是有效实施挂牌督导的关键因素。"全国中小学校责任督学挂牌督导创新县（市、区）"实地核查，对责任督学水平的考察是其中一个非常重要的环节，专门开发了《全国中小学校责任督学挂牌督导创新县（市、区）督学水平评估表》。无论是责任督学本人，还是教育督导部门，对挂牌督导创新县责任督学水平评估有一个了解，都非常有必要。

一、评估责任督学的工作规范

评估专家从以下观测点考察责任督学的工作规范情况：1. 进校出示督学证；2. 随身携带用于记录的《督学工作手册》；3.（查阅督导记录）每次开展督导工作，制定明确督导任务和督导重点的具体方案，开发必要的工具；4. 督导中，通过笔记、拍照、录音、复制文件等方式进行记录；5. 督导中，不影响学校正常工作；6. 一次督导完成后，撰写督导意见书；7. 无违反《中小学校责任督学工作守则》情形。评估结论分为"合格"与"不合格"两个等级。

二、评估责任督学的工作能力

专家通过观测责任督学对一所学校的现场督导和提问交流，考察其工作能力是否胜任督学工作。1. 评估专家随责任督学到学校大门口查看督学公示牌悬挂情况的同时，请责任督学介绍其负责学校的情况，包括学校师生人数和比例、学校办学理念和思路、该校本学期督导工作开展情况、下一步改进和完善的建议等，评价其业务能力。2. 专家跟随责任督学进入校园，考察责任督学的校园巡视，同时询问责任督学实施挂牌督导工作、对学校进行监督指导应掌握的问题，评价其专业水平。专家主要针对学校治理结构、学生管理、课程与教学管理、教师管理、教育资源管理和安全管理等六个方面的督导工作进行提问。3. 根据实地考察和问答情况，评价责任督学沟通和语言表达能力。4. 询问具体案例或其他问题，评价责任督学发现和解决问题的能力。如：请介绍自己担任责任督学以来，通过督导推进学校规范办学行为的具体案例；若发现学校有消防隐患需要整改，应该开展哪些工作？

三、评估责任督学听课、评课水平

专家跟随责任督学进入课堂听课，实地考核责任督学听课、评课，评价其听课、评课水平。重点关注以下内容：1. 推门听课是否影响正常教学秩序；2. 听课时是否做好课堂记录；3. 听课时是否关注到课堂互动、教师教态（仪表、语言、礼貌等）、教师的教学方法和授课方式、教师的课堂教学设计、教学效果等；4. 课后是否及时与教师沟通评课；5. 评课是否客观准确，能否帮助教师提高课堂教学水平等。

第三节　学校督导内容与策略

从责任督学的基本职责与工作任务可以看出，责任督学要对学校方方面面的工作进行督导。本节就学校督导内容与策略作些探讨。

一、学校治理结构

1. 学校依法办法的水平：重点从学校办学方向、章程与制度建设、法规政策执行水平三个方面进行考察。

2. 学校办学方向：主要考察学校办学是否贯彻落实党的教育方针、是否确立素质教育的重要地位、是否坚持全面科学的教育质量观，上述几个方面的办学实践是否与办学思想一致。

3. 学校章程建设：一要考察章程内容是否全面；二要考察章程制定是否符合法定程序；三要考察章程能否发挥指导学校发展、决策学校重大事项的功能。

4. 学校管理制度建设：一要考察制度制定是否遵循相关程序；二要考察管理制度是否符合学校发展实际；三要考察管理制度的执行力和有效性。

5. 学校办学行为：一要考察执行教育法律法规和政策情况；二要考察实施校务公开情况，包括校务公开内容是否符合规定，是否建立了校务公开的规范；三要考察是否建立规范办学行为的责任制度，校长负总责，部门、管理人员分工负责，主动接受家长和社区的监督。

6. 学校办学特色：一要考察是否依据学校发展规划、重点实施项目制定办学特色创建计划，让全体管理人员、教师和学生全面参与创建办学特色的具体过程，使办学特色创建思路与规划落实于学校具体的教育教学和管理活动中；二要考察办学特色创建的主要宗旨是否服务于教师的专业发展和学生的全面发展，由此检验办学特色是否有成效，是否惠及全体师生的发展。

二、学生管理

1. 学校对学生的品德教育：主要从品德教育的培养内容和品德教育的实施途径两个方面进行考察，品德教育的内容包括理想信念、公民素养、行为养成、人格品质；品德教育的实施途径包括学科教育渗透、校内外实践活动、班主任教育工作、学生社团自我活动、校园环境建设渗透、家校合作等。

2. 学校的校园环境建设：一看学校校园是否净化、绿化、亮化、美化；二看是否开辟教育陈列室，悬挂中国、世界地图和中外名人画像；三看是否利用黑板报、壁报、橱窗、广播等多种专用场所，发挥宣传作用，起到鼓舞、激励和警示等作用；四看是否充分发挥校歌、校训和校风对学生的激励和约束作用；五看是否重视社会环境和社会信息对学生的影响，选择有益于学生身心健康的书籍、报刊、影视等，对学生进行思想品德教育，抵御各种不良影响。

3. 学校的家校合作：一是考察学校是否通过家访、家长会、家长接待日、举办家长学校、开展家庭教育咨询、建立家长委员会等多种方式，加强对家庭教育现状的分析与指导，了解家长对子女教育的诉求等；二是考察学校是否建立定期联系和反馈制度、听取家长的意见和建议、接受家长的监督、密切与家长的联系。

4. 学校落实体育课程与体育活动：一是考察学校是否开齐并规范开展体育课、活动课等课程和落实课间操，确保学生每天锻炼一小时；二是考察学校是否举办多层次、多形式的学生体育运动会，积极开展竞技性和群众性体育活动；三是考察学校是否帮助青少年掌握科学用眼知识和方法，降低青少年近视率；四是考察学校是否积极开展疾病预防、科学营养、卫生安全、禁毒控烟等青少年健康教育，并保证必要的健康教育时间。

5. 学校的心理健康教育：一是考察学校是否将心理健康始终贯穿于教育教学全过程；二是考察学校是否开展心理健康专题教育；三是考察学校是否建立心理辅导室，并有效利用；四是考察学校是否开拓网络教育阵地开展心理健康教育和咨询；五是考察学校是否密切联系家长共同实施心理健康教育。

6. 学生学习压力：主要考察学生在学习过程和生活中的状态，学生感到学习压力主要有以下表现：一是对老师传授的知识不感兴趣，如看到课本就厌烦、上课无精打采、做小动作，甚至破坏课堂纪律；二是生活上感到乏味，对什么都提不起兴趣，经常抄同学作业或根本不完成作业，甚至一见到作业就厌烦；三是与教师的关系过分紧张，从心里不喜欢、憎恨老师，甚至对所有的老师都没有好感；四是和家长的关系比较紧张，特别厌烦家长督促检查自己的学习，不愿意和家长讨论有关学习的事，经常发生亲子关系间的冲突；五是害怕考试，对考试表现出明显的焦虑。

7. 学生学业负担：主要考察学生学习或做作业时间是否超过国家教育部或地方教育行政部门有关规定的时限；学生自由活动时间是否明显减少；学生的练习册是否繁多；学校是否随意变更教学计划；学校对学生的评价是否只注重学生的学习成绩，而忽视其他方面能力的培养；学校是否采取有效措施减轻学生过重的学业负担并落到实处。

三、课程与教学管理

1. 学校的课程实施方案：一是考察学校是否科学规范安排课程。学校应按照各学段国家课程设置方案开齐、开足国家规定的课程科目，按要求开好地方课程、积极开发校本课程，不随意增减课时，不挤占艺术、体育、综合实践活动和技术等非考试科目的教学时间。二是考察学校是否认真落实实施方案。学校应该保证学生实际所上课程与课程安排表上安排的科目及周课时一致。

2. 课堂教学：主要从以下方面进行考察，教学活动是否围绕教学目标展开；教学内容是否科学、准确，容量是否恰当，重难点处理是否得当；教学方法是否灵活多样，是否注重启发引导，是否指导学生掌握科学的学习方法和思维方法，现代教育技术运用是否恰当；是否及时进行评价和反馈；教学环节是否紧凑、合理、完整，教学进度是否适宜、与学生思维是否合拍，教学的时间分配是否合理；教学语言是否准确、精炼、生动形象，板书设计是否简明扼要、重点突出、美观大方，教态是否亲切自然；练习是否有针对性，有无分层要求；是否面向全体，关注学生差异。

3. 教学效果：考察一所学校的教学效果，主要是观察课堂和学生反馈。一是课堂教学目标是否得到全面落实；二是学生积极性是否高涨、课堂气氛是否活跃；三是学生当堂掌握知识、技能的情况如何；四是师生配合是否默契、学生思维是否活跃；五是学生创新精神、实践能力和良好学习习惯是否得到培养与发展；六是学生在学习过程中是否获得积极的情感体验。

4. 学校课外活动开展：主要考察学校组织学生参加社会实践活动情况；学生社团活动和课外兴趣小组活动开展情况；组织学生参加社区活动情况。

5. 学生学习方式转变：考察学生是否由被动学习向自主学习发展；是否由个体学习向合作学习发展；是否由接受学习向探究学习发展；学习辅助工具是否由单一向多元发展。

四、教师管理

1. 师德教育：一是考察学校是否认真组织师德规范的学习；二是考察学校是否积极开展师德典型的宣传；三是考察学校是否达到提高师德的效果。

2. 师德考评：一是看学校的师德考评指标体系是否以师德规范为依据，是否涵盖了对教师师德的基本要求；二是看学校的师德考评指标是否可测量、是否清晰明确、是否与目标直接相关；三是看学校是否注重指标的导向功能，即师德考评指标体系的设计，是否以促进教师关爱学生、提高教育教学质量和提升自身专业素质为目的。

3. 校本研修内容设计：一是看教师所提的问题是否符合教育的发展趋势，能否找到与教学改革的挂钩点，从而找到解决研修主题的必要性问题；二是看教师所提的问题是否具有现实价值，是否急需寻求突破点，从而解决研修主题的紧迫性问题；三是看教师所提的问题是否以先进的理念为基石，能否找到理论上的支撑点，从而解决研修主题的合理性问题；四是看教师所提的问题是否有可资借鉴的思路，能否在已有经验的基础上找到生长点，以此解决研修主题的可行性问题。

4. 教师参与学校管理：主要考察学校是否建立健全教职工代表大会制度和校务会议等制度，发挥校务委员会、教代会等机构的作用，保障教职工参与学校决策的合法权利；学校是否设立意见箱或在学校网站中设立专门通道等渠道，让教师不受时间限制、不记名地提意见，避免面对面交谈中可能出现的尴尬或不愉快。

5. 教师工资保障：主要考察教师绩效工资是否落实到位，是否存在拖欠、截留等现象；教师绩效工资的发放是否关注教师的工作绩效，是否体现了公开公平；当教师对学校绩效考核结果有不同意见的时候，学校是否允许其通过正常渠道向学校考核工作组织和学校主管部门申诉；是否存在上级部门或其他部门向教师摊派各种费用的现象。

五、教育资源管理

1. 公用教学用房和专用教室配置：一是要遵循"实用、适用、够用"的原则；二是同一学科专用教室或功能室（如物理仪器室、准备室和实验室）要方便使用，尽量布置在同一楼层;三是有条件的地区要积极创造条件为学校配备与办学目标和课程规划目标相适应的各类专用教室。

2. 体育场地设置和体育器材配备:中小学体育场地配置包括按标准配置田径场、篮球场、排球场、器械体操区或游戏区;中小学体育器材(器械)设备配置要本着规范、安全、耐用的原则,配备能满足体操、田径、球类等课程教学所需要的运动器械、测量工具、计时工具、教学软件等,沙包、跳绳、毽子、球类等低值易耗器材设备应及时补充。

3. 图书馆设备配置:一是图书馆要设置藏书室(包括学生借书处)、学生阅览室、教师阅览室;二是图书馆要配备书架、阅览桌椅、出纳台、报刊架、书柜、目录柜、文件柜、陈列柜、办公桌椅、装订设备、安全设备等必要的设施、设备;三是图书馆的设备如书架、目录柜、桌椅要符合科学的标准和一定的规格要求,要有利于保护学生身心健康。

4. 图书配置:一是考察馆藏图书是否包括适合中小学生阅读的各类图书和报刊,供师生使用的工具书、教学参考书、教育教学研究的理论书籍和应用型的专业书籍;二是考察图书馆藏书结构是否按《中小学图书馆(室)藏书分类比例表》配备;三是考察图书馆藏书量是否低于《图书馆(室)藏书量》的规定标准,图书馆每年是否更新图书,一般每年新增图书比例应不少于藏书标准的1%;四是考察有条件的学校是否积极配备电子资源。

5. 计算机及设备配置:一是考察学校是否根据现代教育技术装备标准,配备满足学校管理和教育教学需要的计算机,每间多媒体网络计算机室按最大班额每人1台的标准配备学生用机,专任教师用机达到每人1台;二是考察"班班通"教室是否配备电视、DVD或机顶盒;三是考察多媒体教室是否配备计算机、实物展示台、投影仪、电动屏幕、展台、音响设备、交互式电子白板等多种现代教学设备。

六、安全管理

1. 学校贯彻安全工作法律法规:一是考察学校管理者和教职工是否知晓相关的法律法规,并对其有深入的理解;二是考察学校是否在全校范围内组织有针对性的培训学习;三是考察学校是否有意识地把法律法规要求体现到安全工作的部署和实施中。

2. 学校安全管理规章制度:主要考察学校是否建立健全安全管理制度;是否严格落实安全管理制度;是否建立健全了日常活动的安全管理流程;是否建立健全了突发事件的处置流程;是否做好了学校突发事件的应急预案。

3. 学校食堂设施设备安全管理:一要对照相关标准看是否达标、完备;二要考察设施设备是否存在老化、破损,食材的采购、保存是否规范;三要考察食品的加工过程是否有明确的要求、规范的操作和严格的过程管理;四要核查工作人员的健康证等;五要考察学校发现食堂设施、设备的安全隐患是否立即停止使用、及时报告并修理。

4. 学校实验设施设备安全管理:一要对照相关标准看是否达标、完备;二要考察设施设备是否存在老化、破损,实验物品、药品特别是有毒药品是否得到妥善保管,实验废弃药品是否得到合理处置;三要考察实验室是否配备专业实验人员、是否有明确实验操作要求以及教师教学时是否进行相关的安全教育等。

5. 体育设施设备安全管理：一要对照相关标准看是否达标、完备；二要考察设施设备是否存在老化、破损，是否有使用体育设施设备的说明和规范要求；三要考察教师教学时是否按照有关规范使用设施设备，是否有专门的安全教育设计并具体落实。

6. 学校大门安全管理：一要看大门的有效宽度和高度是否符合标准，一般宽度不得少于3.5米，净高度不低于4米，电动伸缩门不高于1.8米；二要看大门门扇开启、关闭、上锁是否顺畅，开启方向是否符合疏散要求，封闭式大门是否有观察窗；三要看大门通道有效宽度内有无设置岗亭、堆积物等，大门内外、两侧、门头有无悬挂的牌匾，装饰物品固定是否可靠牢固、无隐患；四要看门卫室是否有防盗门窗，是否有应急求助电话、消防、照明、防护器械和技防设施等。

七、学校督导的新要求

2020年2月，中共中央办公厅、国务院办公厅印发《关于深化新时代教育督导体制机制改革的意见》，就"加强对学校的督导"提出了如下要求：完善学校督导的政策和标准，对学校开展经常性督导，引导学校办出特色、办出水平，促进学生德智体美劳全面发展。重点督导学校落实立德树人情况，主要包括学校党建及党建带团建队建、教育教学、科学研究、师德师风、资源配置、教育收费、安全稳定等情况。指导学校建立自我督导体系，优化学校内部治理。完善督学责任区制度，落实常态督导，督促学校规范办学行为。原则上，学校校（园）长在一个任期结束时，要接受一次综合督导。各地要加强对民办学校的全方位督导。

2020年12月29日，中共湖南省委办公厅、湖南省人民政府办公厅印发《关于深化新时代教育督导体制机制改革的实施意见》，对加强学校督导的要求更加具体。完善各类学校督导评估制度，对学校开展经常性督导，引导学校办出特色、办出水平，促进学生德智体美劳全面发展。重点督导学校落实立德树人情况，主要包括落实党的全面领导、坚持正确办学方向、加强和改进党的建设以及党建带团建队建、做好思想政治工作和意识形态工作、依法治校办学以及教育教学、科学研究、师德师风、资源配置、教育收费、安全稳定等情况。建立依据国家标准、分级分类组织实施的学校督导工作机制。省级教育督导机构依据国家政策和标准，建立健全各类学校督导评估指标体系，指导全省学校督导工作，重点对高等学校进行督导，根据需要开展专项督导；市、县级教育督导机构按照管理权限和属地原则及有关规定对中小学、幼儿园进行督导。完善督学责任区制度，落实常态督导，实现中小学校、幼儿园责任督学挂牌督导全覆盖，督促学校规范办学行为。原则上，学校校（园）长在一个任期结束时，要接受一次综合督导。完善学校内部督导制度，指导学校健全自我督导体系，优化学校内部治理。各地要加强对民办学校的全方位督导。

学校督导还增加了新的内涵。加强对学校党建及党建带团建队建、科学研究、资源配置等工作的督导；加强对学校建立自我督导体系、优化学校内部治理的指导。上述内容正体现了教育督导紧跟新时代步伐不断创新与发展。

第四节　教育质量评估监测

评估监测是教育督导的重要职能。2016 年出台的《督学管理暂行办法》较之 2012 年出台的《教育督导条例》，在督学任职条件上增加了三条，其中一条是"熟悉教育督导业务，掌握必要的检查指导、评估验收以及监测方面专业知识和技术"。这表明督学要适应教育的快速发展与教育督导的自身发展。

一、评估监测的政策依据

2014 年 2 月 7 日，国务院教育督导委员会办公室印发的《深化教育督导改革转变教育管理方式的意见》提出了深化教育督导改革的工作目标，即形成督政、督学、评估监测三位一体的教育督导体系。督政——建立地方政府履行教育职责督导评价机制，严格落实问责制度，引导地方政府优先发展教育事业，提高基本公共教育服务能力和水平。督学——完善督学队伍管理，实行督学责任制，监督指导各级各类学校规范办学行为，全面提高教育质量。评估监测——建立教育督导部门归口管理、专业机构提供服务、社会组织多方参与的专业化教育质量评估监测体系，对各级各类教育进行科学、系统、权威的评估监测，为改进教育教学、管理、决策提供依据和支撑。

2019 年 6 月 23 日，中共中央、国务院印发《关于深化教育教学改革全面提高义务教育质量的意见》，提出"健全质量评价监测体系"。建立以发展素质教育为导向的科学评价体系，国家制定县域义务教育质量、学校办学质量和学生发展质量评价标准。县域教育质量评价突出考察地方党委和政府对教育教学改革的价值导向、组织领导、条件保障和义务教育均衡发展情况等。学校办学质量评价突出考察学校坚持全面培养、提高学生综合素质以及办学行为、队伍建设、学业负担、社会满意度等。学生发展质量评价突出考察学生品德发展、学业发展、身心健康、兴趣特长和劳动实践等。坚持和完善国家义务教育质量监测制度，强化过程性和发展性评价，建立监测平台，定期发布监测报告。

2020 年 2 月，中共中央办公厅、国务院办公厅印发《关于深化新时代教育督导体制机制改革的意见》，要求"加强和改进教育评估监测"。建立健全各级各类教育监测制度，引导督促学校遵循教育规律，聚焦教育教学质量。完善评估监测指标体系，加强对学校教师队伍建设、办学条件和教育教学质量的评估监测。开展幼儿园办园行为、义务教育各学科学习质量、中等职业学校办学能力、高等职业院校适应社会需求能力评估。继续实施高等教育评估，开展博士、硕士学位论文抽检，严肃处理学位论文造假等学术不端行为。积极探索建立各级教育督导机构通过政府购买服务方式，委托第三方评估监测机构和社会组织开展教育评估监测的工作机制。

2020 年 10 月，中共中央、国务院印发《深化新时代教育评价改革总体方案》，提出了"加强专业化建设"。构建政府、学校、社会等多元参与的评价体系，建立健全教育督导部门统一负责的教育评估监测机制，发挥专业机构和社会组织作用。严格控制教育评价活动数量和频次，减少多头评价、重复评价，切实减轻基层和学校负担。各地要创新基础教育教研工作指导方式，严格控制以考试方式抽检评测学校和学生。创新评价工具，利用人工智能、大数据等现代信息技术，探索开展学生各年级学习情况全过程纵向评价、德智体美劳全要素横向评价。完善评价结果运用，综合发挥导向、鉴定、诊断、调控和改进作用。加强教师教育评价能力建设，支持有条件的高校设立教育评价、教育测量等相关学科专业，培养教育评价专门人才。加强国家教育考试工作队伍建设，完善教师参与命题和考务工作的激励机制。积极开展教育评价国际合作，参与联合国 2030 年可持续发展议程教育目标实施监测评估，彰显中国理念，贡献中国方案。

2020 年 12 月 29 日，中共湖南省委办公厅、湖南省人民政府办公厅印发《关于深化新时代教育督导体制机制改革的实施意见》，要求"加强和改进教育评估监测"。建立由教育督导机构统一归口管理、多方参与的教育评估监测机制，引导督促学校遵循教育规律，聚焦教育教学质量，为改善教育管理、优化教育决策、指导教育工作提供科学依据。省级教育督导机构依据国家标准建立健全各类教育评估监测指标体系，指导全省教育评估监测工作，根据需要开展各类教育评估监测；市级教育督导机构负责督促、指导、协调所辖县市区教育评估监测实施工作；县级教育督导机构负责承担教育评估监测的信息报送、组织、宣传、培训等工作。市、县级教育督导机构可根据需要自主开展教育评估监测。鼓励通过政府购买服务方式，委托第三方评估监测机构和社会组织开展教育评估监测工作。

二、国家义务教育质量监测

义务教育是教育工作的重中之重，是提升国民素质的奠基性工程。国家高度重视义务教育优质均衡发展。教育教学质量评估监测率先从义务教育取得了突破。

21 世纪初开始，我国便深入学习 PISA 等国际大规模教育监测项目的经验，逐步形成了国家义务教育质量监测体系。国家义务教育质量监测经历了两个阶段，2007—2014 年（共八年）为试点监测阶段。2015 年 4 月 15 日，国务院教育督导委员会办公室印发《国家义务教育质量监测方案》，明确 2015 年开始进入正式监测阶段，做到一年一监测，三年一周期。监测学科为语文、数学、科学、体育、艺术、德育，主要依据我国义务教育课程设置的基本要求，考虑相关学科对学生发展的影响程度，并借鉴了部分国家和国际项目的做法。第一年度监测数学和体育，第二年度监测语文和艺术，第三年度监测科学和德育。监测学科主要内容参照义务教育课程标准而设定，重点测查学生掌握知识、技能的程度和分析解决问题的能力。在监测语文、数学、科学、体育、艺术、德育等六个学科领域表现水平的同时，还对相关影响因素进行调查。监测对象为义务教育阶段四年级和八年级学生，主要依据义务教育课程标准对各学段各学科的划分情况，并考虑学生认知和学习能力发展的阶段性特征而确定。

国家义务教育质量监测工作由各级教育督导部门组织实施，现场测试，样本县教育督导部门为每所样本学校选派一名责任督学，负责全面监督样本校测试工作。

出台《国家义务教育质量监测方案》（以下简称《方案》）时，教育部督导办负责人接受记者采访，就有关问题回答了记者的提问。其中阐明了开展义务教育质量监测的原因：

第一，开展质量监测是新时期提高义务教育质量、解决义务教育热点难点问题的必然要求。我国九年义务教育实现全面普及后，提升教育质量成为义务教育改革发展的核心任务。但是长期以来，由于缺乏准确反映义务教育质量状况的客观数据，我们既不能全面客观地对义务教育质量做出评价，也不能有效诊断存在的问题及其根源，单纯以成绩和升学率为标准来评价学校教育教学质量的现象一直存在。为此，亟须建立国家义务教育质量监测制度，开展义务教育质量监测，通过准确掌握教育现状，找准问题分析原因，对症下药，提出改进学校教育教学的科学对策，促进学生全面发展，提升义务教育质量。

第二，开展质量监测是提高教育督导针对性和有效性，加强宏观管理和科学决策的重要举措。我国现有义务教育阶段学校 26 万多所，专任教师 900 多万，在校学生近 1.4 亿。义务教育量大面广，各地发展不平衡。要实现对义务教育有效的宏观管理，必须转变教育管理方式，强化督导评估监测，对我国义务教育质量在地区、城乡、校际之间的差异进行全面把握和及时监控，对未来变化趋势作出预测，引导和推动科学决策，更好地发挥监督和监管的作用。同时，通过发布质量监测结果，可以督促政府、引导社会树立正确的教育质量观念，营造支持教育改革发展、有利于学生健康成长的良好氛围。从这个意义上说，出台《方案》使义务教育质量监测有据可依，是有效开展教育督导、加强教育监管的重要举措。

第三，我国目前已具备全面开展义务教育质量监测的基本条件。一是建立了机构。2007 年 11 月，教育部依托北京师范大学成立了基础教育质量监测中心，负责组织开展基础教育质量监测的日常工作。二是组建了队伍。建立了一支由国内外专家组成的专业研究团队，以及由教育行政和督导部门人员、中小学校长、一线教师组成的监测实施队伍。三是研发了监测工具。根据数学、语文、科学、体育、艺术、德育等学科领域的不同特点，分别设计了纸笔测试工具和现场测试工具，侧重测查学生学业水平和操作能力。四是开展了试点监测。从 2007 年开始，连续 8 年开展了义务教育阶段 6 个学科领域的试点监测，其中 5 次为全国范围的大规模试测，监测样本包括全国 31 个省（直辖市、自治区）和新疆建设兵团、695 个样本县（市、区）的 46 万余名学生、11 万余名教师和校长。五是完善了机制。建立了"国家督导部门统筹指导监测中心组织执行、省级督导部门协调监控、县级督导部门操作实施"的组织实施模式，形成了包括抽样、测试、数据分析、水平划定、撰写报告在内的一整套比较完备的工作机制。这些工作为在全国开展义务教育质量监测提供了基本条件和实践经验。

第四，开展质量监测是世界各国提升基础教育质量的通行做法。纵观当前国际教育发展趋势，世界各国都从国家战略的高度，把建立基础教育质量监测制度、开展基础教育质量监测作为深化本国基础教育改革、提升教育质量的重要举措。无论是发达国家，如美国、英国、德国、日本等，还是发展中国家，如巴西、越南、柬埔寨等，都在积极推进学生学业成就调查、开展基础教育质量监测，建立独立的测评体系，并积极利用监测结果对基础教育改革和宏观管理进行指导，为促进本国基础教育质量的提高发挥了独特的作用。这些国家在基础教育质量监测方面的成功经验充分证明了监测的重要性和可行性，为我国建立有中国特色的义务教育质量监测制度提供了有益的参考和借鉴。

国家义务教育质量监测每年都顺利实施，日趋成熟。2018年7月，教育部基础教育质量监测中心就2015—2017年第一周期义务教育质量监测发布了我国首份《中国义务教育质量监测报告》，对我国义务教育阶段学生德智体美和学校教育教学等状况进行了客观呈现，并对如何进一步提升义务教育质量提出了建议。2019年11月，教育部基础教育质量监测中心首次发布了分学科数学、体育与健康监测结果报告；2020年8月，教育部基础教育质量监测中心发布了《2019年国家义务教育质量监测——语文学习质量监测结果报告》和《2019年国家义务教育质量监测——艺术学习质量监测结果报告》。这些报告全方位展现了我国义务教育阶段学生数学、体育与健康、语文、艺术学习质量状况，分析了影响相关学科教育质量的主要因素，回应了教育热点难点问题。这为教育决策和改进管理与教学提供了可信的大数据和科学依据。

2021年是第三个监测周期的起始之年，较之前两个周期的监测，有些新变化。监测学科增加了心理健康（试点），现场测试时间由原来的一天增加到1.5天。教育部将会同有关部门研制新的监测方案，新方案坚持"覆盖五育、突出质量、创新方法、注重实效"的改革思路，在现有六大学科基础上，增设劳动教育学科，形成全面覆盖德智体美劳教育质量的监测内容体系。

开展义务教育质量监测是教育治理体系与治理能力现代化的重要内容，是促进教育健康发展的"体检仪"和"指挥棒"。教育督导部门及其责任督学要为规范操作、结果运用与研究创新贡献智慧和力量。

三、义务教育质量评价指南

2021年3月1日，教育部、中央组织部、中央编办、国家发展改革委、财政部、人力资源社会保障部等六部门联合印发了研制的《义务教育质量评价指南》。旨在落实全国教育大会和全国基础教育工作会议部署，积极推进义务教育评价改革，扭转唯分数、唯升学的不良倾向。其依据是中共中央、国务院印发的《关于深化教育教学改革全面提高义务教育质量的意见》《深化新时代教育评价改革总体方案》。强调要坚持以习近平新时代中国特色社会主义思想为指导，全面贯彻党的教育方针，坚持社会主义办学方向，遵循学生成长规律和教育规律，加快建立以发展素质教育为导向的义务教育质量评价体系，强化评价结果运用，健全立德树人落实机制，构建德智体美劳全面培养教育体系，引领深化教育教学改革，全面提高义务教育质量，努力培养德智体美劳全面发展的社会主义建设者和接班人。

义务教育质量评价指标体系包括县域、学校、学生三个层面。县域义务教育质量评价主要包括价值导向、组织领导、教学条件、教师队伍、均衡发展等五方面内容，关键指标12

项，考察要点 30 个，旨在促进地方党委政府坚持社会主义办学方向，加强对义务教育工作的领导，履行举办义务教育职责，促进县域义务教育优质均衡发展。学校办学质量评价主要包括办学方向、课程教学、教师发展、学校管理、学生发展等五方面内容，关键指标 12 项，考察要点 27 个，旨在促进学校落实德智体美劳全面培养要求，深入实施素质教育，充分激发办学活力，不断提高办学水平和育人质量。学生发展质量评价主要包括学生品德发展、学业发展、身心发展、审美素养、劳动与社会实践等五方面内容，关键指标 12 项，考察要点 27 个，旨在促进学生德智体美劳全面发展，培养适应终身发展和社会发展需要的正确价值观、必备品格和关键能力。

该指南在组织保障上提出了明确要求，一是要加强组织领导。各地要将义务教育质量评价工作纳入地方党委政府、教育部门和学校的重要议事日程，建立党委政府领导、政府教育督导部门牵头、部门协同、多方参与的组织实施机制。实施义务教育质量评价工作，要与已经开展的对地方政府履行教育职责督导评价、中小学校督导评估、义务教育质量监测等工作有效整合、统筹实施，避免重复评价。各地可结合本地实际，制定义务教育质量评价实施细则。二是要加强队伍建设。各地要组建高水平、相对稳定的质量评价队伍，主要由督学、教育行政人员、教育科研人员、校长、教师及其他有关方面人员组成。评价人员在教育法律法规和政策、教育教学、学校管理、督导评价等方面应具有较高理论素养、专业能力和丰富经验。要积极探索采取政府购买服务方式，培育和委托第三方专业机构开展义务教育质量评价工作。

让《义务教育质量评价指南》落实落地，教育督导部门及其责任督学有着义不容辞的责任。做一个高水平的评价者，应成为责任督学们的追求。

第三章　责任督学能力建设

《教育部关于加强督学责任区建设的意见》提出"各地要建设一支数量充足、结构合理、素质较高的专业化督学队伍。要根据本地教育发展规模和学校数量，选拔聘任一批教育教学、教育管理等方面的专家担任责任区督学"。责任督学能力建设是责任督学队伍建设的核心。本章就责任督学能力建设作一些探讨。

第一节　责任督学能力建设政策摘要

相关政策文件对责任督学的能力建设，既提出了高要求，又提供了好策略。这既是实践的依据，又是创新的基础，多加学习研究，有利于增强责任督学能力建设的实效。

《教育部关于加强督学责任区建设的意见》提出"要组织对责任区督学的培训、考核和表彰，要把责任区督学的随访督导检查记录、督导报告和责任区内中小学校教育教学质量作为考核和表彰的重要依据"。

《教育部关于进一步加强中小学校督导评估的意见》要求"各级教育督导机构要加强督学能力建设，通过专业培训、定期考核及交流研讨等多种形式，提高督学的理论和业务水平。要组织高等学校和教育科研机构积极参与督导评估的理论、政策和实践研究，在开展国际交流合作、创新工作方式及利用现代技术等方面，为学校督导评估提供专业指导和理论支持，促进督导评估工作逐步实现科学化、规范化"。

《深化教育督导改革转变教育管理方式的意见》要求"加强督学队伍建设。完善督学管理制度。各地结合实际配齐专职督学，聘任一定比例的兼职督学，完善国家、省、市、县四级督学队伍。加强督学队伍培训。探索建立督学持证督导和督学资格制度"。

《督学管理暂行办法》对督学的培训与考核作出了更加明确的规定："各级教育督导机构按照职责负责组织督学的岗前及在岗培训，新聘督学上岗前应接受培训""督学培训可采取集中培训、网络学习和个人自学相结合的方式进行，督学每年参加集中培训时间累积应不少于40学时""培训主要内容包括：教育法律、法规、方针、政策、规章、制度和相关文件；教育学、心理学、教育管理、学校管理、应急处理与安全防范等相关理论和知识；评估与监测理论、问卷与量表等工具开发在教育督导工作中的应用；督导实施、督导规程和报告撰写等业务知识；现代信息技术的应用；教育督导实践案例""国务院教育督导委员会办公室负责指导全国督学培训工作及组织相关培训，地方各级教育督导机构负责本区域督学培训工作的组织实施""各级教育督导机构建立本级督学培训档案，对参加培训的种类、内容和时间等情况进行记录备案"。

对考核的规定是："督学考核应包括以下主要内容：督导工作完成情况，包括实施督导、督导报告、督促整改、任务完成和工作总结等情况；参加培训情况，包括参加集中培训和自主学习等情况；廉洁自律情况，包括遵守廉政规定、遵守工作纪律和工作作风等情况""各级教育督导机构负责本级督学年度考核和任期考核。对专职督学、兼职督学进行分类考核，并结合本地实际制订具体考核标准，采取个人自评和督导部门考核相结合方式对督学进行考核，对考核优秀的督学按相应规定给予表彰奖励""各级教育督导机构对督学考核后形成书面意见告知本人及所在单位并存档备案，作为对其使用、培养、聘任、续聘、解聘的重要依据。""督学有下列情形之一的，教育督导机构给予解聘：无正当理由不参加教育督导工作的；弄虚作假，徇私舞弊，影响督导结果公平公正的；滥用职权，打击报复，干扰被督导单位正常工作的；受到行政处分、刑事处罚的；年度考核不合格的""督学不能正常履行职责须书面请辞，聘任单位于 30 日内批准并向社会公布"。

《全国中小学校责任督学挂牌督导创新县（市、区）评分标准》要求"建立责任督学管理制度，对责任督学的聘任、管理、培训、考核和定期交流等作出明确规定""制定责任督学全员培训规划和年度培训计划""每年按计划开展培训，面授不少于 40 学时，培训模式灵活多样""督导部门组织责任督学通过座谈、学习考察等方式，促进责任督学加强交流、不断学习"。

《关于深化新时代教育督导体制机制改革的意见》提出了"提高督学专业化水平"的要求。完善督学培训机制，制定培训规划，出台培训大纲，编制培训教材，将督学培训纳入教育管理干部培训计划，开展督学专业化培训，扎实做好分级分类培训工作，提升督学队伍专业水平和工作能力。逐步扩大专职督学比例。强化督学实绩考核，对认真履职、成效显著的督学，以适当方式予以奖励，激发督学的工作主动性积极性。建立督学退出机制。

第二节　责任督学能力建设途径方式

责任督学挂牌督导顶层设计表明，责任督学需要承担不少的角色。一般认为，责任督学是教育政策的宣传贯彻者、办学行为的监督者、学校管理和教育教学的指导者、素质教育的推动者、教育质量的评价者、现状问题的发现与诊断者、典型经验的推广者、社会各界的联系者等。责任督学要当好这些角色，需要相应的能力作支撑。丰富的挂牌督导实践与大量的调查研究表明，责任督学需具备坚定的教育督导信念、准确的解读能力、规范科学的设计能力、独到的发现与指导能力、精准的诊断与评价能力、较好的语言表达能力、较强的组织与协调能力、高效的实践能力、与时俱进的创新能力等。课题组随机组织挂牌学校校长、教师开展了责任督学履职情况与履职能力的问卷调查，随机组织责任督学开展了履职情况与履职能力及专业发展需求的问卷调查，组织了多次对责任督学的督导实践活动的现场考察，发现责任督学队伍中存在知识老化、信息技术水平低、专业能力不足、能力结构不优、对挂牌督导信念不坚定等问题。责任督学能力建设任重道远。课题组结合责任督学能力建设的政策规定，借鉴各地的先进经验，融合自己的调查研究，对责任督学能力建设的途径与方式进行了探索。

谁来开展责任督学能力建设，至少有两方面的主体：一是责任督学本人；二是主管他们的教育督导部门和督学责任区。对于追求不断进步、不断成长的责任督学来说，每天每地都在进行着能力建设。因为，这种责任督学坚持终身学习，与时俱进，能紧跟时代与教育督导发展的步伐；每次督导实践，会尽全力去做，让挂牌督导学校不断有新进步，自己也不断有新的进步、新的收获。因此，责任督学能力建设的最好的途径与方式，就是责任督学自身渴望成长、发展。教育督导部门和督学责任区开展责任督学能力建设，最成功的做法就是最终能让责任督学达到渴望成长、自主发展的境界。

一、把好"入口关"，确保责任督学有良好的能力基础

《教育督导条例》规定了督学六个方面的任职条件，《督学管理暂行办法》在《教育督导条例》的基础上增加了三个方面的任职条件，《关于加强督学责任区建设的意见》要求各地选拔聘任一批教育教学、教育管理等方面的专家担任责任区督学。以上规定表明责任督学是一个很重要的岗位。理论上，责任督学要对挂牌学校履行好监督、检查、评估、指导、服务等职能，必须具有让校长、老师信服的能力，形象地说，责任督学应成为"校长的校长""老师的老师"。把好责任督学的"入口关"，等于在源头上保证了责任督学良好的能力基础。

怎么来把好责任督学的"入口关"呢？一是对责任督学岗位要有准确的定位，从某些意义上说，责任督学比校长更重要，千万不可把责任督学作为一个闲职来安排。二要把是否热爱挂牌督导工作作为责任督学的首选条件。热爱是能力建设的最大原动力，拥有热爱挂牌督导之心的人做了责任督学，在工作中，基本上会有"自知之明"，会积极主动补能力短板，强能力弱项。三是逐步建立责任督学资格认证制度。可以以县域为单位，先行先试，建立制度与规程，组织统一的笔试、面试、考察，对达到标准的由县人民政府颁发责任督学任职资格证，责任督学的聘任，就从持有责任督学资格证书的人中择优遴选。实施责任督学资格认证，有一个不容忽视的问题，就是责任督学岗位是否拥有足够的吸引力；有这样一个资格证，可以有什么好处。这应是创新责任督学挂牌督导努力的方向。

二、建立健全机制，构建动力与保障系统

一切工作都应有完善的机制作保障，责任督学的能力建设也不例外。要建立责任督学的

工作规范、管理制度，把责任督学能力建设纳入每年的工作计划，每年提出新的目标，特别要制定好责任督学工作绩效考核方案，设计科学的评价细则，把工作规范、能力建设、工作成效作为重要的考核内容。坚持按标准对责任督学开展一期一小结，一年一考核。考核坚持激励性，实事求是、客观公正，自评、初评与终评相结合，日常考核和年终考核、线上考核与现场考核相结合，定量与定性相结合，突出工作实绩等原则。考核结果作为评先评优、提拔重用、是否继续聘任的主要依据，并存入人事档案。让考核、奖惩成为责任督学自主成长的动力系统。

三、抓实各类培训，发挥主渠道作用

培训是责任督学能力建设的主要途径与手段，是各地落实较好的一项工作。《关于深化新时代教育督导体制机制改革的意见》对督学培训提出了非常明确的要求："完善督学培训机制，制定培训规划，出台培训大纲，编制培训教材，将督学培训纳入教育管理干部培训计划，开展督学专业化培训，扎实做好分级分类培训工作，提升督学队伍专业水平和工作能力。"各地只有扎扎实实予以落实，督学培训才可能有成效。

责任督学的培训有几个方面值得注意：一是要坚持把责任督学的政治思想建设放在首位。紧跟政治形势，设计课程与主题活动，确保责任督学有正确的政治站位、坚定的理想信念。二是要加强责任督学培训需求的调研。依据培训大纲，结合责任督学的培训需求开展培训，让培训更加具有针对性、实用性、有效性。比如一次调研显示责任督学参加培训的形式依次是外出考察、现场观摩、专家讲座、经验交流、在线研修等，在培训形式的选择上，可以尊重责任督学的需求。三是要处理好自主学习与集中培训的关系。凡是自主学习能够消化的内容，可以不安排到集中培训。要重视责任督学自主学习平台的打造，如编写教材、建立学习网站等；责任督学要积极开发课程资源，特别要紧跟形势的发展，努力做到能在第一时间知晓新的教育政策文件的出台，能够准确向师生们解读。四是要处理好理论与实践的关系。纯理论的培训，责任督学觉得枯燥，没有温度；缺乏理论指导的实践没有高度。理论与实践完美结合的培训是最受学员欢迎的。可以从下面这篇培训心得"管中窥豹"。

相约同升湖是一件幸福的事
——参加"国培计划"（2015）乡村督导专业人员培训班学习心得

写下这个题目，已经是 2015 年 10 月 16 日凌晨零点 18 分，但我一点不感到疲倦。这并不是酒精的刺激，而是我感到有一种幸福感在心中荡漾。

尽管这是湖南第一届国培督学班，但我并不稀罕。因为在 2015 年 6 月 10 日—6 月 30 日我与醴陵、芷江、新晃、安化的 4 位同仁参加了全国第六届县市区督学培训班的学习；无论是教育督导理论，还是教育督导方式方法，我都感受到最前沿的气息。无论理论容量，还是经验推广，抑或是生活条件，都是本次培训不可比拟的。但这次让我收获意外的幸福，这幸

福源自本次培训课程的创新——开班式和几位专家的讲座后，分成14个小组分别完成一所学校的综合督导，每组安排一位资深的督学担任观察员，对每组的评估工作进行考察和指导。要求各组用1天的时间制定评估方案及评估细则，用1.5天的时间到学校进行督导评估，用1天的时间撰写督导评估报告。这看似"放羊式"的3天半培训，让我们收获很多。

尽管这次评估属于"模拟"或是"演习"的性质，但我们把它作为一次真刀真枪的战斗来应对，以专家的角色进入工作。我们从网上搜索或向朋友们打听，尽可能多地了解将要评估学校的情况；根据《湖南省督学责任区学校督导评价指南（试用本）》和专家的讲座，结合大家的实践经验，我们在规定时间内完成了评估方案及评价细则的制定。组员们自我感觉良好。

10月13日，我们来到所评估的长沙市雨花区某某小学，正好赶上学校举办"红领巾心向党，做向上向善的好少年"中国少年先锋队建队66周年庆祝活动，我们受邀参加。当少先队员走上前来给我系红领巾时，我热血沸腾，一下子回到了童年时代。我的童年，苦难而快乐。今天2000多孩子灿烂的笑容，像朵朵鲜艳的桃花，开在我的心里。

10月14日，学校阳光大课间活动集合时有点乱、有点闹，主持人反复提醒，也没起多大作用。但集合舞的音乐一响起，队伍顿时静了、齐了。我想，音乐就是这么充满神奇的力量啊！

3天半的时间，忙碌而不紧张。我们严格按方案按规程在规定时间内完成了评估工作。在向学校反馈时，校长说这是他们学校接受的最认真的一次评估；在10月15日下午各组评估报告的展示会上，观察员高军督学对我组工作给予充分肯定与较高评价。

我们第十二组是由9个男督学与1个女督学组成的团队，享受"真诚合作"带来的"快感"。工作之余，我们建立起一种兄弟姐妹般的情感，我们小组的QQ群名，经大家协商，取名为"相约同升湖"。今天上午就要结业了，我心里真的涌上了一种难舍难分的情感。

我阴差阳错地当上了组长，多了与观察员高军督学接触的机会。我目睹她工作的一丝不苟，我被她从容、淡定的神韵所折服。我在不断地想，"一丝不苟、从容、淡定"是一个督学应该拥有的关键词吧！

夜深了。就让我带着这浅浅的幸福入眠吧……

从这位督学的心得可以看出，督学们喜欢这种接地气的培训，既有理论的武装，又有实际的操练。据了解，这次培训效果非常好。

四、选推各类示范，发挥引领作用

榜样的力量是无穷的，示范性在责任督学能力建设中的作用不可低估。教育督导部门要重视各类示范的推出。一是推出一批优秀责任督学，实施"师徒结对"工程，能力强的带能力弱的，教学相长，实现共同提高的目标。二是每期组织责任督学评估方案、督导案例、评课记录、督导评估意见、经验推广等评优活动，推出一批示范性作品，供大家学习参考。

三要重视与责任督学挂牌督导先进地区的交流。交流研讨是一种既轻松又容易收获的学习活动，相关文件也给予了充分肯定。在这些示范的浸染中，让责任督学的能力不知不觉得到提升。

五、设计实践活动，培养实践能力

实践是人们为满足一定的需要而进行的能动地改造和探索客观物质世界的社会历史活动，具有客观性、能动性、社会历史性等特点。实践是检验真理的唯一标准。责任督学的价值主要通过督导实践活动来彰显，实践能力是责任督学的关键能力；责任督学的实践能力也只有在实践活动中才能得到更好的培养，责任督学应在督导实践中不断提升自己的实践能力。

组织责任督学的实践活动，可以遵循循序渐进的原则。第一个层次，提供随访督导、专项督导、综合督导、协作督导的评估方案及评估细则，让责任督学利用已有的评估方案及评估细则开展相应的督导实践活动，督导部门派出观察员全程考察、适时评价与指导。第二个层次，责任督学在专家的指导下，先制定好评估方案、开发好评估工具，再开展督导实践活动。第三个层次，责任督学根据教育法律法规、规章规程独立制定评估方案、开发评估工具，再开展督导实践活动。经历这样的过程，责任督学开展督导实践活动的有效性会不断增强。

还可设计与组织一些竞赛活动，如随访督导比赛、听课评课比赛、开发评估工具比赛、撰写评估报告比赛、教育法律法规知识比赛、校群关系调解比赛等素养比赛活动，促进责任督学学习与思考，保持不灭的激情。

新化县教育督导部门在责任督学督导实践活动的指导上，做得很有特色。具体做法为：在完成新聘专兼职责任督学岗前培训后，组织专职责任督学赴当时已被认定为省级责任督学挂牌督导创新县的新晃、芷江学习考察，安排了观摩随访督导、专项督导的实践课程；然后先后组织专项督导、随访督导、综合督导、模拟督政、质量监测等督导实践活动，提供了示范性的评估方案及评估工具，派出观察员进行考察与指导。这有效提升了责任督学的督导实践能力。全县收获了一系列实践成果：2018 年国家义务教育质量监测，新化县人民政府教育督导室被评为优秀组织单位；省示范性高中新化一中与市示范性高中新化二中、新化三中、新化四中在省、市督导评估中分别获评优秀等级；新化县在湖南省第三轮"两项督导评估考核"中，获得优秀等级，同时，被授予"教育强县"称号。这些优秀与光荣的称号里凝聚了责任督学们的努力和心血。

六、加强督导科研，培养创新能力

创新是一个民族进步的灵魂。同样，创新是责任督学挂牌督导永葆生命力的灵魂。创新能力是责任督学最重要的能力。

科研是创新的基石。《关于深化新时代教育督导体制机制改革的意见》把"加强教育督导研究"列为"进一步深化教育督导保障机制改革"的四条措施之一。开展督导研究是每个责任督学必须面对的光荣使命。

怎样把责任督学引上研究之路呢？一要督促责任督学坚持反思。反思是一种通过自我觉察水平来促进能力发展的过程，是进行创造性劳动和超越自我的过程。如，我的督导活动规范吗？这次督导活动的成功与不足各在哪里？这次督导活动给学校带来了什么？参加这次督导活动，我在哪些方面觉得吃力等。反思是迈向科研的第一步，搞科研的人一定是懂得思考的人。二要指导责任督学先做好小课题研究。通过小课题研究解决工作中的实际问题，是非常有效的做法。指导责任督学把自己在挂牌督导实践中遇到的问题形成一份清单，选择其中的问题作为课题开展研究。让他们尝到研究的甜头。三要把教育督导研究纳入责任督学的考核内容，从制度上加以保障。责任督学的研究能力上去了，创新能力就会"水涨船高"。

责任督学能力建设的途径与方式远不止以上这些，只有不断探索、不断研究，责任督学能力建设的手段才会不断创新，才会更有实效。

第三节　责任督学能力建设湖南做法

湖南省高度重视县（市、区）责任督学的能力建设，具体体现为：一是在机制上予以强化。《湖南省2017年教育督导工作要点》把督学能力提升作为紧紧抓住的两个关键点之一，提出了"狠抓督导队伍能力建设，持续提升督学专业水平"的工作任务；2018年继续把"狠抓督导队伍能力建设"作为重点工作。

二是有效开展各类培训。湖南2011年开启了面向责任督学的培训。7月21—25日，省人民政府教育督导室在长沙举办了"湖南省2011年市县责任区督学研修班"，有近500名基层督学参加。随后的几年，省里紧扣督学责任区建设，或在省城组织集中培训，或在推进督学责任区建设的先进县市区开展现场培训。2015年开始，督学培训被纳入"国培计划"，10月11—16日，省教育督导委员会办公室与省中小学教师发展中心共同举办了"'国培计划'（2015）乡村督导专业人员培训班"，140多位来自基层的督学参与了培训。2016年，出台了《湖南省督学能力提升培训四年行动计划（2016—2019）》，几年来，共组织集中培训11期，达3101人次；组织在线培训3期，共计2940人次。另组织了一些相关培训，达721人次。培训班的层次分为入职班、能力提升班、能力提升集中研修班、骨干督学高级研修班等。湖南的责任督学培训日趋规范，具有针对性强、覆盖面广、内容齐全、注重集中培训与自主学习、线下与线上相结合、注重理论与实践相结合等特点，构建了"理论培训＋实操培训＋督导见习"的督学培训培养模式，成效显著。本书对湖南的督学培训有专文论述。

三是开展创建工作。湖南全面贯彻国务院教育督导委员会办公室印发的《关于开展全国中小学校责任督学挂牌督导创新县（市、区）评估认定工作的通知》，2015年开始组织全省中小学校责任督学挂牌督导创新县（市、区）的评估认定，省级首批共有 23 个县（市、区）通过评估认定。全国首批共评出中小学校责任督学挂牌督导创新县（市、区）29 个，湖南有 4 个，占 13.79%。通过创建工作，促进责任督学能力的提升。

第四节　责任督学能力建设研究报告

一、研究背景

（一）问题的提出

2012 年以来，随着《关于加强督学责任区建设的意见》《教育督导条例》《中小学校责任督学挂牌督导办法》《中小学校责任督学挂牌督导规程》《中小学校责任督学挂牌督导创新县（市、区）工作方案》《全国中小学校责任督学挂牌督导创新县（市、区）评估认定标准》等法规、规章的相继出台，中国教育领域出现了一支新型的队伍——中小学校责任督学。责任督学的主要职责是对本责任区内所挂牌学校的教育教学工作实施经常性督导。据 2018 年年初的初步统计，全国共有 12 万余名专兼职责任督学对近 26 万所中小学校实施了挂牌督导；湖南更是实现了中小学校挂牌督导全覆盖，全省 14 个市州、122 个县市区建立了 780 个督学责任区，有专兼职责任督学 5429 人。责任督学成为了督学队伍中的主力军与生力军。督学工作是一项内容广泛、专业性很强的工作，需要责任督学拥有较高的政策理论水平、较强的实践能力、较深厚的专业知识和独到的工作见解等。人类在不断进步，社会在不断发展，对各行各业的能力要求也水涨船高。能力建设是一个永恒的课题，对正在成长中的中小学校责任督学而言，显得尤为重要。

一是国家有要求。《教育部关于进一步加强中小学校督导评估工作的意见》明确要求："各级教育督导机构要加强督学能力建设，通过专业培训、定期考核及交流研讨等多种形式，提高督学的理论和业务水平。"因此，加强督学能力建设是各级教育督导机构的使命与责任，是促进督导评估工作逐步实现科学化、规范化的重要手段与途径。

二是全省有部署。湖南省教育督导委员会办公室高度重视督学的能力建设，每年的教育督导工作要点都把"狠抓督导队伍能力建设，持续提升督学专业水平"作为关键性工作。2015 年开始，督学培训被纳入"国培计划"；2016 年起，实施《湖南省督学能力提升培训四年行动计划（2016—2019）》，四年内对全省、市州、县市区、学校四级教育督导机构专职人员、专兼职督学、责任区督学、教育督导评估专家分年度进行一轮全员能力提升培训。全省的组织部署，关键在于县级层面落实落地。

三是现实有需要。督导评估是一项权威性很高的工作，督导评估的结果有的作为评先评优、晋级升职的重要依据，有的作为党委政府及其教育行政部门制定教育政策的重要依据，有的直接转化为学校发展的重要参考指标。这要求督学们既要具有一丝不苟的工作态度，又要具有相应的专业能力。第一代责任督学，基本没有督导专业的学习经历，从教育行政或一线教师岗位转到责任督学岗位，一般只参加了几天的岗前培训，自身素质很难满足挂牌督导工作的实际需要。因此，中小学校责任督学能力建设成了教育督导当前最紧迫的一项工作。

（二）研究意义

1. 具有理论意义与价值。实证研究不但可以检验理论，还可以创造新理论。研究成果可以丰富与完善中小学校责任督学挂牌督导理论与制度体系，为建立责任督学资格认证制度提供理论依据等。

2. 具有实践意义与价值。开展中小学校责任督学能力建设，最终目标是为了全面提高挂牌督导工作的成效，让所督学校每次都有新进步。责任督学的能力得到了有效提升，能推动和创新挂牌督导实践。

（三）研究综述

中小学校责任督学是我国近几年迅速成长与壮大的一支队伍。中小学校责任督学对挂牌督导学校的教育教学实施经常性督导的能力需求，相关的教育法规与规章都有所体现。2012年10月1日起施行的《教育督导条例》对督学的任职提出了六项条件；2016年7月29日起施行的《督学管理暂行办法》增加了三项任职条件，还对督学培训的主要内容作了规定。从《教育督导条例》到《督学管理暂行办法》，可以看出国家对督学的能力要求越来越高，尽管对督学能力需求的规定还不是十分全面，对督学能力建设的路径也在不断探索之中，但为本课题的研究指明了方向。

国内一些地区重视责任督学挂牌督导的研究，如湖南省长沙市承担并完成了国家级教育督导课题《市县两级督学责任区制度建设及工作方法研究》；北京市教育督导与教育质量评价研究中心2015年承担的北京市人民政府教育督导室委托课题《普通中小学挂牌督导实践研究》已取得了阶段性的成果；等等。目前，国内对督学责任区建设与挂牌督导的研究多关注的是全局或整个督学队伍，聚焦责任督学能力建设的研究，特别是实证研究，情况还很不理想。尽管如此，国内的一些研究成果对本课题的研究仍具有借鉴意义。如《普通中小学挂牌督导实践研究》的阶段性成果《责任督学队伍建设的需求与建议：来自责任督学的视角》，该成果通过问卷调查了解责任督学希望组织培训的内容依次是督导方法、法律法规、经验交流、报告撰写、督导内容、督导结果使用、沟通技能、督导流程和学校管理、学科教学；希望参加培训的形式依次是外出考察、现场观摩、专家讲座、经验交流、在线研修等。这为本课题研究提供了重要参考。

国外一些国家特别是一些发达国家对督学的管理比较先进，如英国、法国、俄罗斯、荷兰、西班牙、美国、日本等国家。这些国家对督学的管理可以总结为10个字——"高标准、严要求、动态发展"。这些国家督学的选拔标准非常严格。无论是学位或学历的要求，还是教学经验的要求，知识、技能与能力的要求，抑或是个人品德的要求，不但要求高，还非常具体。如美国对地方督学知识、技能与能力的要求为：需要持有督导人员证书并需掌握以下知识与能力：要有教育督导、教学方法、教育心理学、课程设计及测量等方面的知识；熟知学校开设的各类课程；熟知州、学区和学校的组织结构，对学校财政、教育法令、社区联系等的基本知识了如指掌；掌握丰富的教学法知识和技能，可以教好中小学一两门常规课程；清楚在何处可获得教学材料和现代化教学设备；能够帮助教师分析新教材的优劣，能够指导教师备课，编写教学指南；会用多种现代手段，熟悉测量与评估原理、方法和程序；懂得教育研究方法；知道如何组织教师在职培训活动等。国外对督学的这些高标准又很具体的任职条件为我们开展本课题研究提供了有效的借鉴。

（四）核心概念界定

中小学校责任督学，是指由县级人民政府或其教育督导部门根据相关规定聘任，由县级教育督导部门及督学责任区指派到某些中小学校进行挂牌，负责对挂牌学校教育教学工作实施经常性督导的人员。

能力，《现代汉语词典》的解释是"能胜任某项工作或事物的主观条件"；心理学的解释是"凡能直接影响人的活动效率，使活动顺利完成的个性心理特征"。本课题是指责任督学履行教育监督、指导、评估、检查、服务职能，胜任督学、评估监测、督政等工作任务，按规程顺利开展经常性督导、专项督导、综合督导、协作督导等督导工作应具备的专业态度与专业能力。主要指解读与设计能力、语言表达能力、组织与协调能力、发现与指导能力、诊断与评价能力、实践与创新能力等。能力建设，是指运用有效的手段和科学的方法，通过多种途径，对责任督学所需的专业能力进行有组织、有系统的培养和提升。

实证研究，指在湖南省内选取有代表性的县市区中小学校责任督学的能力建设、全省的督学培训、全国的督学案例等作为实证研究对象，采取问卷调查、案例分析、数据统计、现场观察、实地访谈与调研、比较研究的方法开展研究。

湖南中小学校责任督学能力建设实证研究，是指采用实证研究的方式，对湖南有代表性的县市区中小学校责任督学能力建设、全省的督学培训、全国的督学案例进行系统的研究，探索中小学校责任督学专业能力培养和提升的有效途径与方式，发现并总结中小学校责任督学能力建设的一般规律。

（五）理论依据

1. 社会角色理论。社会角色是指一个人在特定社会团体中占有的适当位置以及被该社会团体所规定的行为规范。当人承担不同社会角色时，由于各个角色的性质不同、社会期待不同，所以个体的言行表现也有所不同。社会学把以角色作为理解和分析个人与社会行为的理论，称为角色理论。从教育行管人员或一线教师到中小学校责任督学，社会角色发生了变化。一般认为，责任督学承担着以下角色：教育政策的宣传贯彻者、办学行为的监督者、学校管理和教育教学的指导者、素质教育的推动者、教育质量的评价者、现状问题的发现与诊断者、典型经验的推广者、社会各界的联系者等。不同的角色，会有不同的社会期待。简单地说，不同的工作岗位，对专业能力的要求会有所不同。因此，责任督学的能力建设必不可少。

2. 终身学习理论。终身学习是指社会每个成员为适应社会发展和实现个体发展的需要，贯穿于人一生的，持续的学习过程。即我们所常说的"活到老学到老"或者"学无止境"。责任督学从一个熟悉的工作岗位到一个刚刚接触的新岗位，只有通过不断的学习与实践，努力提高自己的能力，才能胜任繁重的挂牌督导工作，才能适应教育与教育督导的不断发展。

3. 马斯洛需要层次理论。美国人本主义心理学家马斯洛提出人类有五种基本需要，即生理需要、安全需要、社交需要、尊重需要、自我实现的需要，依次由较低层次到较高层次。责任督学在以前的岗位都是有一定影响力的人，受到尊重，不断实现着自己的价值。到了责任督学这个新的岗位，也有尊重和自我实现的需要。要实现这些需要，必须有足够的能力把本职工作做好，并能不断求新。责任督学能力建设，需要内驱力。

二、研究目标与研究内容

（一）研究目标

1. 探索中小学校责任督学能力建设的路径与方法，为全省中小学校责任督学能力建设提供借鉴，为建立中小学校责任督学能力建设长效机制提供重要依据。

2. 有效提升责任督学的专业能力，为提高中小学校责任督学挂牌督导工作成效提供重要保障；在创建"全国中小学校责任督学挂牌督导创新县""义务教育发展基本均衡县国家评估认定"、湖南省"两项督导评估考核"、省市普通高中督导评估等工作中，责任督学能发挥应有的作用。

3. 收获一批高水平、有影响、有实际价值的研究成果，丰富中小学校责任督学挂牌督导理论与实践。

（二）研究内容

1. 对中小学校责任督学履职能力与需求和学校对责任督学的需求开展研究。选取以新化县等具有代表性的县市区的责任督学、中小学校校长作为调研对象，通过问卷调查、案例分析、实地访谈、现场观察等方式，了解责任督学履职状况与需求及学校对责任督学挂牌督导的满意度与建议等。

2. 对中小学校责任督学需要掌握的教育法律法规、规章和国家教育方针、政策开展研究。运用文献研究法，结合当前责任督学挂牌督导实际，为责任督学开发必要的工具书，如《责任督学工作手册》《幼儿园办园行为督导评估手册》《义务教育发展基本均衡县国家评估认定迎检指南》等。

3. 对中小学校责任督学能力建设开展研究。一是对新化县等有代表性的县市区责任督学能力建设开展研究；二是对湖南组织的全省督学能力提升培训进行盘点，对提升责任督学能力的培训方式与课程设计开展研究；三是有效利用各督导网站、教育督导优秀论文评选等平台中反映责任督学能力建设的案例，开展案例研究（含个案研究）。在此基础上，探索湖南中小学校责任督学能力建设的保障机制、途径、方式方法与策略及一般规律。

三、研究方法与研究活动

课题组紧紧围绕研究目标与研究内容，广泛运用文献研究法、行动研究法、问卷调查法、案例研究法、比较研究法、统计分析法等方法，以新化县等中小学校责任督学能力建设、湖南省督学培训、全国中小学校与幼儿园责任督学挂牌督导典型案例、督学成长个案等为研究对象开展了卓有成效的实证研究，行动研究贯穿责任督学的机制建设、培训、考核、实践与创新始终。

1. 培训研究成员，确保研究有效。课题立项后，课题组对研究人员进行了课题研究通识培训，邀请知名专家对研究人员进行了专题培训，如省教科院教育科学规划所所长、研究员黄龙威作了《调查问卷设计策略》讲座，省教科院教育发展研究所所长、副研究员李小球作了《实证研究的运用》讲座，国家教育督导评估专家、湘潭市教育局主任督学郭务强作了《责任督学的价值》讲座，资深媒体人刘雄作了《互联网＋教育督导》讲座。这些培训，有效提升了研究人员的研究能力，确保研究紧紧围绕研究目标与研究内容有序、有效开展。

2. 开展问卷调研，掌握一手资料。课题组针对责任督学履职情况与履职能力、责任督学能力建设的途径与方式，研发了校长调查问卷与督学调查问卷，选取以新化县等具有代表性的县市区的责任督学、中小学校校长作为调研对象，通过问卷调查、案例分析、实地访谈、现场观察等方式，了解了责任督学履职状况与需求、学校对责任督学挂牌督导的满意度与建议等第一手实证资料。为完善责任督学能力建设的体制机制、选聘方案、培训方案、考核方案、实践方案等提供了实证依据。

3. 研究政策理论，研发相关工具。课题组对中小学校责任督学需要掌握的教育法律法规、规章和国家教育方针、政策开展了研究。运用文献研究法，结合责任督学挂牌督导实际，研发了《责任督学工作手册》《幼儿园办园行为督导评估手册》《义务教育发展基本均衡县国家评估认定迎检指南》等工具书。旨在为责任督学坚持自主学习、提高政策理论水平、依法依规开展督导工作提供支持。

4. 研究体制机制，保障能力建设。课题组以新化县责任督学的体制机制为实证研究对象，健全了《新化县督学责任区管理规程》《新化县责任督学管理办法》《新化县督学责任区与责任督学绩效考评实施方案》等制度，每年制定一个《新化县责任督学挂牌督导年度工作要点》，坚持对责任督学进行考核、表彰奖励，为责任督学能力建设提供了动力系统。

5. 研究督学培训，增强培训实效。督导部门与课题组一是精心策划县本培训，按要求积极选送督学参加市级以上的各类培训；二是对全省一个时期组织的督学培训开展了研究，形成了《培训，责任督学能力建设的有效途径——湖南省督学能力提升培训研究》等理论成果；三是探索出了责任督学有效的培训方式：学习＋交流＋专家讲座＋实地观摩＋实操体验＋心得体会，建立了县本培训与外出培训相结合、理论培训与实际操作相结合、交流学习与专家讲座相结合的培训机制。

6. 研发评估方案，发挥示范作用。课题组以新化县为例，一是示范性研发了随访督导、专项督导、综合督导、质量监测、模拟督政等评估方案及评估工具，为责任督学开展督学、督政、质量监测提供了学习与借鉴的范例。二是开展责任督学素养比赛。先后组织了责任督学随访督导比赛、听课评课比赛、开发评估工具比赛、撰写评估报告比赛、教育法律法规知识比赛等素养比赛活动，促进了责任督学的学习与思考。

7. 研究实践活动，提升实践能力。课题组以新化县为例，组织了大量带有研究目的的督导实践活动，如初中、高中学考和高考复习迎考专项督导、督学责任区随访督导、乡镇（场、办）中心小学综合督导、高中阶段学校综合督导、迎接国家义务教育质量监测、湖南省"两项督导评估"模拟督导、义务教育均衡发展模拟国检等，每次督导实践活动原则上安排课题研究人员作为观察员进行观察、指导与研究，为提升责任督学的实践能力服务。

8. 研究各类案例，探寻一般规律。课题组有效利用各督导网站、全省教育督导优秀论文评选等平台中反映责任督学能力建设的案例和亲身或身边发生的案例，开展案例研究（含个案研究），探寻责任督学能力建设的一般规律。已开展的案例研究有《精准督导，促进薄弱学校快速健康发展——从一个成功的学校督导案例看学校督导》《有效督学，促进教师专业成长——从一个成功的督学案例看责任督学的能力需求》《如何发挥教育督导的导向功能——学校发展性督导案例研究》《贫困县教师专业发展策略——一次随访督导的案例深思》《优秀缘于热爱　实践促进成长——2019年度全国责任督学挂牌督导典型案例研究》《因爱出发　为爱成长——我的教育督导成长个案》等。

四、初步形成的重要研究观点

1. 责任督学是督学队伍中的主力军与生力军。
2. 责任督学能力建设是责任督学队伍建设的核心任务。
3. 责任督学对挂牌督导持久的热爱与坚定的信念，是其能力提升的原动力。
4. 教育督导部门加强责任督学能力建设，主要把好"六关"，即"入口关""信念关""培训关""考核关""实践关""创新关"等。
5. 责任督学的能力与挂牌督导的成效存在正相关。
6. 培训是责任督学能力提升的有效途径与手段。
7. 考核是责任督学能力建设的动力系统。
8. 责任督学的能力建设最终由其实践与创新行为表现出来，实践能力与创新能力是责任督学能力建设的落脚点。
9. 学校欢迎既能"把脉问诊"，又能开出好"处方"的挂牌督学。

五、取得的研究成果与产生的社会影响

（一）取得的理论成果
1. 发表在杂志与专著上的论文、案例
①《责任督学能力建设的思考与探索》发表在2017年第三期《中小学校长》；
②《精准督导，促进薄弱学校快速健康发展——从一个成功的学校督导案例看学校督导》发表在2018年5月湖南省政府督查室编印的《政务督查案例文集》；

③《有效督学，促进教师专业成长——从一个成功的督学案例看责任督学的能力需求》发表在 2020 年第 6 期《双语教育研究》；

④《因爱出发　为爱成长——我的教育督导成长个案》发表在 2020 年 8 月《教育学文摘》；

⑤《中小学校责任督学需要增强"六力"》发表在 2020 年 9 月中旬刊《中学课程辅导》。

2. 发表在湖南教育督导网《业务研究》栏目的论文、案例

①《培训，责任督学能力建设的有效途径——湖南省督学能力提升培训研究》

②《运用质量监测结果　提升挂牌督导成效》

③《中小学校责任督学需要增强"六力"》

④《在探索中前行　在前行中发展——新化县中小学责任督学能力建设探索与思考》

⑤《学校需要什么样的责任督学》

⑥《优秀缘于热爱　实践促进成长——2019 年度全国责任督学挂牌督导典型案例研究》

⑦《因爱出发　为爱成长——我的教育督导成长经历》

3. 开发的督学工具书

①《责任督学工作手册》

②《幼儿园办园行为督导评估手册》

③《义务教育发展基本均衡县国家评估认定迎检指南》

（二）取得的实践成果

1. 新化县责任督学挂牌督导体制机制建设获 2017 年度娄底市教育系统创新奖；

2. 新化县第一中学与新化县第二中学、新化县第三中学、新化县第四中学分别在省、市督导部门组织的督导评估中获得优秀等级；

3. 新化县人民政府教育督导室荣获 2018 年国家义务教育质量监测优秀组织奖；

4. 新化县在湖南省第三轮"两项督导评估考核"中荣获综合优秀，并被授予"教育强县"称号等。

（三）课题研究带来的社会影响

1. 媒体有报道。《新化县：以教育科研促责任督学能力提升》《新化县：以督导评估为抓手，推进县域教育跨越发展》《新化县着力加强督学能力建设》《〈湖南中小学校责任督学能力建设实证研究〉在娄底市新化县正式开题》《新化县：全县顺利完成中西部教育发展监测信息填报工作》《新化县：向社会发布〈2018 年度幼儿园办园行为督导评估报告〉》《新化县：落实三大举措　提升挂牌督导成效——新化县责任督学挂牌督导工作情况介绍》《新化县：教育督导案例入选〈政务督查案例文集〉》《新化县：全面部署幼儿园办园行为督导评估工作》《新化一中：以网评为抓手，促管理，提质量》等新闻报道与经验介绍文章在娄底日报、湖南教育督导网、湖南教育新闻网、教育部网站等媒体发表。

2. 兄弟单位有借鉴。新化县责任督学队伍建设在兄弟县市区产生了一定的影响，先后

有双峰县、娄星区、冷水江市、辰溪县等县市区教育督导部门赴新化考察学习。

六、研究面临的主要问题和下阶段努力的方向

存在的主要问题：一是研究经费有缺口，经费到位慢；二是缺少有影响的理论成果等。

针对经费存在的问题，课题组一是安排专人按规定抓紧办好手续，把承诺的研究经费筹措到位；二是尽最大可能节约开支。

针对研究存在的问题，主要在以下方面做出努力。

1. 尊重专家的指导。邀请专家对课题组前段的研究工作进行诊断，对后段的研究工作进行指导，提高研究的针对性和实效性。课题组根据专家的诊断与指导，结合自己的反思，认真盘点与研究内容的出入；组织好课题组成员会议，明确分工，合作攻坚。

2. 更加深入地开展研究和总结。课题组在已有研究成果的基础上，借鉴相关研究最新成果，结合当前实际，充分挖掘，精心提炼，形成反映责任督学能力建设本质规律的理论成果。

3. 出版相关学术专著。课题组组织精干力量，修改好学术著作《责任督学能力建设探微》，争取一次性通过终审，顺利出版，作为最终研究成果使用。

第四章　研究人员理论成果

　　《湖南中小学校责任督学能力建设实证研究》课题组主要研究人员紧紧围绕研究目标与研究内容，根据分配的研究任务，开展了务实的实证研究，形成了一批理论成果，成果形式有学术论文、随笔、案例等。本章就研究人员的理论成果予以展示。

第一节　第三只眼看责任督学

　　通过前面的阐述，我们清楚了"责任督学"应该是个什么样子。校长、责任督学、督导专家又是怎么看待责任督学呢？研究人员（校长、责任督学、督导专家）通过组织座谈、调研，表达了自己的看法。

学校需要什么样的责任督学

袁愈祥

　　《关于深化新时代教育督导体制机制改革的意见》（以下简称《意见》）提出了"加强对学校的督导"的要求："完善学校督导的政策和标准，对学校开展经常性督导，引导学校办出特色、办出水平，促进学生德智体美劳全面发展。重点督导学校落实立德树人情况，主要包括学校党建及党建带团建队建、教育教学、科学研究、师德师风、资源配置、教育收费、安全稳定等情况。指导学校建立自我督导体系，优化学校内部治理。完善督学责任区制度，落实常态督导，督促学校规范办学行为。原则上，学校校（园）长在一个任期结束时，要接受一次综合督导。各地要加强对民办学校的全方位督导。"对学校开展经常性督导、落实常态督导，基本上落在挂牌督导的责任督学肩上。2013 年以来的挂牌督导实践证明，挂牌督导的成效基本取决于责任督学的工作责任心与工作能力。挂牌督导制度给学校带来了什么？学校需要什么样的责任督学呢？

一、挂牌督导制度促进了学校的发展

　　随着《教育督导条例》《关于加强督学责任区建设的意见》《关于进一步加强中小学校

督导评估工作的意见》《中小学校责任督学挂牌督导办法》《中小学校责任督学挂牌督导规程》《全国中小学校责任督学挂牌督导创新县（市、区）评估认定标准》等法规、规章的相继出台，责任督学挂牌督导制度得到了全面实施。广大责任督学紧紧围绕"（一）对学校依法依规办学进行监督。（二）对学校管理和教育教学进行指导。（三）受理、核实相关举报和投诉。（四）发现问题并督促学校整改。（五）向教育督导部门报告情况，并向政府有关部门提出意见"的基本职责，依照规程和八项主要事项，坚持对所挂牌的学校实施经常性督导，发挥监督、指导、评估、反馈、调研、服务等职能，为规范学校办学行为、提升学校办学水平发挥了较好的作用。

笔者所在的学校是一所省级示范性普通高中。2014 年、2015 年，本地教育督导部门为学校配备了 1 名兼职责任督学；2016 年开始，配备了 1 名专职责任督学。这名专职责任督学能认真履行职责，在挂牌督导实践中，教育督导专业能力不断提升。近几年，学校在接受省教育督导委员会办公室每学年一度的网络督导评估中一年比一年进步，2015—2016 学年度为 72 分，2016—2017 学年度提高到了 85.5 分，2017—2018 学年度提高到了 88 分，2018—2019 学年度提高到了 91 分，进入全省优秀行列。这当然与县委、县政府加大投入改善办学条件和学校的主观努力分不开，也离不开责任督学精准有效的指导。

二、学校需要什么样的责任督学

新时代的挂牌督导，对责任督学提出了更高的目标与要求。学校需要什么样的责任督学呢？笔者组织相关校长开展了座谈交流，形成了一些共识。

1. 拥有一颗热爱挂牌督导工作的心。热爱本职工作是创造性干好本职工作的前提。《督学管理暂行办法》关于督学任职条件的要求，除符合《教育督导条例》第二章第七条的任职条件外，另新增了三条，其中一条为："热爱教育督导工作，能够深入一线、深入学校、深入师生开展教育督导工作。"爱岗才能敬业，责任督学只有热爱挂牌督导工作，才能自觉地不断提升自己的工作能力，才能永远保持工作的积极性、主动性与创造性。目前，责任督学中出现了职业倦怠情绪，这除了教育督导体制机制不畅导致责任督学角色尴尬外，还有一个重要的原因是一些责任督学对挂牌督导工作热爱程度不够。因此，学校最需要的是热爱挂牌督导工作的责任督学。

2. 能准确定位和实施自己的角色。专职责任督学与以前的教育行政岗位或教师岗位相比，角色发生了转变。一般认为，责任督学承担着以下七种角色：办学行为的监督者，学校管理和教育教学的指导者，素质教育的推动者，教育质量的评价者，现状问题的诊断者，典型经验的发现者，社会各界的联系者。责任督学应当迅速进行角色转变，切实履行好新角色的职责，工作不能停留在一般的检查上，要开展深度督导，促进学校内涵发展。

3. 熟知教育法律、法规、规章和国家教育方针、政策。教育督导的目的是保证教育法律、法规、规章和国家教育方针、政策的贯彻执行，实施素质教育，提高教育质量，促进教育公平，推动教育事业科学发展。责任督学应有较高的教育政策理论水平，能够应对师生对教育政策的咨询；每一项新的教育政策出台，都能够进行精准解读；确保所挂牌督导学校坚持正确的办学方向。

4. 具有独到的发现与诊断、规划能力。责任督学要有一双发现问题的慧眼，能从师生司空见惯的事情中发现不同来，能够透过现象看到本质；能对所挂牌督导学校存在的问题开出有效的处方，指导学校找到解决问题的对策；要全面掌握学校的基本情况，非常清楚学校的优势与短板，针对所挂牌的每所学校创造性地制定好三年督学规划和年度督学计划。做到每督一次，学校又有新进步。

5. 具有良好的沟通协调能力。《中小学校责任督学挂牌督导办法》要求统一规格制作标牌，标明责任督学姓名、照片、联系方式及八项经常性督导事项，在所挂牌督导学校校门显著位置予以公布。这项举措各政府的目的之一就是要求责任督学发挥沟通学校与家长、社会、部门等的桥梁作用，这就需要良好的沟通协调能力。责任督学要通过沟通协调，化解分歧，达成共识，形成合力，共推学校发展。

6. 具有较高的口头表达能力和撰写能力。责任督学的劳动成果最终要通过口头汇报或书面的督导意见等方式表达出来。汇报与督导意见质量高，督导结果运用的效果一般就会好。沟通协调、访谈交流、作讲座等也需要较好的表达能力。因此，责任督学应当具有较高的口头表达和撰写能力。《意见》明确规定，各级教育督导机构开展督导工作，均要形成督导报告。督导报告能引起关注，学校的问题就会引起关注。责任督学除提高口语水平外，要不断提高撰写能力。

7. 具有较强的科研指导能力。新时代教育督导，坚持督政与督学并重，监督与指导并重。责任督学开展的随访督导，应以指导为主；指导不能停留在表层，要重视对热点、难点、重点、弱点工作的指导，体现指导的价值。《意见》明确提出了要指导学校建立自我督导体系，优化学校内部治理。这样的指导，就有价值。农村学校，教育科研一直薄弱，而教育科研是探索完善学校管理、大面积提升教育质量的有效途径。因此，责任督学需要具有较高的科研能力，重视对所挂牌督导学校教育科研的指导，实现科研强校的目标。

综上所述，责任督学只有拥有以上素养与能力，才能使挂牌督导具有强大的生命力，实现让每所学校都有进步的目标。

中小学校责任督学需要增强"六力"

肖凯文　李艳梅

《关于深化新时代教育督导体制机制改革的意见》（以下简称《意见》），明确了新时代教育督导的主要目标：力争到 2022 年，基本建成全面覆盖、运转高效、结果权威、问责有力的中国特色社会主义教育督导体制机制。要在短时间内实现这个目标，需要各级政府及其相关部门、相关人员根据各自的职责有序、有效地去落实。完善的教育督导体制机制，在实施中效果会怎样，督学的能力是一个关键的因素。因为再好的教育督导体制机制，最终要由各级督学去实施。《意见》对新时代责任督学挂牌督导提出了新目标，对责任督学的能力提出了新要求。笔者认为责任督学要肩负起新时代教育督导的使命，必须在增强"六力"上下功夫。

一、中小学校责任督学"六力"的内涵

习近平总书记在 2018 年召开的全国宣传思想工作会议上强调，要不断增强脚力、眼力、脑力、笔力，努力打造一支政治过硬、本领高强、求实创新、能打胜仗的宣传思想工作队伍。中央电视台组织的 2019 年主持人大赛，把脚力、眼力、脑力、笔力作为考量主持人的重要内容。"脚力、眼力、脑力、笔力"也是责任督学必须具备的基本能力，根据责任督学的基本职责与工作特点，责任督学还需增强"耳力"和"嘴力"。责任督学的"脑力、脚力、眼力、耳力、嘴力、笔力"既是一个相互联系、相互促进的有机整体，又具有各自的独特内涵。

1. 脑力要全。脑力是责任督学最根本的能力，直接影响其他能力的提升。具体表现为：接受新事物与新思想的学习能力、对法律法规政策的解读能力、对督导评估方案的设计能力、对价值的判断能力、对督导方式方法的创新能力、坚定的政治与思想立场等。

2. 脚力要勤。脚力指责任督学深入现场的能力。按规定，责任督学对挂牌督导的每所学校实施经常性督导每月不少于 1 次；完成规定外，责任督学还应该在关键时段和异常天气的时候深入挂牌学校，这更能了解到学校管理的真实情况。每到学校，不能只坐在办公室听汇报，更应深入校园各个地方和课堂开展巡察和听课。

3. 眼力要独。眼力指责任督学的观察、巡查、查阅能力。责任督学的工作特点要求责任督学长着一双"慧眼"，能从人们司空见惯的事物中有独到的发现。要善于通过校园巡视、观课、查阅资料等方式发现学校管理的成绩和问题。

4. 耳力要聪。耳力指责任督学善于倾听的能力。责任督学进校督导，组织座谈、访谈、随堂听课是经常使用的方式方法。这就要求责任督学要学会用心倾听。通过倾听，了解与掌握有价值的信息。

5. 嘴力要好。嘴力指责任督学的口头表达能力、沟通协调能力。责任督学经常要对所督导的学校进行口头指导与反馈，要沟通协调各种情况。这就要求责任督学有一副好口才。

6. 笔力要高。笔力指责任督学的书面表达能力。《意见》要求：各级教育督导机构开展督导工作，均要形成督导报告。加强教育督导研究。要撰写出高质量的督导报告和研究论文，责任督学必须具备较高的书面表达能力。

以上"六力"就是责任督学胜任挂牌督导工作所需要的基本能力素养。从理论上讲，责任督学的综合能力应该高于所挂牌督导学校教师、校长的能力。只有这样，责任督学才能发挥指导作用，树立督学权威。

二、增强中小学校责任督学"六力"的策略

《意见》提出了"建设一支数量充足、结构合理、业务精湛、廉洁高效、专兼结合的督

学队伍"，强调要"提高督学专业化水平"，并指出了提高督学专业化水平的路径。

1. 创新督学聘用方式。《意见》提出"完善督学选聘标准，健全督学遴选程序，择优选聘各级督学"。探索从退休的干部、校长、教师、专家中选聘一批优秀人才专门从事督政工作和学校督导工作。

2. 加强督学专业培训。《意见》提出"完善督学培训机制，制定培训规划，出台培训大纲，编制培训教材，将督学培训纳入教育管理干部培训计划，开展督学专业化培训，扎实做好分级分类培训工作，提升督学队伍专业水平和工作能力"。

3. 强化督学实绩考核。《意见》提出"强化督学实绩考核，对认真履职、成效显著的督学，以适当方式予以奖励，激发督学的工作主动性和积极性。建立督学退出机制"。

增强中小学校责任督学"六力"，提升中小学校责任督学的专业化水平，以上举措当然是行之有效的好策略。但笔者认为，要真正把高素质的优秀人才选拔到责任督学岗位来，必须增强责任督学岗位的吸引力。

责任督学挂牌督导制度已在全国中小学校实施了近7年。刚开始的时候，大家对责任督学挂牌督导制度与责任督学岗位充满了好奇与期待，一批优秀的教育行政人员和优秀教师自愿转到了责任督学岗位，有的还通过了选拔，优中选优。但在实施中，一些不尽如人意的问题逐渐暴露出来，责任督学的工作满意度与成就感大打折扣。一是一些合法权益难以保障。专职责任督学的编制，县市区一般采取教育系统内部调剂的方式，没安排专门的编制。专职责任督学的编制一般放在原单位，出现了专职责任督学应享有的工会福利待遇难以保障、岗位晋升处于弱势等问题；《意见》提到的因教育督导工作产生的通信、劳务等费用因为缺乏权威的制度根本无法落实。二是工作职责不明。由于地方政府重视不够等原因，责任督学基本上不能按照《教育督导条例》《中小学校责任督学挂牌督导办法》等法规、文件来规划工作，难以集中精力完成责任督学的主业。目前，责任督学基本上是服从教育行政工作安排，既当"运动员"，又当"裁判员"。一些大的县市区，一个责任督学挂牌督导的学校远远超过了5所，工作量超负荷。最终难以让领导看到成绩。三是晋升正高职称难。近几年，中小学设了正高职称，一些责任督学如果在原岗位，可能评为正高教师了。在晋升正高职称上，责任督学处于一个尴尬的位置，既不属于中小学教师系列，又与教研人员有明显区别，目前还没有针对督学工作特点的晋升正高职称的办法。专职责任督学是督学队员的主力军与生力军，发展到今天，已经成了一支大队伍。责任督学作为学校、教师、学生发展的指导者与服务者，不该成为被遗忘的人群。

若责任督学岗位充满吸引力，就会吸引优秀人才与热爱教育督导工作的人员加入到责任督学队伍中来。那些教育督导工作的热爱者，一定会积极主动历练"六力"，不断提升自己的专业水平，不断提高自己的实践能力与创新能力。只有这样，责任督学才能有底气地担负起新时代挂牌督导的使命。因此，增强中小学校责任督学"六力"，最有效的方式之一是增强责任督学岗位的吸引力；从编制设置、基本待遇保障、保证工作相对的独立性、保障高一级职称的晋升等方面进一步完善与创新责任督学挂牌督导制度，应是当务之急。

责任督学应具备的基本功

周锡波

责任督学，顾名思义，就是承担责任的督学。责任是什么呢？责任就是一个人不得不做的事或一个人必须承担的事情。一是指分内应该做好的事，如履行职责、尽到责任、完成任务等。二是指如果没有做好自己工作，应承担相应的不利后果或强制性义务，如担负责任、承担后果等。

责任督学在工作中要对自己的行为承担责任，首先必须具备最基本的能力，即每位责任督学首先一定要懂得"法""理""术"。

一、责任督学必须懂"法"

（一）责任督学必须通晓教育法律法规、规章制度

责任督学工作的前提就是依法依规，依法监督，依法指导。

《教育督导条例》第一条是这样表述的：为了保证教育法律、法规、规章和国家教育方针、政策的贯彻执行，实施素质教育，提高教育质量，促进教育公平，推动教育事业科学发展，制定本条例。

因此，责任督学首先必须是法律的执行者，其次是法律的坚决守护者。任何责任督学都必须熟知教育的法律法规、规章制度，以法律为准绳来监督指导，如《中华人民共和国教育法》《中华人民共和国义务教育法》《中华人民共和国职业教育法》《中华人民共和国民办教育促进法》《教学成果奖励条例》《残疾人教育条例》等最基本的教育法律法规必须首先掌握。我们谈教师违法行为时，首先必须懂得《教育法》《义务教育法》《教师法》《中小学教师职业道德》等；我们谈学生违法时，就必须知晓《中小学生守则》《未成年人保护法》等；特别是当我们去参加督导工作时，比如说合格小学的综合督导，我们应熟知合格小学的相关法律条文《教育部义务教育学校管理标准》《湖南省义务教育学校办学标准》《湖南省小学教学点办学标准》等；当我们对学校进行安全工作专项督导时，我们就应该知道《中小学安全教育纲要》《中小学幼儿园安全管理办法》《中小学岗位安全工作指导手册》等；我们在进行义务教育均衡发展迎检准备工作时，首先必须把《县域义务教育均衡发展督导评估办法》熟记于心。除了这些法规之外，我们还应该懂得省、市、县三级的有关教育的规章制度。只有通晓了教育全方位的法律法规、规章制度等，我们才能严格按照这些法律法规来督导。

（二）责任督学必须严格执法

责任督学从事开学工作专项督导时，不能只进课堂听课，还必须看学校的功课表，学校是否严格按照国家课程标准开齐开足了音、体、美等课程。如果课表上安排了，还要进课堂

去实地调查，是不是有老师在上课。过半个月或者一个月后，再随访督导，看这些课程是否在继续开设，如果没有开了，这就说明我们的学校是完全没有按国家课程标准来开课，还是在瞒和骗。对于这样的学校，我们责任督学必须严格按照法律法规要求，立即纠正校长的这种错误认识，然后立即改变这种行为。

（三）责任督学必须遵纪守法

责任督学首先要明白自己的职责范围，要严格按照《督导条例》赋予的权力办事，要严格遵守《湖南省教育督导人员行为规范》，严格按照教育部的《督导管理暂行办法》去行事，去学校督导时，首先必须向被督导单位出示督学证，在督导过程中，决不能向被督导单位索、拿、卡、要，更不能收取红包。责任督学只有身正才能不怕影子斜，只有廉洁公正，才能发挥督导的威力，才能发挥责任督学的威力。

二、责任督学必须懂"理"

责任督学只有懂法、守法，才会不违法、不犯法，但责任督学不仅要懂"法"，而且要懂"理"，责任督学要懂得一般的工作原理。

（一）发展性原理

让每一所学校都有发展，这是每一位责任督学开展督导的目标，也是永恒不变的理念。责任督学挂牌督导，旨在发现学校在办学过程中存在的问题，然后帮助学校分析存在问题的原因，最终帮助学校找到解决问题的方法，使学校得到健康长足的发展。因此，在挂牌督学中，坚持以问题为导向，力使督导精确精准。一是善于从现象中发现问题，善于观察校园中的一些非正常现象，从这些现象中发现具有代表性的问题。每次去学校，要抽出一定的时间到校园走走，与校长们和教师们聊聊，这样可以找到学校某个点上的"瑕疵"，然后想办法帮助"修补"。比如，在校园巡视时，发现有英语教师在上课时让十几个学生站在走廊里罚背英语，询问学生后才知道那位英语老师有此举动是因这些学生没有背出英语单词。于是，马上找那位英语老师，对她说："您的心愿是好的，但这样做是违规的，请您马上叫这些学生进教室上课。"那位英语老师接受了意见，立即让学生进教室上课。事后，就这件事与学校教务处老师、校长等进行了沟通、交流，发现了这是该校具有代表性的一个问题，青年教师在处理学生学习的具体问题时缺乏耐心，态度粗暴，方法简单。简言之，就是青年教师的教学管理，尤其是课堂管理的能力需要加强。学校也深刻认识了这个问题，马上制定青年教师课堂管理能力培训计划，并组织专题培训，要求教师充分尊重学生，提高课堂教学艺术。二是要多视角精准诊断，学会望、闻、问、切。望，即巡视校园，发现问题；闻，即通过访谈倾听师生的意见，发现问题；问，即开展师生及家长问卷调查，发现问题；切，即经过上述发现的问题，认真进行梳理、整合，切入重点要解决的问题。然后，对这些问题进行深入分析，并找到解决这些问题的方法。三是要协助学校自我改进，在督导中，既要肯定学校的成绩，让其亮点更亮，又要指出问题及不足，帮助学校自我改进。这是挂牌督导的责任所在。

以往督学存在一定的权威，对学校有一定的震慑作用。如今，督学的角色有了根本的转换，尤其是挂牌的责任督学，与其说叫督学，还不如叫"帮学""导学"，即帮助学校出谋策划，指导学校科学发展。

（二）服务性原理

每一位责任督学必须有强烈的服务意识，心系学校发展、力尽自己所能，及时为被督导单位提供服务、给予支持。责任督学必须要廉洁自律，勤俭督导，轻车简从，不搞特殊化，以身作则，树立责任督学的良好形象。

（三）指导性原理

责任督学必须认真学习教育理论、教育法规，努力成为基层学校的专家顾问，教育教学问题最积极的研究者，教育改革和先进目标理念的倡导者、传播者和指导者。做到调研提建议，参谋不决策，帮忙不添乱，配合不代替，成为被督导单位的良师益友。

（四）真实性原理

每一位责任督学必须坚持实事求是、依法督导、秉公督导，做到摸实情、讲实话、出实招、收实效。同时又必须严格遵守保密纪律，妥善保管文件、资料，不得遗失。对教师、学生、群众反映的问题和意见，不得向外扩散，不应该向外透露的机密绝不泄露。

（五）研究性原理

责任督学要善于采取灵活多样的形式，深入单位，深入群众，了解掌握第一手资料。积极主动地思考问题、研究问题，勇于提出新的思路和方法，及时发现、总结、推广管理的典型和成功的经验，充分发挥典型的示范指导工作。

三、责任督学必须懂"术"

中国古代的术士是精于算数的，像周易起卦，一定要有五十根筮草，五十就是天数，用五十根筮草，再按一定的方法演绎就能得出八卦。这个看起来很神秘的术就是方法，我们今天的责任督学要想成为神秘的人物，都必须懂得督导之"术"。

（一）责任督学必须懂得"看、听"之术

责任督学不必事事躬亲，自己动手，责任督学也不可能每天待在学校里，责任督学去督导时，时间少则一天，多则三天，三天的时间要把一所办了几十年、甚至上百年的学校全面透彻地了解这是不可能的，因此责任督学就必须懂得"看、听"之术。我们许多聪明的督学一进校园，不看教室看厕所，不听主课听副课，不看教室外面看教室里面，不听汇报听学生意见。如果我们每一位责任督学都有一套自己的绝妙的督导检查方法，我们的责任督学都能成为神秘人物。

（二）责任督学必须懂评价之术

责任督学要做到每次督必有果，就必须提前制定每一次的督导方案，确定评估细则，严格按评估细则来打分，用数字来说话，用分数来说话，用事实来说话。只有这样，才能树立督学之威。但如何评价，评价之后的结果怎么运用？这是值得我们每一位督学探讨的问题，

像省级示范性普通高中督导评估一样，每年评一次，先网评，网评不好的，再实地评估，实地评估不好的摘牌，这是令地方政府首脑都头疼的事，但这才是真正发挥督学威力之事。

（三）责任督学必须懂监测之术

责任督学对所督的是每一所学校的督导，不能督了就不管不问，而必须坚持监测之术，对于所督的学校，一定要坚持不时地跟踪监测，也就是说不仅要监管，而且还要会检测，用一些不同的量表，对学生、教师、学校等从不同方面进行检测，看学校教育教学质量是否有进步，看全镇乃至全县教育教学质量是否有进步。如果我们责任督学能做得持之以恒地监测学校的发展，对于监测中发现的问题及时纠正，对于成功经验及时加以推广，那我们的责任督学就是真正为教育事业的发展做出了自己的贡献。

法律已经赋予了责任督学应承担的责任。责任督学要想在督导工作中，有声有色地完成各项任务，首先必须提升自己的能力，而懂得"法""理""术"是每一位责任督学最基本的能力，是应该具备的基本功。

第二节 责任督学能力建设探究

责任督学能力建设，是《湖南中小学校责任督学能力建设实证研究》的重点研究内容。课题组主要研究人员对责任督学能力建设的途径与方式进行了思考与探索，形成了实证理论成果。

培训，责任督学能力建设的有效途径
——湖南省督学能力提升培训研究

曹光辉 肖凯文 吴志宏

现代社会，科学技术文化日益发展，培训学习成为了人们接受新知识和提升工作能力的有效手段与途径。《督学管理暂行办法》用专门的一章对督学培训的组织、培训的方式、培训的内容、培训结果的运用等方面作了全面的规定。今年出台的《关于深化新时代教育督导体制机制改革的意见》对督学的培训提出了富有指导性的意见。湖南作为教育督导工作的先进省份，一直重视督学的培训，形成了自己的特点，成效显著。

一、湖南省督学培训概述

湖南教育出版社 2011 年 6 月出版的《湖南教育督导史》简要记载了全省 1989 年至 2009 年的督学培训与研讨。所有培训，由省人民政府教育督导室组织实施。1989 年 11 月，举办了全省首届督导人员研讨班，计划培训 80 人，实际报到参加培训的有 110 人左右，培训时间 4 天，培训教材为省教委督导室编写的、湖南教育出版社出版的《教育督导》。1990

年至 1993 年组织的是岗前系统培训：每年一期，共培训了市州和县（市、区）两级督导人员 221 人；每期的理论学习约两个月，200 学时，开设了 7 门课程。1993 年至 2001 年，根据实际需要，以组织不定期的短期培训为主。2002 年 8 月，举办了省督学和市州督导室主任研讨班，参加研讨班的有第四届督学、各市州教育督导室主任共 80 多人，为期 4 天，安排了四个方面的研讨内容。2003 年 7 月、8 月分别在长沙、浏阳两地举办了教育督导干部培训班、省督学暑期研讨班，分别有 150 多名市、县两级教育督导室主任和 70 多名省督学参加了培训或研讨。2006 年上半年，第一轮"两项督导评估考核"启动前，对督导评估骨干进行培训，在 3 月、4 月、5 月各组织了一次，每次培训的侧重点各不相同。2006 年 8 月，组织各市州主任督学和教育督导室主任赴陕西、内蒙古，学习兄弟省区的教育督导工作经验。2009 年 7 月，组织了为期 3 天的全省教育督导人员培训班，各市州、县市区主任督学和教育督导室主任、第六届省督学、省教育督导评估专家共 400 多人参加了培训，共安排了 11 个专题讲座。以上培训对象基本上为省督学、省教育督导评估专家与县级教育督导室主任以上人员。

湖南 2011 年开启了面向责任督学的培训。7 月 21 日—25 日，省人民政府教育督导室在长沙举办了"湖南省 2011 年市县责任区督学研修班"，办班规模达到了近 500 人，培训课程相当丰富，有 10 位省内外知名专家作讲座，有 3 位厅领导讲话，有 7 个县（市、区）作了经验交流，还组织了结业考试。随后的几年，省里紧扣督学责任区建设，或在省城组织集中培训，或在推进督学责任区建设的先进县市区开展现场培训。2015 年开始，督学培训纳入"国培计划"之中，10 月 11 日—16 日，省教育督导委员会办公室与省中小学教师发展中心共同举办了"'国培计划'（2015）乡村督导专业人员培训班"，培训对象为各县市区督学责任区专兼职督学，140 多位来自基层的督学参与培训，培训方式有专题讲座、案例诊断、现场观摩、分组研讨与评估实践等，在结业典礼上表彰了优秀小组与优秀学员，对继续参加网络培训提出了要求。经省教育督导办同意，2016 年起，湖南省教育督导与评价协会承担在全省范围内组织实施《湖南省督学能力提升培训四年行动计划（2016—2019）》，计划四年内对全省、市州、县市区、学校四级教育督导机构专职人员、专兼职督学、责任区督学、教育督导评估专家分年度进行一轮全员能力提升培训。《湖南省督学能力提升培训四年行动计划（2016—2019）》得到了较好的落实，共组织集中培训 11 期，培训约 3101 人次；组织在线培训 3 期，每期要求修满 100 学分，共计 2940 人次。另组织了一些相关培训，如 2018 年，举办了湖南省高考改革及新修订课程方案和课程标准骨干督学高级研修班，28 人参加；2019 年，在国家教育行政学院举办了湖南省骨干督学高级研修班，全省 224 名专职、兼职骨干督学参与了现场培训与网络研修；组织 469 位省、市、县、督学责任区督学参与了第一期国家级教育督导网络培训等。

2011 年开始，先后为培训人员发放了《湖南教育督导史》《2010 湖南教育督导工作年度报告》《湖南省督学责任区学校督导评价指南（试用本）》《中小学校管理评价》《督学责任区概论》等书籍。

二、湖南省督学培训特点

湖南省督学具有培训力度大、管理规范、覆盖面广、前瞻性强的鲜明特点。

一是培训日趋规范。湖南省督学培训机制日趋完善，制定了培训规划，出台了培训大纲，设计了培训课程，编制了培训教材，将督学培训纳入了教育管理干部培训规划，督学培训专业化程度高。

二是培训针对性强。湖南省近几年的督学培训，根据培训对象，组织了不同层次、不同专业的培训班。从能力层次看，有入职班、能力提升班、能力提升集中研修班、骨干督学高级研修班等。从专业看，有经费评估专家培训班、教学评估专家培训班、学前教育评估专家培训班、职业教育评估专家培训班等。

三是培训覆盖面广。据 2018 年初步统计，湖南 14 个市州、122 个县市区建立了 780 个督学责任区，有专职、兼职责任督学 5429 人，实现了中小学校挂牌督导全覆盖。2016 年开始，全省督学各类培训达 6986 人次。从数据对比看，全省 5429 位专职、兼职责任督学基本上实现了一轮全员培训。

四是培训内容全。培训内容覆盖教育法律、法规、方针、政策、规章、制度和相关文件，教育学、心理学、教育管理、学校管理、应急处理与安全防范等相关理论和知识，评估与监测理论、问卷与量表等工具开发在教育督导工作中的应用，督导实施、督导规程和报告撰写等业务知识，现代信息技术的应用，教育督导实践案例等。符合《督学管理暂行办法》对督学培训内容的要求。

五是注重集中培训与自主学习、线下与线上相结合。湖南对督学的培训，在抓好集中培训的同时，借助国家教育行政学院主办的督学网络学院的资源，组织了线上培训，这有利于督学开展自主学习和研修。督学网络学院课程资源丰富，培训设计科学合理，是大面积培训督学的好基地。全省近几年督学线上培训达 3633 人次，合格率达 100%。

六是注重理论与实践相结合。湖南的督学培训，既重视督学理论知识、方式方法的积累，又重视对督学督导实践的指导。通过现场观摩、经验交流、案例分享、"实战演习"等方式，提升督学的实践能力。实践能力是督学应当具备的核心能力，学再多的理论知识、方式方法，最终都要通过实践发挥作用。实践指导也是最受督学们欢迎的培训课程。"'国培计划'（2015）乡村督导专业人员培训班"的课程设计，就是增强督学实践能力很好的范例。

三、湖南省督学培训成效

培训，是督学能力提升的有效途径。湖南一直咬住督学培训不放松，各级督学的理论水平与实践能力不断提升，为湖南教育督导工作在全国保持领先地位提供了智力支持。湖南 2011 年就开始了面向责任区督学的培训，后来不断加强和创新，责任督学的能力提升非常明显，挂牌督导的成效显著增强。

一是湖南挂牌督导走在全国前列。2011 年 11 月 29 日，全国督学责任区制度建设经验交流现场会在长沙举行，教育部副部长刘利民称赞湖南经验"很有借鉴意义，听后倍感振奋"。后来，醴陵模式在全国产生了较大影响。全国中小学校责任督学挂牌督导创新县（市、区）评选，首批全国共评出 29 个，湖南有 4 个，占 13.79%。这些成绩的取得离不开各级政府的重视、各级教育督导部门的科学决策与正确指导，也离不开一支专业化程度高的责任督学队伍。

二是责任督学的自主学习能力增强。湖南 469 位督学（主要为责任督学）参加了第一期国家级教育督导网络培训，经考核考试，合格率达 100%，90 分以上达 301 人，占 64.18%。相当多的责任督学能自觉认真学习《关于深化新时代教育督导体制机制改革的意见》，并写出了一批高质量的学习心得。

三是责任督学的理论研究水平不断提升。在湖南省教育督导与评价协会组织的每年一度的教育督导优秀论文评选中，责任督学的论文获奖比例非常高，论文质量也一年比一年高，一些有影响的教育督导理论成果发表在《湖南教育》《教育测量与评价》《中小学校长》《中小学管理》等权威刊物上。新化县人民政府教育督导室承担了湖南省教育科学"十三五"规划重点资助课题《湖南中小学校责任督学能力建设实证研究》，产生了一批理论成果与实践成果。一些责任督学指导所挂牌的学校开展教育科研，一些维系学校发展和课堂教学改革等方面的课题在省、市立项，一些学校实现了市级以上科研课题零的突破，学校的办学品位得到了提升。

四是责任督学挂牌督导产生了成效。责任督学挂牌督导制度实施以来，责任督学们认真履行职责，坚持按标准开展经常性督导，一手强督促、补短板，一手善指导、解难题，对学校的发展发挥了积极作用，工作成效显著。某县教育基础比较薄弱，建立责任督学挂牌督导制度以来，充分发挥责任督学对挂牌督导学校的监督、指导、服务功能，重视督导评估结果的运用，全县教育发展水平整体得到了提升，在湖南省第三轮"两项督导评估考核"中，获得了"综合优秀"等次，被授予"教育强县"称号。这称号里凝聚着责任督学的智慧和汗水。

四、湖南省督学培训的期盼

一是要为督学常态化的线上学习提供条件。当前已进入互联网、大数据、人工智能时代，线上学习尤显重要。湖南借助国家教育行政学院主办的督学网络学院的资源，为督学们提供了一个线上学习的平台，但存在局限：如果没有安排学习项目，就进不了督学网络学院培训课程的学习；即使安排了学习项目，可学习项目一旦结束，也进不了网络培训课程的学习；更谈不上常态化的线上学习了。因此，为督学们提供常态化的线上学习是必须解决的一个难题。建议省里进一步与国家教育行政学院主办的督学网络学院协调，争取网上的课程资源向注册的每一位督学全天候开放；或是省里建设督学课程资源库，方便督学们自主学习。

二是要加强督学培训的管理。根据《督学管理暂行办法》提出的"各级教育督导机构建立本级督学培训档案，对参加培训的种类、内容和时间等情况进行记录备案"的要求，要完善督学省级培训档案，运用培训数据，避免不必要的重复培训和遗漏培训；要建立督学培训考核机制，增强督学培训的效果。

三是要更加重视培训课程的开发。培训课程是开展培训的关键要素。《关于深化新时代教育督导体制机制改革的意见》对督学培训提出了更高的要求，要求出台培训大纲，编制培训教材。因此，各级科研部门与督导部门要重视与加强督学培训课程资源的开发。通过开展问卷调查，了解督学们的实际能力水平和培训需求，为设置培训课程提供参考；要加强经验交流、正反案例研究、个案分析、现场观摩、实地评估等实践课程的开发，激发督学们的学习兴趣和学习积极性；要从基层选拔一些优秀的责任督学参与培训课程的开发，甚至在培训班授课，丰富培训课程资源。

四是要重视教育科研的培训。教育科学研究是中小学校的短板，是责任督学的弱项，也是督学平时培训忽视的内容。要重视对责任督学教育科研理论与实践的培训，提高责任督学自身的教育科研能力。《关于深化新时代教育督导体制机制改革的意见》明确要求加强教育督导研究。责任督学不但自己能主持科研课题，还能指导所挂牌的学校突破教育科研瓶颈。省教育督导与评价协会可发挥优势，在科研课题立项评审与创建教育督导专业杂志等方面有所作为，实现"科研强督"的目标。

责任督学能力建设的思考与探索

肖凯文　李　斌

随着《教育督导条例》《教育部关于加强督学责任区建设的意见》《中小学校责任督学挂牌督导办法》《中小学校责任督学挂牌督导规程》等法规、规章的深入贯彻落实，各级督学责任区在神州大地如同雨后春笋般建立起来，督学责任区对辖区内中小学校的挂牌督导基本上实现了全覆盖、全方位、全过程。据初步统计，当前，全国共有 10 万余名责任督学对30 万所中小学校实施了挂牌督导。可以说，督学责任区制度、中小学校责任督学挂牌督导制度已经落地生根。那么，这种制度有没有生命力，这样一支巨大的队伍能不能取得工作成效，关键取决于什么呢？笔者认为，责任督学的能力水平直接决定着责任督学挂牌督导工作的成效。基于这样的认识，笔者和所在督导部门对责任督学的能力建设进行了一定的思考与探索。

一、责任督学的能力要求非常全面

能力，《现代汉语词典》的解释是"能胜任某项工作或事务的主观条件"。顾名思义，责任督学的能力就是指"能胜任对挂牌督导学校开展教育督导工作的主观条件"。为什么说责任督学的能力要求非常全面呢？

一是相关法规与规章的要求。《教育督导条例》第二章第七条明确规定了督学应当具备六个方面的条件，并对督学应当具备的能力提出了具体要求。2016 年 7 月 29 日，教育部印发了《督学管理暂行办法》，其中第二章第六条规定督学除符合《教育督导条例》第二章第七条的任职条件外，还应适应改革发展和教育督导工作需要，达到下列工作要求：（一）热爱教育督导工作，能够深入一线、深入学校、深入师生开展教育督导工作；（二）熟悉教育督导业务，掌握必要的检查指导、评估验收以及监测方面的专业知识和技术；（三）能够保证教育督导工作时间。这里对督学的能力素养又提出了新的要求。

二是责任督学工作性质的要求。责任督学的主要工作是对所挂牌督导学校的教育教学实施经常性督导。《中小学校责任督学挂牌督导办法》第三条规定了责任督学五个方面的基本职责；第四条规定了责任督学实施经常性督导的八项主要事项。《全国中小学校责任督学挂牌督导创新县（市、区）评估认定标准》在"工作规范"这项考核指标里，明确要求责任督学对负责的每所学校实施经常性督导每月不少于 1 次；每年度督导工作涵盖所负责每所学校的八项主要事项。这八项主要事项涵盖了教育教学的方方面面。

从《全国中小学校责任督学挂牌督导创新县（市、区）实地核查程序与要求》可以看出对一个责任督学能力的全面要求：责任督学首先要向实地核查工作组介绍该校的情况，包括学校师生人数和比例、学校办学理念和思路、该校本学期督导工作开展情况、学校现阶段还存在的问题、下一步改进和完善的建议等。然后，工作组观察责任督学对学校校园及周边环境安全、食堂、音体美等功能室、实验室（或图书馆）等事项实施巡视，责任督学在巡视的同时，要向工作组介绍情况，并回答工作组人员的提问。最后，工作组要现场考察责任督学的推门听课与评课等。试想，责任督学如果没有较高的政策理论水平、较强的实践能力、深厚的专业知识、独到的工作见解与创新能力，在专家们的实地核查中，能顺利过关吗？因此，责任督学只有具备较全面的能力素养，才能有效而精准地开展教育督导工作，才能在实施督导时不说外行话、不做外行事，才能被挂牌督导学校所认可，才能引领师生与学校不断发展。督学责任区制度、中小学校责任督学挂牌督导制度才能永葆生命力。

二、责任督学全面的能力从哪里来

根据《教育督导条例》《督学管理暂行办法》，督学的聘任是需要一定条件的。也就是说，不是每个教育行政人员和教师都能够做督学，只有达到了以上法规、规章规定的任职条件，才有可能被聘任为督学。但现实中，像这样能力全面的人才真乃凤毛麟角；而督学责任区的建立，需要聘任一定数量的责任督学，事实上没有这么多天生的督导人才在等待被选拔。因此，一般的做法，放低门槛，相应地从教育行政和教师队伍中选拔人员建立责任督学队伍。这算比较好的做法。而一些地方对督学责任区及其责任督学的认识出现偏差，认为责任区是一个养老和安置干部的机构，责任督学的聘任也就可想而知了。

一方面，聘任的责任督学能力不足或不全面；另一方面，有效开展教育督导工作需要责任督学具备全面的能力。那么，责任督学全面的能力素养从哪里来呢？笔者认为，责任督学全面的能力素养从责任督学的学习、培训、交流、实践、创新、考核中来。

各级教育督导机构都高度重视责任督学的能力建设。《教育部关于加强督学责任区建设的意见》《教育部关于进一步加强中小学校督导评估工作的意见》《中小学校责任督学挂牌督导办法》等文件都强调了责任督学的培训、交流与考核。《全国中小学校责任督学挂牌督导创新县（市、区）评估认定标准》《督学管理暂行办法》对责任督学的培训与要求更加具体化。前者要求，制定责任督学全员培训规划和年度培训计划；按计划开展培训，并针对不同培训内容、不同专业或学科开展分类培训，培训模式灵活多样；督导部门组织责任督学通过座谈、学习考察等方式，促进责任督学加强交流、互相学习和借鉴。后者把培训作为独立的第五章（共五条）予以规定，更加全面具体。

因此，各级教育督导机构根据教育督导法规与规章的要求，结合本地实际与责任督学的能力需求，科学有效地开展责任督学能力建设，打造专业化的督学队伍，应成为不断探索与研究的课题。

三、责任督学能力建设的有益探索

笔者所在的新化县，督学责任区建设2013年开始部署、准备，2014年起步，2015年完善，2016年全面实施。全县划分7个督学责任区，每个督学责任区配备3名专职责任督学，聘任3~6名兼职责任督学。每个督学责任区每年平均安排了20万元工作经费，并实行一个独立的账号管理。事实证明，督学责任区的体制机制与经费问题，只要领导重视，都可迎刃而解。而责任督学的能力建设，除了领导的重视外，还需要每个责任督学永葆进取心，更需要督导部门进行科学的规划、开展全面生动的培训与实践。

新化县坚持把责任督学的能力建设作为中心工作来抓。县教育督导室通过组织专职、兼职责任督学的理论测试与问卷调查，制定了《责任督学三年成长规划》《督学责任区学习制度》《督学责任区及其责任督学工作绩效考核制度》《责任督学能力评估量表》等规章和评估工具；形成了理念—理论—专业—实践—创新的责任督学能力建设路径，取得了初步成效。

（一）深刻理解党的教育方针，增强责任督学对学校办学理念的辨别力与指导力

学校的办学理念是学校文化的灵魂，从哪里来呢？应该从贯彻党的教育方针和本校的办学实践中来。党的教育方针是一切教育工作的行动纲领，是党的总路线、总政策在教育中的具体体现。党的教育方针随着社会的发展，其内涵与表述也有不同程度的变化。县教育督导室把不同时期不同表述的党的教育方针全部呈现给责任督学们了解，要求他们能够背诵并且理解现行党的教育方针。

1995年3月18日第八届全国人民代表大会第三次会议通过的《中华人民共和国教育法》，2015年12月27日第十二届全国人民代表大会常务委员会第十八次会议予以了修正（第二次），中华人民共和国主席令第三十九号发布，自2016年6月1日起施行。第二次修正的《中华人民共和国教育法》关于党的教育方针的表述是："教育必须为社会主义现代化建设服务、为人民服务，必须与生产劳动和社会实践相结合，培养德、智、体、美等方面全面发展的社会主义建设者和接班人。"简简单单的61个字、7个标点，把办学的方向、实施

的途径、培养目标说得清清楚楚。

笔者认为，教育的根本任务就是要全面贯彻党的教育方针，全面推进教育公平，全面提高教育质量。县教育督导室要求责任督学背诵与深刻理解党的教育方针，就是为了让责任督学对挂牌督导学校实施督导时，能够准确地判断学校贯彻党的教育方针的情况、学校的办学理念是否符合党的教育方针，在此基础上，指导学校树立正确的办学理念等。

（二）开发督导课程资源，编辑《教育督导工作手册》，为责任督学提升理论水平提供自主学习的教材

《督学管理暂行办法》规定对督学的第一个培训内容是教育法律、法规、方针、政策、规章、制度和相关文件。这些内容是每一个责任督学可以通过自主学习理解和掌握的，主要是缺少一本涵盖这些内容的教材。县教育督导室组织力量开发督导课程资源，编辑了《教育督导工作手册》。它分为六个部分：第一部分教育法律法规，第二部分教育政策规章，第三部分教育督导评估，第四部分领导讲话与言论，第五部分本县教育督导制度建设，第六部分本县教育督导研究文章与案例。

为督促落实责任督学们自觉学习政策理论，县教育督导室每学期组织一次学习笔记检查，每年组织一次督导理论知识竞赛。

（三）拓宽培训渠道，全面提升责任督学的专业素养

新化县建立了县本级基础培训、市级提高培训、省级以上研修培训的责任督学培训体系。2016 年是责任督学能力建设最关键的一年，4 月，全县组织了全体专职、兼职责任督学，县属学校与乡镇中心学校教育督导员（大部分教育督导员被聘为了兼职责任督学）共 60 人集中在县城开展了为期 3 天的基础培训，紧接着组织了外出交流培训；暑假，选送 31 位专职、兼职责任督学分两批参加了市里组织的督学提高培训；12 月，选送 10 位专职责任督学参加了湖南省第一期督学能力提升研修班，是送培人数最多的县市区之一。

除此之外，从 2016 年 6 月开始，每月安排一天集中开展一个专题培训。已开展完成的专题培训有：教育学与心理学基本原理，信息技术在教育督导中的运用，课程管理与开发，听课、评课的常识与技能，基础教育质量监测、统计与评价，督导评估工具的研发，实验教学管理与评价等。责任督学们普遍反映，通过参加这些多渠道与多层次的培训，视野开阔了，工作有底气了。

（四）开展多样活动，有效提升责任督学的实践能力

督学拥有的教育理念、教育理论、教育专业素养，最终是为实践服务的。一年来，县教育督导室组织开展了形式多样的活动，有效地提升了全县责任督学的实践能力。

一是高质量做好本职工作。除每月督学责任区组织的随访督导外，由县教育督导室牵头，组织各督学责任区开展了"三考"备考、职业学校招生、秋季开学、校园安全、中小学有偿补课治理等 5 次专项督导，组织了职业学校、乡镇中心小学等两次综合督导评估。每个专职责任督学每月撰写一篇随访报告，每学期撰写学校管理正反案例各一个，每年撰写一篇工作总结与一篇教育督导论文。

二是开展丰富多彩的实践活动。2016年5月初,组织21位专职责任督学赴本省的新晃、芷江两地考察学习交流。在新晃,现场观摩并参与了新晃责任督学的随访督导;在芷江,现场观摩并参与了芷江责任督学的专项督导。考察回来后都交了考察学习心得。11月,开展了责任督学制定乡镇中心小学督导评估方案(含评分细则、课堂教学与实验教学评价量表、师生满意度调查问卷)竞赛活动。12月,组织专职责任督学参加了湖南省行政执法人员资格电子化考试,合格率达100%。2017年1月,组织专职责任督学开展述职述廉述法活动。

以上活动的组织开展,将责任督学不断积累起来的知识与技能,转化为了活生生的实践成果。

(五)引导课题研究,逐步培养责任督学的创新能力

创新是一个民族进步的灵魂,是一个社会发展的不竭动力。中共中央提出了"创新、协调、绿色、开放、共享"五大发展理念。创新也应是每一个责任督学追求与具备的最高能力。县教育督导室确定了"创新从研究中来,研究从实践中来"的培养责任督学创新能力的工作思路。

2016年年初,县教育督导室给每个督学责任区下达了一个研究任务:

课题名称	承担单位	主持人	完成时间	部分成果
偏远农村乡镇适龄儿童、少年入学调查研究	第一督学责任区	伍建新	2016年12月底前	《白溪镇义务教育均衡发展调查报告》
督学责任区促进义务教育均衡发展策略研究	第二督学责任区	吴资文	2016年12月底前	《田坪镇适龄儿童、少年入学情况调查报告》
乡镇(场办)人民政府教育工作督导评估研究	第三督学责任区	罗政	2016年12月底前	《新化县乡镇(场办)人民政府教育工作督导评估方案(含评分细则)》
责任督学八项事项随访可操作性研究	第四督学责任区	李斌	2016年12月底前	《新化县责任督学随访督导方案(含操作细则)》
专兼职责任督学学年度工作绩效考核研究	第五督学责任区	罗渊恒	2016年12月底前	《新化县专兼职责任督学学年度工作绩效考核方案(含操作细则)》
化解城区大班额的调查研究——以新化县城为例	第六督学责任区	吴志宏	2016年12月底前	《新化县城区中小学学位情况调查报告》
中等职业学校办学水平督导评估研究	第七督学责任区	李剑秋	2016年12月底前	《新化县中等职业教育督导评估方案(含评分细则)》

大部分责任区如期完成了研究任务，取得了初步的研究成果，也尝到了研究的甜头。从2017年开始，县教育督导室要求各督学责任区在教育督导实践中发现与提炼研究课题，并把每三年完成一个县级以上科研课题作为督学责任区的基本工作规范和考核内容。通过不断开展课题研究，逐步培养责任督学们的创新能力。

责任督学能力建设，也面临一个创新的问题。只有不断创新责任督学能力建设的方式方法与手段，与时俱进，责任督学才不会落后于这个日新月异的时代。

<h2 style="text-align:center">在探索中前行　在前行中发展</h2>
——新化县中小学校责任督学能力建设探索与思考

彭育国

新化县是典型的教育大县，截至2019年秋季共有中小学499所（含教学点），幼儿园248所，在校（园）学生（幼儿）26万余人。2013年，新化县中小学责任督学挂牌督导全面启动，确立了"督学为主，服务为先"的原则，践行"让每一所学校都有进步"的理念；2014年，新化县成功创建省级示范督学责任区；2015年，新化县教育督导委员会成立；2016年，重新设置督学责任区，县政府聘任了首批专职督学；2017年，县政府教育督导室党支部、工会相继建立；2018年，新化县荣获娄底市教育督导体制机制改革创新奖。近年来，新化教育督导一班人爬坡过坎，奋勇前行，在中小学责任督学能力建设方面做了一些有益的探索和尝试。

一、在探索中前行

2013—2015年，我县督学责任区建设基本处于探索阶段，主要工作是建立基本的督导网络和运行机制，构建"初级版"新化教育督导"1234"模式。

（一）健全一个网络

一是健全县级督导机构。2015年12月，县政府成立由分管副县长任主任的教育督导委员会，县政府教育督导室作为独立预算的法人单位，负责教育督导委员会的日常工作，在法律法规授权的范围内，依法独立行使教育督导职能。二是调整督学责任区。2016年2月，重新调整设置7个督学责任区，首批聘用了21名专职督学、40名兼职督学（督导室主任），在全县范围内构建了"县教育督导委员会—县政府教育督导室—督学责任区—中心学校（县属学校）兼职督学（督导室主任）"四级督导网络。

（二）落实两项保障

一是工作经费保障。督学责任区筹建经费、运转经费列入财政预算。二是办公条件保障。各督学责任区统一标牌，统一配备办公桌椅、台式电脑、手提电脑、打印机、摄像机、电话机等办公设备。

（三）拓展三类培训

一是联动培训。督学工作涉及教学、管理等方方面面的工作，我们采取"督导室研发工具＋其他股室参与培训"的联动培训模式，调动多方资源，提升督学培训效度和广度。二是线上培训。推进"互联网＋"学习，通过教育督导网站（专栏）、微信公众号、QQ工作群等网络平台，及时推送督导法律、督导案例、督导研究、经验分享等，线上培训交流与线下自学实践紧密结合。三是理论升华。每月底召开经验交流会，围绕热点、难点开展交流研讨，撰写心得体会、工作感悟、督导论文、督导案例，做到在实践中研究，在研究中升华。

（四）抓实四类督导

一是围绕规范办学开展日常督导。每名督学每月下校 10～12 次，"四不两直"开门听课、校园巡查、提出建议、督促整改等。二是围绕重点热点开展专项督导。开展办学条件、办学行为、校园安全、开学条件保障、校园周边环境整治等专项督导，贯彻落实政策要求。三是围绕基本均衡开展深度督导。结合义务教育基本均衡发展督导评估的要求，一对一指导中小学建立"一校一策"方案，落实学校发展规划，并通过"回头看"进行跟踪督导，确保整改落实。四是围绕考核评估开展综合督导。研究制定了涵盖中小学校、幼儿园及民办学校的目标管理考核、学校发展性评估方案，每年统一安排督学到学校、幼儿园开展年度综合性督导，加强责任区内、区际之间交流协作。

二、在前行中创新

2016 年重新调整督学责任区以后，新化县督学责任区挂牌督导工作以实效为先，强化责任督学能力建设，形成了"督有责任，导有质量"的新局面。

（一）创新工作机制

一是建立督导议事制度。每年定期组织召开全县督导工作专题会议，研究部署督导工作规划和重点。督学责任区每月召开会议，聚焦督导重点，交流督导信息，研究专项督导和综合督导内容。二是实施信息发布制度。在县政府门户网站开设教育督导专栏，开通责任督学督导微信平台，定期发布督导报告和相关预警信息。三是落实督导联系制度。完小以上学校设立督导员 1 名，对接责任督学挂牌督导和校内督导工作。

（二）创新督学队伍

一是全覆盖督导。2016 年，我县在完小以上学校、中心幼儿园建立挂牌督导工作制度，完小以上学校挂牌督导全覆盖。二是全专业引领。2016 年 2 月新聘任的 21 名专职督学中，高级职称占 86%，以省、市、县的名校长、骨干教师、名优教师等教育专家型人才组成强阵容督导团队，专业涵盖中小学各个学科段，保证了新化教育督导的高水平引领。三是全驻点指导。在学校门口张贴督学公示牌，建立"一月一督"工作制度，每月根据不同主题进行督导。

（三）创新督导思维

一是坚持问题导向。无论是学校个别问题或是共性问题，责任督学发现后及时进行研究，寻求对策，并向教育局及其他相关部门反映，提出解决问题的方案。二是接受社会监督。印制"有事请找我—督学服务卡"，主动开展家校沟通联络，了解社情民意，受理投诉举报，加强人民群众对教育工作的理解和支持。三是强化整改落实。建立问题清单制，开展问题整改"回头看"，督促学校落实整改。

（四）创新督导方式

一是早发现。责任区督学到学校督查常态化，及时发现问题，与学校共同分析问题。二是早报告。对于发现的问题，督学及时反馈给校长和县教育督导室，督促问题解决。三是早指导。督学积极参与学校发展建设、课程实施、规划落实，充分发挥指导作用。四是早总结。对学校工作及时总结，提炼推广，适时在《新化教育动态》发布。

三、在创新中升级

2018 年以来，新化教育督导一班人始终践行"让每一所学校都有进步"的理念，全力打造"升级版"督学责任区。

（一）促进督学素质"升级"

打铁还需自身硬，要"让每一所学校都有进步"，提升督学素质、强化督学能力是根本。一是以健全制度强化理念。2019 年，出台了《新化县督学责任区"升级版"建设方案》，完善了相关制度，计划用 3 年左右的时间，实现"让每一所学校都有进步"的价值追求。二是以加强学习提升素质。坚持"自主学习、集中学习、学习研讨"三结合的方式，引领责任区督学立足教育督导工作实际，以科研的态度、创新的思路，研究督导实践中出现的新情况、新问题，及时找到解决问题的办法和思路。

（二）推进结果运用"升级"

要推动工作落地有声，必须把握好结果运用这一关键环节。一是完善责任区考核办法。健全《新化县督学责任区考评办法》，将督学责任区的绩效考核纳入学校、局机关股室、党政班子的综合考评，考评结果直接与督学的评先评优、职称评聘挂钩。二是健全学校考评制度。健全《新化县教育工作目标管理考核办法》，将督学对学校的考评结果纳入学校的年度目标管理考核（督学考评分数占考核总分的 30%），考评结果直接与校长、教师绩效工资挂钩。

（三）突出督导价值"升级"

一是督规划落实。以落实学校发展规划为着力点，指导辖区学校制订中长期发展规划，逐年对发展规划进行评估，推动内涵发展，全面提升办学水平。二是督均衡发展。以义务教育基本均衡发展督导评估为契机，以督学责任区为单位，分区制订均衡发展实施方案，实行区域内信息共享、研训互动、质量共进、文化共建。三是督特色提升。以教育局实施的

"四校联创""五育并举"活动为着力点,按照"示范引领、特色发展、一校一策"的原则,督学校特色发展、个性发展、自主发展。

四、在升级中思考

2020 年,中办、国办印发了《关于深化新时代教育督导体制机制改革的意见》(以下简称《意见》),对深化教育督导体制机制改革作出了系统部署,提出了教育督导"长牙齿"的新思路,为新时代教育督导事业发展树立了新航标。作为一名督导战线的老兵,在"教育督导2.0"的开局之年,我们憧憬着教育督导的美好春天。

(一)期待法规体系化

推动教育督导"长牙齿",根本上需要法律予以保障。目前,我国还没有专门的教育督导法律。作为专门法规的《教育督导条例》,亟待修订和出台有关配套法规和政策。从长远来看,需要专门立法,形成由国家法律、行政法规、部门规章以及规范性文件组成的教育督导法律法规体系,进一步提高教育督导的强制性、权威性,使教育督导各个方面、各个环节的工作都有法可依、有章可循。

(二)期待机构规范化

推动教育督导"长牙齿",当前首要任务是完善机构设置。2012 年,国家教育督导委员会成立,教育督导走上了全面改革、加速发展的快车道,国家层面的教育督导在一定程度上得到强化。但近几年来,省市县教育督导机构却在改革中日趋弱化,名义上独立的"政府教育督导室"相继撤销,直接调整为教育行政部门的内设机构,机构降级、人员缩减、经费压缩,取而代之的是在内设机构加挂"教育督导委员会办公室"的牌子。督学责任区的设置更是尴尬,无机构、无编制。从基层实践来看,议事协调机构由于各成员单位人事的异动、缺乏有效的协调机制等,难以有效发挥作用,很大程度上形同虚设,而作为教育行政部门内设机构的教育督导完全依附于教育行政(人财物事全部由教育行政部门管理),其独立性、权威性难以突显。从长远来看,教育督导体制改革不能仅仅只在教育行政部门加挂一块"督导委员会办公室"的牌子一改了之。《教育督导条例》规定教育督导机构在本级人民政府领导下独立行使督导职能,那么,教育督导就不是教育部门的监督,而是政府的监督,教育督导就应该相对独立于教育行政部门。孙春兰副总理在国务院教育督导委员会第五次会议上的讲话中指出,要认真落实教育督导机构的双重管理体制。从管办评分离的角度来看,新时代教育督导可以借鉴民国时期的督导体制,县级及以上督导机构可以探索建立省市县垂直管理体制。在县一级建立督学事务中心,作为教育行政部门的二级事业单位,负责学校督学工作,业务上由教育督导机构指导。

(三)期待标准具体化

推动教育督导"长牙齿",出台可操作的硬核标准是改革落地的保障。国务院《教育督导条例》和《意见》都对教育督导机构的设置、人员编制、经费保障、督学待遇等做了相应规定，如"完善教育督导机构设置""教育督导工作经费纳入本级财政预算""设置督学责任区"等，这些规定虽为教育督导工作的开展提供了政策支撑，但表述都比较笼统，省市相关实施细则也尚未出台，导致这些政策在执行上缺乏刚性标准和硬性约束。从基层实践来看，期待以省级政府名义出台教育督导机构和督学责任区建设标准，包括机构设置、机构隶属、机构名称、机构级别、人员编制、经费保障、督学待遇、职称评聘等实施细则，地方政府的落实情况纳入"两项督导评估考核"。机构改革，既要精简，更要高效，《意见》出台的一个重要导向应该是通过明确机构定位来推动教育督导的高效运转，强化教育督导的独立性、权威性。

（四）期待队伍专业化

推动教育督导"长牙齿"，建设一支高素质的督导队伍至关重要。国务院《教育督导条例》《意见》对督学队伍建设提出了明确要求，对专职、兼职督学的配备也提出了意见。从目前的情况来看，督导队伍主要以兼职为主，专职督学的数量严重不足，且大多都是从校长岗位退下来的老同志，年龄相对较大，来源比较单一，部分督学无论是从身体上还是从能力上都难以适应新时代的教育督导工作，督学责任区工作基本处于"督"的状态，"导"的效果还不理想。从长远来看，一是要健全选拔标准。要探索教育行政和教育督导之间人才交流和督学补充长效机制，确保督学队伍"一池春水"。二是要保证队伍数量。期待省级政府层面出台督学配备的定量标准，合理配备专职、兼职督学。三是要提升人才质量。在省级层面继续将督学培训纳入教育管理干部培训计划，提升在职督学专业化水平；在师范院校教育管理专业中增加教育督导相关课程或开设教育督导专业，储备教育督导后备人才；在科研院所开展教育督导研究，为教育督导决策、改革提供参考。四是要规范职务名称。《意见》首次在国家层面提出在教育部设立"总督学""副总督学"，部分省市先前亦有设"政府总督学""政府主任督学""政府教育督导室主任""教育厅（局）主任督学""督导室主任督学"等，职务名称各不相同。督学是"政府"的还是"教育"的，称"主任督学"还是"总督学"，虽不重要，但也事关规范。

近年来，新化教育督导始终以坚定的步伐，一路探索，一路前行，中小学挂牌督导日趋规范，责任督学能力不断提升，督导成效日益凸显。2020年是加快推进教育现代化的关键之年，也是在新的起点上打造"教育督导2.0"的开局之年，站在这个特殊的时间节点上，作为教育督导人，我们将责无旁贷地扛起督导体制机制改革的大旗，坚定不移地贯彻《意见》精神，创新体制，完善机制，努力推动各项改革措施落实落地，着力开创新时代教育督导新局面。

责任督学能力建设初探

刘邵军

2016 年 3 月，湖南省新化县人民政府根据国务院教育督导委员会办公室印发的《中小学校责任督学挂牌督导办法》，按学校分布情况将新化县域划分为七个片区，成立了七个督学责任区，聘请了 21 位专职督学，明确了责任督学的基本职责：对学校依法依规办学进行监督；对学校管理和教育教学进行指导；受理、核实相关举报和投诉；发现问题并督促学校整改；向教育督导部门报告情况，并向政府有关部门提出意见。同时规定，责任督学有权对学校管理、招生收费、课程开设、教育教学、教师师德、学生学习和课业负担及学校安全、卫生、校风、教风、学风等情况进行督导。

笔者有幸成为新化县第一代督学人。三年来，一千多个日子，风里来雨里去，对挂牌的学校进行随访督导、专项督导、综合督导，指导、帮助与促进学校、教师、学生的发展进步。纵观三年中的点点滴滴，深感责任重大，也深深地体会到责任督学成长历程的艰辛和责任督学能力建设的重要性。下面就责任督学能力建设谈谈自己的一些感想。

责任督学挂牌督导制度建立时间不长，督学资格准入制度还不完善，一些地方督学队伍建设还存在薄弱环节。

一、责任督学能力方面存在的不足

（一）思想观念有待改变

部分责任督学对这项工作认识还不够深入，主要表现在：一是对督学工作的性质理解还不透彻；二是对督学工作的定位还存在偏差。

（二）专业知识有待加强

对国家的教育方针、有关教育的法律法规及教育政策懂得少，或理解不深。督导工作不够规范，程序不够严密，发现问题能力不强，指导能力不高。

（三）工作技能有待提高

在教育行政部门、学校和社会之间，简单的信息传播通过媒体就能实现，但诚挚的关怀、解决问题的努力，必须由能够沟通三方的实实在在的人去传递。责任督学就是这个实实在在的人。但所聘请的责任督学一般都是退休的或临近退休的德高望重的校长、教学名师或教育管理人员，年龄老化，信息技术不熟悉，对基于信息技术的"互联网＋"督导方式不敢接触。

二、提升责任督学能力的措施

（一）就责任督学自身而言，要提高自身的专业素质和业务水平

1. 明确督学职责

责任督学，重在监督与指导，关键是如何落实"责任"二字。责任督学深入责任区的

过程既是了解一线教育教学改革动态、丰富自身的过程，也是指导帮助学校发展的过程，还是扩大督学影响力、树立督学权威的过程，从而体现责任督学的价值。因此，应通过不断学习，找准角色定位，明确责任督学的基本职责和督导任务。

2. 加强业务学习

教育督导内容广泛、专业性强，被督导对象有很多是教育的行家里手，责任督学若没有深厚的专业知识、独到的工作见解，将很难发现被督导对象在工作中存在的问题，更不用说针对问题提出建设性的意见。因此，责任督学一定要认真学习研究教育法律法规、方针政策，主动学习教育和管理的前沿理论，注重向实践学习、向基层学习、向同事学习。这样在实际工作中才能做到督而有据、查而有序、为而有度、责而有规，真正做一个厉言、厉行、厉信的责任督学。

3. 坚持求真务实

一是督前准备要到位。充分准备是责任督学挂牌督导的首要环节。督导要点蕴藏在督导事项之中，能够睿智、全面地挖掘出每个督导事项中的各个督导要点，不仅体现责任督学的谋划能力，更是确保学校被督导事项得到客观、公正评价的首要前提；二是督中执行要到位。责任督学要有敏锐的洞察力和思考力。洞察力属于认知系统和行为系统的交集，是责任督学保证督导质量的关键；通过细节推断本质是洞察力的作用点。在履职过程中，要从督导事项的细枝末节着眼，通过眼力明察秋毫，通过耳力明辨正误，收集零散的信息，综合整理成有价值的判断，正所谓"细节决定成败"。思考力是万力之源，思考力决定行动力、表达力。任何事物都是由"看得见"与"看不见"两部分组成，"看不见的部分"决定了"看得见的部分"。所以，有机综合运用整体思考、动态思考、本质思考系统，就能达到"一粒沙里见世界，一滴水中看大海"的思考境界；三是督后反馈要到位。督导反馈一般采用三种形式：第一是现场反馈，多用于优点的评述和能够立即整改的问题；第二是文本反馈，用于需要时间综合分析、整理大量信息，或者需要决策机构研究讨论才能得出结论的事项，包括综合通报和整改通知书；第三是约谈反馈，具有问责性，是对不作为或做得不到位的学校的主要领导、主管领导进行的责罚。四是结果应用要到位。挂牌督导结果的运用，是责任督学发挥职能作用的重要保障，也是促使学校高度重视的有效法器。督导结果应用到位，能推动学校发展，同时也能较好地解决学校发展中的现实问题，为素质教育的全面实施、学生的全面发展提供强力保障。

4. 坚持服务至上

责任督学在工作中要做到不摆架子、不揪辫子、不找岔子，真正做到实事求是；融入学校，与学校建立互相信任、密切合作的伙伴关系，以平等的身份与学校进行沟通交流；要从一个冷冰冰的评价打分者，变成热情的呐喊加油者。

教育督导的本质，不是为了评价优劣，而是为了改进和发展。把督导评估的过程看作是为被督导评估者提供有效帮助的过程，帮助评估者深化对教育的认识和理解，让他们在对所从事的教育工作进行深刻反思的基础上，树立正确的教育观，理清发展思路；帮助被督导评估者总结、提炼经验，发现问题，并找到解决问题的对策。

5. 培养创新思维

责任督学既要敢于监督，又须善于指导；要督出实情，导出实效。所以，责任督学应自觉培养创新思维。一要善于选择督导内容和时机。督导内容要"新"，督导时机要"准"。二要正确理解"随机督导"。"随机督导"不是随意督导，它必须按照"督前认真准备，督中依法依规，督后及时反馈并定时回访"的程序进行。三要科学把握督学分寸，过程督导要"实"，问题查摆要"准"，原因分析要"透"，指导工作要"新"，问题整改要"效"。

（二）就教育督导机构而言，要积极创造条件努力提高责任督学能力

第一，完善责任督学准入条件、待遇保障、职称评聘等制度，解决责任督学的后顾之忧。责任督学挂牌督导不是短期的行为，而是一个不断促进学校、教师、学生发展进步的过程，也是一个不断提升责任督学能力的过程。适当地吸收一些年青俊才，优化责任督学队伍的年龄结构，以老带新，使责任督学队伍永葆活力。待遇保障、职称评聘等问题的解决，能让责任督学全身心地投入到提高督导能力和督导工作中去。

第二，举办责任督学培训班，组织学习有关文件和理论知识，树立正确的督导思想，增强责任督学的专业意识，推动其主动投入教育督导工作。

第三，以会代训，传授督导知识和方法，不断为督学"充电"，提升督学工作水平。

第四，召开责任督学工作经验交流会，互相交流实践经验，研讨督学工作方法，做到督学经验共享，共同提高能力水平。

第五，聘请专家传授经验，讲解责任督学的权利、义务职责和工作方式，提升思想认识和工作实践能力。

第六，组织责任督学外出学习取经，借鉴外地经验，提高责任督学工作实效。

第七，组织责任督学到管理先进的有特色的督学责任区跟岗实习。

第八，组织责任督学积极参加《中国教育干部网络培训学院》的网络课程学习交流。

第九，建立科学的、合理的规章制度，以此规范责任督学行为，加强责任督学工作，提升责任督学能力。要求责任督学及时总结汇报，做到每月以书面形式向县教育督导室报告工作情况，每年对督导工作进行总结并撰写报告。

适时对责任督学队伍进行调整，不断提高专业知识和操作能力，发挥对学校管理和教育教学指导能力的优势，提高责任督学在实施挂牌督导工作中的执行力和影响力。

责任督学挂牌督导制度建立的时间并不长，责任督学在工作水平上还有很大的提升空间。"九层之台，起于累土"，一个国家教育发展的充分和平衡，需要每一位"教育片警"在"最后一公里"上的持续发力。

第三节　督学方式创新研究

责任督学挂牌督导，只有坚持不断创新，才能充满生机与活力。创新能力是责任督学最宝贵最需要也是最难以形成的一种能力。责任督学在思维上要有创新意识，在行动上要善于尝试。

运用质量监测结果　提升挂牌督导成效

肖凯文　贺智力

2012 年以来，责任督学挂牌督导制度在全国中小学校的实施到了第 9 个年头。总体来看，这项制度的实施完善和创新了教育督导体制机制，对规范学校办学行为、促进学校科学发展发挥了一定的作用。但在实施中，也凸显出了一些问题，主要是责任督学们的日常督导大多注重形式，浮于表面，缺乏深度和内涵，针对性与指导性不强，不受学校欢迎；现实中，责任督学尴尬的角色，让任职前的好奇与期待消失殆尽，工作主动性与创造性不够，普遍缺乏职业幸福感与成就感。一次问卷调查结果显示，责任督学和所挂牌督导的学校对挂牌督导工作出现了倦怠情绪，信心不足，发展迷茫。因此，寻求突破口，促进挂牌督导工作，提升挂牌督导成效，应是当务之急。笔者认为，在以教育质量为核心的背景下，运用好质量监测结果，有效开展挂牌督导，应是一个理想的突破口。

一、充分认识评估监测的重要性

2014 年，教育部发布《深化教育督导改革转变教育管理方式的意见》，正式提出了教育督导的另一项重要职能——评估监测。自此，教育督导中"督政""督学""评估监测"三个职能并重，构成我国三位一体的教育督导体系。实际上，评估监测不但是教育督导的三个职能之一，也是开展督政、督学的一个重要手段和一种有效方式，评估监测结果可直接为"督政""督学"服务，提高督政、督学的针对性和有效性。

《中共中央国务院关于深化教育教学改革全面提高义务教育质量的意见》提出了"健全质量评价监测体系"的要求。坚持和完善国家义务教育质量监测制度，强化过程性和发展性评价，建立监测平台，定期发布监测报告。国家将制定县域义务教育质量、学校办学质量和学生发展质量评价标准。

《关于深化新时代教育督导体制机制改革的意见》也提出了"加强和改进教育评估监测"的要求。一要建立健全各级各类教育监测制度，引导督促学校遵循教育规律，聚焦教育教学质量。二要完善评估监测指标体系，加强对学校教师队伍建设、办学条件和教育教学质量的评估监测。

质量监测是评估监测的重要内容，其监测结果是教育质量提升的重要实证依据。监测结果可以为国家制定教育政策提供参照，为区域和学校教育教学改革提供指导。责任督学运用监测结果开展挂牌督导工作，意义重大。

二、准确解读国家教育质量监测报告

21 世纪初开始，我国便深入学习 PISA 等国际大规模教育监测项目的经验，逐步形成了国家义务教育质量监测体系。国家义务教育质量监测经历了两个阶段，2007—2014 年（共八年）为试点监测阶段；2015 年 4 月 15 日，国务院教育督导委员会办公室印发了《国家义务教育质量监测方案》，明确 2015 年开始进入正式监测阶段，做到一年一监测，三年一周期。2018 年 7 月 24 日，教育部发布了我国首份《中国义务教育质量监测报告》；2019 年 11 月 20 日，教育部首次发布了分学科数学、体育与健康监测结果报告。教育部基础教育质量监测中心编制了分省和样本县的监测结果报告。

据了解，各地对待这份监测结果报告的态度不尽相同。一些地方高度重视监测结果报告，邀请专家进行深入解读，强化结果应用；一些地方敷衍应付；一些地方把监测结果报告束之高阁，不闻不问。质量监测的目的是诊断、改进、提高教育质量。责任督学挂牌督导的最终目标也是促进所挂牌督导学校教育质量的提高。因此，作为责任督学一定要关注监测结果报告，首先能够做到准确解读。要做到准确解读，一是要扎实学习评估监测的相关知识，熟悉评价教育质量和均衡发展的标准；二是要认真研读，读出监测报告数字背后的问题，摸清本地教育的优势与不足，摸准本地教育质量状况在全国、本省坐标系中的相对位置，并能查找与分析深层次的可能原因。

2018 年，笔者所在县被抽取为样本县参加了国家义务教育质量监测，监测数据显示，本县四年级、八年级的数学平均分、学业表现达到中等及以上水平的比例、学业五个指标（运算能力、空间想象力、数据分析能力、推理能力、问题解决能力）达到中等及以上水平的比例均低于全省均值，更低于全国均值。通过认真研读本县的监测结果报告，挖掘出了本县义务教育阶段数学教育至少存在以下 8 个问题：①学生数学学习情感态度不乐观；②学生作业时间存在冗长现象；③周课时数严重超国家标准；④数学教师入职学历低，专业对口比例低，留职意愿比例低；⑤教师培训效果不理想；⑥课堂管理很差；⑦教育资源配备不全，教师使用频率低；⑧学生存在不诚信的行为（品德问题）等。解读是运用的前提。责任督学要像这样把报告读懂，指导学校制定改进方案，确定自己的督学重点。

三、科学运用监测结果开展有效督学

目前，我国已建立比较完备的义务教育质量监测体系，对语文、数学、科学、德育、体育、艺术等学科进行了监测，并积极探索劳育监测，凸显对学生全面发展的关注。监测周期安排是一年一监测，三年一个周期。国家每年都要抽取一定数量的样本县参与监测，由于保证了样本抽取的科学性，所抽样本呈现出来的数据结果能够基本反映整体情况。

如2018年国家义务教育质量监测，在全国31个省（自治区、直辖市）和新疆生产建设兵团抽取了331个县（市、区）作为样本县，在各样本县共抽取4141所小学和2539所初中，在每所样本学校的四年级和八年级随机抽取学生，共抽取了116631名四年级学生和79078名八年级学生参与监测。本次监测全国学生总体的抽样误差在1.0%以内，绝大部分省域、县域的抽样误差在4.0%以内。此样本能代表全国四年级和八年级学生的情况。

责任督学所在的县并不是每年能作为样本县参与国家的质量监测，但国家每年发布的质量监测报告都是可以运用的。怎么科学运用质量监测结果开展有效督学，提升挂牌督导成效呢？笔者认为：

1. 精准诊断出所挂牌督导学校存在的问题。责任督学在准确解读国家、省、县质量监测结果报告的基础上，借鉴国家或省义务教育质量监测调查问卷的经验，精心设计问卷，对学生、教师、校长、家长开展好针对性的问卷调查，结合日常督导的所见所闻所思，找准该学校与其他学校存在的共性问题及该学校存在的个性问题，形成问题清单。

2. 坚持以问题为导向开展日常督导。责任督学要根据开展经常性督导的八项主要事项，结合所挂牌督导学校的问题清单，与挂牌督导学校做好沟通，为每所学校制定一份日常督导规划，并发送给学校；努力让日常督导规划落实落地，增强日常督导的针对性与有效性，让学校受益。督学责任区可就国家课程计划、国家课程标准、减负政策等落实情况组织专项督导。

3. 日常督导要聚焦课堂。课堂是实施素质教育的主渠道，是最能集中学校各种元素的地方。学校的办学思想与教育理念，国家课程计划落实情况，老师的精神状态、敬业精神、专业水平、教学能力，学生的学习态度、学习兴趣、学习习惯、思维水平等诸方面都能通过课堂活生生地表现出来。笔者所在县四年级与八年级的数学学业水平不理想，很大程度上与课堂有关。在2018年17个方面监测指标的星级评定中，数学教师课堂管理，四年级与八年级均只得了两颗星，而全国最好的为10颗星。责任督学要把听课、巡课作为日常督导的核心内容与手段。

4. 基于监测结果开展科研课题研究。科研是解决问题的有效手段与途径。监测结果是可靠、可信的实证依据。一方面，责任督学可指导所挂牌督导学校开展课题研究，如指导学生数学学习兴趣不高的学校开展《基于质量监测数据的学生数学学习兴趣提升策略研究》等；另一方面，责任督学可主持课题研究，如主持《以监测结果倒逼县域义务教育数学教学提质增效的行动研究》等。通过开展课题研究，解决学校存在的重点与难点问题，提升责任督学的能力，最终提升挂牌督导的成效。

充分利用信息技术手段　促进普高督导评估现代化
——湖南省示范性普通高中网络督导评估的实践与思考

肖凯文

《国家中长期教育改革和发展规划纲要（2010—2020 年）》提出了教育督导总的指导思想：坚持督政与督学并重、监督与指导并重。在此背景下，湖南创新对省示范性普通高中的督导评估，从 2014 年开始，变每六年一轮的现场督导评估为每学年一次的网上督导评估，每学年根据网评等情况再确定对 20% 左右的省示范性普通高中进行现场督导评估。湖南省率先在全国实施网络督导评估，通过几年的实践，效果显著。这种线上与线下、网上与现场完美结合的督导评估方式，有效推动了示范性高中的可持续发展。

笔者作为连续 4 个学年被聘请的网评专家，对湖南省示范性普通高中网络督导评估有了真实的体验；参加第 1 期国家级教育督导网络培训班的学习后，又有了新的思考。

一、湖南省示范性普通高中网络督导评估的意义与作用

据初步统计，湖南省 140 所示范性普通高中承担了全省约 1/3 普通高中学生的教育，每年为高一级学校输送的本科生超过全省的 2/3，这是一个一看就明白的成绩。省示范性普通高中其实还有一个隐性的成绩，就是它的示范引领与结对帮扶。一所省示范性普通高中，至少结对帮扶了一所薄弱学校，为薄弱学校提供学校管理、教师培训、教学研究、课程资源等方面的支持，帮助薄弱学校提高办学水平和教学质量。基于省示范性普通高中能发挥的巨大作用，怎么来科学管理是个十分重要的课题。每学年一度的网络督导评估强化了对示范性普通高中的管理，几年的实践彰显了其意义与作用。

1. 便捷、经济，突破了时空的局限。2014 年前，省里对示范性普通高中的督导评估每六年一轮，周期太长，监管不力，不利于促进学校的发展。如果缩短督导评估周期，短到每年一轮现场督导评估，那要付出很大的人力、物力与财力，还会加重学校的负担。每学年一轮的网络督导评估较好地解决了这个矛盾。省教育督导委员会每学年聘请 30 位网评专家，委托省教育督导与评价协会组织网评专家分组对 140 所示范性普通高中，从该学年初的 9 月到学年结束的 8 月的办学情况实施督导评估，实现了全过程的监督与指导，既便捷又经济。网评专家只要拥有一台连接互联网的计算机，除了在规定时间要完成的工作外，网评专家可以在任何时间与任何地方去随访所评估学校空间，真正突破了时空的局限。

2. 增强了督导评估的时效性。湖南省教育督导与评价协会每月组织网评专家分组对各学校上传到空间的办学资料开展一次随访，要求各组在规定的时间内报送《湖南省示范性普通高中网上督导评估动态报告》，省教育督导与评价协会根据各组的动态报告，每月分别写出通报与专报，报省教育督导委员会办公室批准后发布；每学年 7、8 月份，组织专家对学校开展网上督导综合评估，向每个学校发送学年度网上督导综合评估报告。这样紧锣密鼓

的每月随访与学年末的综合评估，增强了教育督导的时效性。一是让学校时时有不能马虎的紧迫感，有一股无形的力量时时在敦促学校规范办学行为，提升办学水平；二是及时推介了相关学校的办学经验与办学特色，构建了一个互相学习的平台。

3. 为各学校建设了一个电子档案馆。《湖南省示范性普通高中网络督导评估学校网络平台建设与管理操作指南》《湖南省示范性普通高中网络督导平台上传文件内容要求表》为各学校的网络督导评估空间建设做了顶层设计。指定的一级栏目有 10 个，二级栏目 71 个，三级栏目 185 个，还可以自创栏目。可以这么说，学校管理实际产生的资料均可上传到空间对应的栏目，这相当于各学校在督导评估空间建了一个电子档案馆，可以方便随时搜寻。

4. 为全国提供了信息技术运用在教育督导评估中的成功案例。湖南省教育督导与评价协会，充分运用"互联网＋"和大数据的先进技术，首创网络督导评估，以信息化为手段，推动教育督导的现代化，并且运行良好，成效突出。为全国提供了可借鉴的成功案例。到目前为止，已建立了比较完善的网评机制。如《关于进一步加强省示范性普通高中网络空间建设与管理的通知》《湖南省示范性普通高中网络督导评估工作规程》《湖南省示范性普通高中网络督导评估专家操作指南》《湖南省示范性普通高中网络督导评估学校网络平台建设与管理操作指南》《湖南省示范性普通高中网络督导平台上传文件内容要求表》《湖南省示范性普通高中网络督导评估学校网络平台管理评价表》等，为有序、高效开展网评提供了机制保障。

二、湖南省示范性普通高中网络督导评估的问题与局限

1. 部分上传资料不真实。一些学校为规避专家在评估时扣分，造一些假资料上传。这就应了"撒一次谎需要一百次谎来圆"的训示。圆得再好，也难免露出狐狸尾巴。这无形中增加了学校的工作负担；专家们看到的是假资料，也是在白白浪费时间与精力。

2. 有甘居中游的倾向。一些学校，每月上传资料，总是不能按要求在规定的时间内分类整合有序上传。这并不是技术不行，而是重视程度不够。学校不重视，主要有一种甘居中游的思想在作怪，认为反正学校评"优秀"评不到，只要应付得过去就万事大吉，没必要投入太多人力与精力。有这种想法的学校不在少数。

3. 自评环节不实。笔者初步了解了 2016—2017 学年度其中 110 所学校的自评情况，评估总分 100 分，有 10 所学校给自己评满分；自评 99 分以上的有 26 所学校；95 分以下的有 18 所学校，其中最低分为 90 分（只有 1 所学校）；其他学校在 95～99 分之间。专家与学校依据的是同样一个评分细则，为什么评出来的分数有很大的区别呢？主要是各学校给自己确定的自评目标是不低于 90 分，以为高分数还可以诱导专家，因此没能做到严格自评。

4. 网评自身的局限。目前，示范性普通高中网络督导评估，主要是专家通过审阅受评学校上传到空间的文字、图片、视频、数据等资料来做出价值判断。最重要的课堂教学也是通过观看学校上传的几堂视频课来判断优良；国家课程计划的落实也是主要通过审阅课表来做出判断等。实际上，这很难避免其片面性。

三、湖南省示范性普通高中网络督导评估的完善与创新

任何一个工作都需要不断完善与创新，湖南省示范性普通高中网络督导评估也是如此。它的空间建设从世界大学城到湘教云，就是一个完善与创新的过程。如空间容量增大、原始图片不用压缩可以直接上传、增加了文件的搜索与统计功能等。笔者认为，湖南省示范性普通高中网络督导评估至少可以从以下方面去完善与创新。

1. 进一步完善网评机制。在建立与完善《湖南省示范性普通高中管理标准》《湖南省示范性普通高中办学标准》《湖南省示范性普通高中督导评估方案》的同时，结合新高考的特点，制定出《湖南省示范性普通高中网络督导评估细则》，突出网评特点，引导专家与学校更有针对性、有效性地开展网评工作。

2. 建立网络督导评估的基本原则。①真实性原则。要求受评学校上传的每一份资料是学校真实发生的，没有任何虚假成分。真实是网络督导评估的前提与生命，对真实的情况进行监督与指导，才有意义与价值。每学年初网评开始前，可要求受评学校向省教育督导委员会办公室递交诚信承诺书。

②发展性原则。网络督导评估的目标是促进学校的发展。在学校现有办学条件与办学水平上，网评专家能看到学校的发展，尊重学校的发展，有效地指导学校的发展。省教育督导委员会办公室对发展快的学校进行鼓励。

③合作性原则。省教育督导委员会办公室、省教育督导与评价协会、受评学校、网评专家等多方之间、双方之间沟通顺畅，能换位思考，设身处地考虑彼此的难处，心往一处想，劲往一处使，为规范办学行为、促进学校发展、提高网络督导评估的水平与实效形成合力。

④监督与指导并重，以指导为主的原则。网评专家要坚持对受评学校的办学行为进行监督，对受评学校的管理与整改等方面进行指导；每月的随访要突出指导职能，学校能在当月解决的问题当月解决，下月不重复出现。

⑤解放专家与学校的原则。随着信息技术的发展，网评专家与受评学校应不断得到解放。要减少网评专家审阅资料的时间，增加网评专家思考怎么去指导受评学校发展的时间；给学校一个适当的上传量。比如，对教师教学计划、教案与作业的管理，对校级领导与中层领导听课的管理，可以尊重学校的检查结果。省里设计科学的检查表格，即学校如实填报，就能分出工作优劣的表格；规定时间让学校检查，规定时间上传检查统计表；专家通过审阅检查统计表，可做适当的抽查印证。这就减少了专家的审阅量与学校的上传量。

3. 开发数据填报统计评估平台。借鉴湖南省义务教育监测的技术，设计开发示范性普通高中数据填报统计评估平台。受评学校需要填报的数据都可以在平台里找到相应的位置填报；填报的数据与平台里已设计的标准比较，自动生成评估分数；凡填报的数据通过提交后都自动保存在平台里；每一类数据，不同学年的可同时显现在一起，专家利用大数据可以轻松地作比较、作分析。

4. 充分利用发达的信息技术与互联网资源，实现在网上随访受评学校校园与课堂的目

标。省示范性普通高中办学行为是否规范、课程计划是否落实等，主要通过课堂来反映。如果能够在网上抽查受评学校是否按上传的课程表上课，能够在网上随机选择听课，能够在网上督查学校的校园环境，那更能让专家的监督与指导落到实处，更能让网评接地气。这应是湖南省示范性普通高中网络督导评估的一次飞跃，也应是湖南省示范性普通高中网络督导评估努力的方向，更是从真正意义上实现普高督导评估的现代化。

加强县级政府教育督导机构建设的思考

肖凯文　彭育国

笔者在 1996 年参加县人民政府教育督导室举办的"素质教育"论文竞赛中获得一等奖，后开始接触教育督导，并对教育督导有了越来越深的感情。2003 年 6 月至现在，笔者 3 次借调到县政府教育督导室工作，对教育督导有了深深的情结，对教育督导也有了一定程度的了解。从政策法规层面看，国家、省里对教育督导高度重视。国家层面从 1991 年 4 月 26 日国家教育委员会发布的《教育督导暂行规定》到 2012 年 8 月 29 日国务院第 215 次常务会议通过并予公布的《教育督导条例》，是一次质的飞跃；2006 年 9 月 30 日湖南省第十届人民代表大会常务委员会第二十三次会议通过《湖南省教育督导条例》，2007 年 1 月 1 日起施行。这些条例为各级政府教育督导机构的建设与开展督导工作提供了法律依据。笔者认为县级政府教育督导机构的建设还有很大的提升空间。

一、县级政府教育督导机构一般处于尴尬、疲软状态

不容置疑，县级政府教育督导机构从存在那天起，对上对下，做了大量的工作，开展了大量的教育督导评估活动；一些县市区的教育督导机构已步入规范化的良性运行轨道。但据笔者调查了解，相当多的县级政府教育督导机构处于尴尬、疲软的状态。主要表现为：

一是体制机制不健全，缺乏应有的地位与权威。主要体现在机构不健全，督导经费与人员到不了位，在本级人民政府领导下独立行使督导职能的条件没有具备。在一般人的眼里，县政府教育督导室是县教育局里一个较差的股室，多数人都不愿进教育督导室工作。

二是履职不明，替人受过的时候多。省市的评估考核，一般由教育督导机构牵头统筹协调的时候多，遇到评估考核结果不理想时，教育督导机构往往成为了第一个被责怪的对象。政府及其教育行政部门有时不去反思平时的教育工作，往往把问题集中归结到迎检这个环节上。

三是县级政府教育督导机构自身缺乏应有的作为。主要表现在缺乏先进的教育督导理念，对辖区内的督政、督学与基础教育质量监测缺乏科学的规划。一般把主要精力与主要工作放在应对省市的各类评估验收上。

二、充分认识县级政府教育督导机构建设的重要性

《国家中长期教育改革和发展规划纲要（2010—2020 年）》在"战略目标"里提出了"努力办好每一所学校，教好每一个学生"。在"推进依法治教"这章里提出了"完善督导制度和监督问责机制"，制定教育督导条例，进一步健全教育督导制度。探索建立相对独立的教育督导机构，独立行使督导职能。健全国家督学制度，建设专职督导队伍。坚持督政与督学并重，监督与指导并重。加强义务教育督导检查，开展学前教育和高中阶段教育督导检查。强化对政府落实教育法律法规和政策情况的督导检查。建立督导检查结果公告制度和限期整改制度。实践证明，依法的、科学的教育督导可以促进学校进步、发展。这彰显了教育督导的力量与作用。

根据基础教育实行在国务院领导下，由地方政府负责、分级管理、以县为主的管理体制，落实"努力办好每一所学校，教好每一个学生"的目标重点在县级政府及其教育行政部门，与之相应的县级政府教育督导机构必须发挥应有的作用。《国家中长期教育改革和发展规划纲要（2010—2020 年）》中提出了"加强义务教育督导检查，开展学前教育和高中阶段教育督导检查"。义务教育、学前教育、高中阶段教育等三类教育恰恰是县域教育的重点，落实这三类教育的督导检查和对县级以下政府落实教育法律法规和政策情况的督导检查，主要靠县级政府教育督导机构。这也是县级政府教育督导机构能够胜任的。

根据新的形势，国家建立了督学责任区与责任督学挂牌督导制度。《教育督导条例》第十三条明确规定：县级人民政府负责教育督导的机构应当根据本行政区域内的学校布局设立教育督导责任区，指派督学对责任区内学校的教育教学工作实施经常性督导。笔者认为，设立督学责任区，让责任督学挂牌督导每一所学校，这正是对"努力办好每一所学校，教好每一个学生"目标的回应，同时也突出了教育督导的重要性。督学责任区建设的重担明显地落到了县级政府教育督导机构。试想，一个连自己体制机制都不健全的机构怎么去保证所属机构拥有健全的体制机制呢？一个缺乏应有地位与权威的机构怎么去保证所属机构拥有应有的地位与权威呢？加强县级政府教育督导机构建设的重要性就在于此。

三、加强县级政府教育督导机构建设的思考与建议

党的十八届四中全会明确提出了全面推进依法治国的总目标、重大任务，作出了一系列关于全面推进依法治国的新论断、新部署。在这个宏大背景下，依法治教、依法治校不再只是口号，应该有实实在在的行动、探索与实践，学校应成为法治文化建设的高地。在依法治教的进程中，教育督导任重道远。笔者认为，依法依规加强县级政府教育督导机构的建设非常重要且必要。

第一，依法依规完善县级政府教育督导机构的体制机制。

《国家中长期教育改革和发展规划纲要（2010—2020 年）》提出了"探索建立相对独立的教育督导机构，独立行使督导职能"的构想。《国务院教育督导条例》明确规定国务院教

育督导机构和县级以上地方人民政府负责教育督导的机构在本级人民政府领导下独立行使督导职能。《湖南省教育督导条例》规定教育督导人员为主任督学、副主任督学和其他督学。党的十八届三中全会报告在"深化教育领域综合改革"的内容中提出了"深入推进管办评分离，扩大省级政府教育统筹权和学校办学自主权，完善学校内部治理结构。强化国家教育督导，委托社会组织开展教育评估监测"。

根据以上教育法规政策，笔者认为，完善县级政府教育督导机构的体制机制，一是要给县级政府教育督导机构准确、科学定位。从名称、级别、职责等方面做到全省统一；要不要从教育行政部门分离出来，全省要有硬性的统一规定与要求；如果隶属教育行政部门，也要保证其相对的独立性，保证其能独立行使督导职能。二是在督导经费的安排和编制的配备上，全省要做出分类指导；对督导经费严重不足和办公设施严重落后的贫困县的教育督导机构，上级教育督导机构要给予扶持。三是要坚持按《国务院教育督导条例》和《湖南省教育督导条例》的规定选聘督学与教育督导人员，真正建设一支作风过硬、业务精湛、学科专家齐全的教育督导队伍。四是在督导人员的设置与称谓上，全省要硬性统一规定设主任督学、副主任督学和其他督学，有利于兄弟县市区教育督导机构的交流。

总之，完善县级政府教育督导机构的体制机制，关键在于上级教育督导机构的督导和县级人民政府的重视。上级教育督导机构可把县级政府教育督导机构的体制机制是否完善作为县市区的专项督导。

第二，县级政府教育督导机构要加强自身建设，主动作为。

有为才有位，有位才有威。县级政府教育督导机构的自身建设尤为重要。

一是要树立先进的教育督导理念。县级政府教育督导机构的督导人员要不断加强多个领域的知识学习，坚持向书本学、向实践学、向先进的兄弟单位学，从中提炼出先进的教育督导理念，统领县域内教育督导工作的开展。构建科学的以督促建、以评促改的教育督导评价体系。

二是要及时制定并发布县域内教育督导规划。督学方面，对辖区内的义务教育、学前教育、高中阶段教育几年一评、怎么评，事前要出台规划和规程。特别值得指出的是义务教育合格学校建设，对省里验收合格公布后的学校，必须实行"回头看"和年检制度，有效防止义务教育合格学校办学水平的反弹。县域内督学责任区的建设要纳入重要的议事日程，强力推进。督政方面，对县级以下政府和教育相关的职能部门的教育工作督导都要事前有规划和规程。

三是不管什么方式的督导都要做到有始有终。随访督导、专项督导、综合督导都要坚持按督导规程操作，督导结束后，写出督导报告，适时在合适会议或媒体发布，并存入档案。

四是要重视教育督导的宣传与研究。办好教育督导网、教育督导工作通讯，对教育督导活动进行宣传报道。借鉴先进的教育督导理论，结合本地的教育重点、热点、难点与实际，开展教育督导课题研究。

第四节　学校督导案例研究

案例研究通过对研究对象的典型特征做全面、深入的考察和分析，以"解剖麻雀"的方法深入探讨研究对象所具有的典型特征和普遍意义，揭示其独特价值。案例研究是实证研究常用的方法。

本节选取的案例研究成果，是研究人员（责任督学）选取在学校督导实践中经历的典型事例，进行分析研究，揭示与归纳学校督导的一般规律或反映责任督学的成长规律等。

精准督导，促进薄弱学校快速健康发展
——从一个成功的学校督导案例看学校督导

肖凯文

背　景

新化县第十二中学是一所农村完全中学，坐落于新化县吉庆镇政府所在地，环境清幽，是办学的理想之地。学校拥有 61 年的办学历史，1983 年的高考，出过新化县文科状元；学校正常发展的时候，从初一到高三共六个年级，在校学生有 1700 多人，各项办学指标在全县同类学校中处于中上水平。

由于种种原因，新化县第十二中学在 2010 年走到了建校以来的最低谷，面临倒闭。初一到高三 6 个年级在校学生不足 200 人，其中高中生不足 60 人；初二质检、初三会考成绩全县倒数；高二学考只有 1 人全科合格，全科合格率仅为 3.23%，全省通报批评；是全县唯一一所高考三本以上（含三本）上线率为零的学校；年度工作绩效考核全县倒数第一；初一、高一基本上招不到一个学生。办学设施非常落后，教室、寝室门窗上看不到几块完好的玻璃。新化县第十二中学一度成为了当时新化县最薄弱的学校。

一位督学临危受命

是让新化县第十二中学自生自灭，还是助力发展？在决策层中也存在这两种观点。要助力发展，那派谁去，能扭转这种局面呢？县教育局局长、书记在思考，在全县范围内寻觅这个人。

在新化县第十二中学生死存亡的关键时刻，也是新化县教育局党组左右为难的时候，新化县人民政府教育督导室站了出来，建议从县教育督导室派一个督学下去当校长，县教育督导室在"十二五"期间把新化县第十二中学作为重点督导对象。局党组采纳了教育督导室的建议，向县组织部推荐了一个德才兼备、务实拓新的督学作为新化县第十二中学的校长人

选。2010 年 8 月 28 日上午，局长、书记找这位督学到办公室谈话，下午就把他送到新化县第十二中学与教职工见面。见面后这位督学独自巡查在校园里，放眼四望，校园给人满目荒芜的感觉，走近教室、寝室，窗户上看不到几块完好的玻璃。一种从没有过的沉重感、孤独感袭上他的心头，心想此行真是"凶多吉少"。在进退两难的时候，他想到了教育督导，犹如一道亮光划过脑际。他想自己是督学，积累了一定教育管理和教育督导工作经验；县教育督导室是学校发展的坚强后盾；还有一大帮要好的督学朋友可以帮助自己。从而坚定了他"依靠教育督导力量来拯救这所学校"的思路。

2010 年下学期，因为初一、高一招生大势已去，基本上只能维持原状，但派下去做校长的这位督学做了一些基础性的工作。如 8 月 29 日，他带领部分行政人员和教职员工整理了校园；8 月 30 日报到第一天，上午 8 点前，他带相关行政人员站在校门口，迎接学生；正常开学后，他多次带领学生上街打扫卫生，夜访通宿生；等等。一点一滴提升学校的社会声誉。他更多的是深入课堂、深入师生、深入村民调研，探讨学校的发展之路。3 个月后，形成了比较成熟的调研报告《新化县第十二中学发展之思考》，上报了县教育督导室，并多次就"学校怎样才能从低谷中突围"的话题与教育督导室的领导朋友们进行了面对面的沟通与交流。

一次全方位的学校精准督导

2011 年上学期正常开学后，县教育督导室精心挑选了 7 位市督学组成薄弱学校督导评估组深入新化县第十二中学，开展了为其一周的学校发展诊断性督导。这 7 位成员，都是各个学科的专家，涵盖了语、数、英、理、化、生、地等学科，有的还是学校管理的专家。督学们白天一起听课、调研、审阅学校管理制度，晚上召开各种研讨会、教师会。他们传播先进的教育理念，充分尊重广大师生的智慧，研究办学愿景与办学目标，吸引和激励师生参与到发展学校的攻坚战中来。这样从周一坚持到了周五，周六、周日也没休息，一起整理督导资料。这次督导收获颇多，就学校内部管理，提出了"办积极影响学生一生的学校"的办学理念；修订完善了一系列的管理制度，使之科学与实用；5 天时间，7 位督学和学校相关领导听的课共计 165 节，听了每个教师 1~3 节不等的课，加上学校提供的教师工作考核的数据，督导组对教师教学水平及其优势、弱势学科提供了一个比较准确的评估报告；对教师队伍建设提出了建议，一是要加强校本培训，二是要引进急需学科教师。学校把这些督导成果及时提交教代会讨论，一一得以通过并立即付诸实施。

这次督导还为学校争取到了较好的外部发展环境。督导组根据《湖南省示范性普通高中督导评估方案（试行）》（湘政教督〔2006〕2 号）中"扶助一所薄弱学校，有落实的措施（10 分）"的规定，建议并落实了新化县第一中学对口扶助新化县第十二中学，并指导两所学校制定了操作性很强的实施方案，实践证明，这对新化十二中的发展起到了推动的作用。同时，督导组向县镇两级人民政府提交了《新化十二中建设与发展督导报告》，在报告中充分分析了新化十二中的区位优势与发展潜力、目前遭遇的发展瓶颈、发展必须亟待解决的几个问题。这份督导报告引起了各级政府的重视，市县两级先后三次就新化十二中的发展组织现场办公会，从师资、设施、经费、招生等方面破解发展难题。

特别值得一提的是，督导组在几天的忙碌中，挖掘到了一个信息，新化县第十二中学的校友资源非常丰富，办学60多年，为社会各界培养了很多优秀人才，特别是在书法艺术领域。建议学校在开发校友资源、书法校本课程上做做文章，提升学校的文化品位。学校非常重视这个建议，2011年学校建起了师生书法室，逐步形成了书法办学特色；2012年向湖南省教育科学规划办申报了《中学校友资源开发利用研究》的课题，被批准立项，并列为资助课题。课题组针对学校发展的现实需要，充分挖掘和利用校友资源，探索对校友资源开发与利用的相应方法、途径与策略，拓展学校办学空间，促进学校教育制度创新；在研究中，始终坚持做到课题研究与教育教学工作有机结合，凝聚校友力量，精心打造校友文化品牌，切实促进学校内涵发展。课题组在省级以上正规刊物发表研究论文6篇，省级以上获奖论文23篇；开发了由光明日报出版社出版的励志校本教材《魅力人生》；学校成立了娄底市教育基金会王本奎助学基金，该基金本金达141万元，每年有28万元的收益奖励优秀师生和资助贫困师生；建设了校友荣誉室，新生进校的第一堂课就是参观校友荣誉室。特别是励志校本教材《魅力人生》，突出了"立德树人""校友育人""文化育人"等一系列的先进育人理念，丰富了课程理论资源，推动了校本课程的开发与建设，引领了学校的发展。

督导之花结出了果实

几年来，由于教育督导的介入及不断的跟踪督导，优化了新化县第十二中学的内外发展环境，凝聚起了方方面面的力量，学校在社会的形象和声誉一天比一天好，各项工作每年都有新突破。目前，在校学生达1300人，初中质量居全县中上水平，2014年中考一次性合格通过率达82%，创学校历史新高，居全县前列；高二学考全科合格率最高的一年达93.48%，居全县第三，最低也在70%以上；2014年高考二本以上上线人数12人，三本以上上线人数19人，创十二中高考新高，居全县同类学校之首。学校的影响力不断扩大，两次学生军训比赛均获一等奖；初中男篮获全县第二名；学校先后被评为新化县先进基层党组织、新化县城乡环境整建工作先进单位、新化县常规管理先进单位、娄底市宣传工作先进单位；校园网、教师QQ群被评为湖南省十佳学习载体；年度工作绩效考核上升了16个名次，居同类学校之首。新化县第十二中学发展到今天，终于从低谷中彻底走了出来，步入了持续健康发展的轨道。

这是一个成功的学校督导案例。剖析这个案例，我们可以探寻到许多有价值的推动学校督导工作的做法。

一、实施学校督导，要从学校实际需求出发

教育督导具有监督、指导、检查、评价的功能。什么样的教育督导才是最受学校欢迎的呢？无疑，那些指导多于监督与评价的教育督导是受学校欢迎的。也就是说，从学校实际需

求出发的学校督导应是最受欢迎的。从学校实际需求出发开展督导就是尊重学校的差异性。无论是对学校的全面督导还是专项督导，都应尊重学校的原有基础与历史差异，即整体把握学校发展全局，全面了解学校发展所需、师生所需，帮助、指导学校准确定位，找准制约学校发展的瓶颈，实施精准督导。这样，可以引导程度好的学校向创新型、特色化方向拓展，引导薄弱学校逐步走上健康发展的轨道，真正让所督的每所学校都有进步。

因此，实施学校督导前，一定要全面了解被督学校的所急所需，这样，督导起来才精准，才更能对症下药。案例中那位督学校长花几个月时间调研，形成了比较成熟的调研报告《新化县第十二中学发展之思考》，上报了县教育督导室，并多次就"新化十二中怎样才能从低谷中突围"的话题与教育督导室的领导朋友们进行了面对面的沟通与交流。就是要让督学们充分了解新化十二中的迫切需求。这样就有了后面的精准督导、有效督导。

二、实施学校督导，要抓住学校的办学理念、制度建设、课堂教学等关键要素

学校方方面面的工作都可以督导，但在实际的督导中，有没有轻重之分呢？案例中的 7 位督学花了整整五天时间，主要从办学理念、制度建设、课堂教学等方面开展督导评估，这是非常可取的。

办学理念是学校办学的灵魂，它体现着学校办学是否坚持了正确的办学方向，是否贯彻了党的教育方针。新化十二中提出的"办积极影响学生一生的学校"，符合教育的本质，教育的本质就是培养健全的人。学校制度是维护学校正常秩序的根本保证，科学的制度能激发教师的工作积极性、主动性、创造性，创造出更大的效益。特别是在推进国家治理体系与治理能力现代化、建立现代学校制度等的宏大背景下，加强对学校制度建设的指导显得尤为重要。课堂教学是学校工作的核心，是实施素质教育的主渠道，学校的办学思想、管理能力与师资水平在课堂里都能得到凸现。因此，办学理念、制度建设、课堂教学是学校督导最重要的内容。

三、实施学校督导，要能赢得政府、社会对学校的关注与支持

学校督导的最终目的是促进学校持续健康发展。学校在发展中，会遇到各种难题。教育督导的一个重要目的就是要帮助学校破解发展难题。一些难题，督导本身是无能为力的，最后还得靠当地政府、社会与国家政策。每次督导后靠什么来赢得政府、社会对学校的关注与支持呢？还得靠督导评估组的口头反馈和书面的督导评估报告。

案例中的 7 位市督学都是高水平的，督导过程又非常扎实，所以劳动成果得到了认可，教育督导的权威性也就自然而然产生了。如果督一次，不产生一点涟漪，不解决一点实际问题，久而久之，学校就会对教育督导失去信心，抱无所谓的态度。

四、实施学校督导，最高境界是要能为学校找到科研强校之路

很多学校提出了"科研强校"理念，但在实际中很难得到落实。原因是学校受到自身

能力的局限，缺乏从学校发展的长河中、从平常日常管理中、从课堂教学改革中、从当前教育热点与难点中发现问题的眼光。教育督导站得高、看得远、想得深，如果能帮助学校找到促进学校发展、师生成长的课题，那就达到了最高境界。

案例中督学们为新化十二中提出的课题研究信息，确实达到了这个效果。学校通过课题研究凝聚起了全体校友方方面面的力量，有效地开发和利用了蕴藏在校友中的德育资源、物力资源、财力资源、信息资源，助力学校走出低谷。从学校历史与现实中挖掘到的课题，更有生命力与价值。

此外，实施学校督导，要不断地跟踪，每督一次，学校要进步一次。完美的学校督导，还需要被督学校的校长有教育督导意识；校长有了教育督导意识，就不怕督学们进校来督导，而是怕督学们不来。这样，督学们与学校就会建立起互相信任、密切合作的伙伴关系。这样的关系有利于学校督导高效开展。这个案例还启迪我们去改变一个传统的用人观。一般认为，督学是那些年纪大的人干的，教育督导室、督学责任区是教育行政干部养老的地方。不想当校长或不能当校长了，就去督导室或督学责任区干干吧。这是一个认识的误区。《教育督导条例》对督学的要求非常高，第七条第一款第六项就规定了"身体健康，能胜任教育督导工作"。因此，建立一种"把年轻优秀的校长安排到教育督导岗位锻炼，把优秀的督学安排到需要的学校锻炼"的用人机制，会促进教育管理与教育督导水平的不断提高。

有效督学，促进教师专业成长
——从一个成功的督学案例看责任督学的能力需求

肖凯文

一次难忘的督学经历

那是一个秋高气爽的日子，笔者与3位责任督学到一所偏僻的农村初中了解新课程实施情况，准备听听课，查查教学计划、教学方案和学生作业，了解学校和老师实施新课程的困惑及其建议。一到学校，我们就根据各自的爱好和特长选择学科听课，我选择听吴老师的七年级语文课。一堂课下来，除了吴老师较好的表达给我留下一点印象外，很难感受到新课改的气息。紧接着，我认真查阅了他写的教学计划和教案，教学计划太传统，感受不到新课程理念；教案似乎还好，较好地体现了语文学科的核心素养，但我一下就发现了这教案纯粹是抄袭的。吴老师来不及收起的《新课程最新教案》有力地证明了这一点。

我不动声色，打算看完学生的作业再作交流。吴老师给我推荐了5位同学的作业，我还随机抽了几本。推荐中的彭勤同学的作业，我发现了问题，彭勤同学把自己名字中的"勤"都写错了，并且有两处错误：第四笔"一横"写漏了，第十笔"一竖"没有出头，我估计错了六年了；还有一次抄写词语的作业，彭勤同学把"怒发冲冠"写成了"努发冲冠"，抄写5遍，错了5次，吴老师没看出来，打上了钩；我还发现彭勤有一个坏习惯，做作业处于思考或不急着往下写时，喜爱把笔尖停在下一个格子里，这样，出现了一些多余的点，使一些没有点的字变成了有点的字，只有两点的字变成了有三点的字，吴老师也没给学生指出来。看完学生的作业，我心里暗喜，找到了与吴老师交流的契机，就从彭勤同学的作业入手吧。我悄悄找到吴老师，以亲切而平等的口吻说："吴老师，我们一起来帮助彭勤同学纠正一些缺点吧！"我把发现和猜想一一告诉了吴老师。"请吴老师找彭勤同学验证一下，如果还是同样的问题，请您帮他指出来，现在正是休息时间，您就去落实一下。如果您时间允许的话，我还很想和您交流。"

没过多久，吴老师兴冲冲找到我，抑制不住内心的喜悦对我说道："领导，你太行了，验证的结果与你的推想完全吻合，你能猜到彭勤同学怎么说我的吗？"吴老师卖了卖关子，模仿彭勤的口气说："吴老师，您——太——了不起了，这些字的错误和那坏习惯——跟随我——几年了，我小学经历了三四位老师，他们都没有给我指出来，读初中——我——幸好——遇上您，这些错误和那坏习惯今天就可以拜拜了，我真是太感谢您啊！"吴老师的模仿能力还真强，极像受到感动后的学生语气。

吴老师完全沉浸在成功的喜悦中。这正是我希望看到的，因为我不想与一个背负教学出现问题阴影的吴老师交流；否则那效果肯定不会理想，他的注意力不会集中在你的谈话上，而会纠缠在"领导发现我问题了，该怎么办呀"的情境里。和学生一样，老师也需要有成就感的。趁热打铁，在这难得的氛围里，我和吴老师聊了很多，包括新课程理念、语文教师的素养、名师的成长等，并巧妙地结合他的教学计划、教案和课堂教学，能肯定的给予充分肯定。通过这种平等交流的方式，我把掌握的信息不知不觉地传输给了吴老师。吴老师也不断显露出收获后的表情。最后，我问吴老师："您能告诉我，《语文课程标准》要求学生初中三年课外阅读总量不少于多少万字吗？"吴老师的回答让我很吃惊，他说搞不清楚，没见过语文课程标准。我想，这怎么行啊？国家课程标准是教材编写、教学、评估和考试命题的依据，是国家管理和评价课程的基础。不研读课程标准，靠蜻蜓点水的一两天培训，怎么能承担起实施新课程的使命呢？说来也巧，这天我带了一本《义务教育语文课程标准》。我对吴老师说，我送您一本《义务教育语文课程标准》，但您一定要深入研读，不断改进课堂教学。我还给您留一个课题来研究：农村学校怎么实施学生的课外阅读。吴老师感激地接受了我的礼物和任务，我也把联系方式告诉了他。

后来，不断接到吴老师的电话，有请教的、有倾诉的、有报喜的、有感谢的、有邀请我去听课的。他说一定会与新课程一起成长。一年后，他当选了学校语文学科教研组长，成了校本培训的主要辅导员，对学生的课外阅读也落实得非常好。他充分利用资源，把自己和学生手中符合初中生的读物集中起来，办起了图书角。他说，一个学生一本书，不集中起来，就只是一本书，我班55个学生，一旦集中起来，就相当于每个学生都有55本书了。他设计了一张阅读签名卡，夹在每本书前，阅读完了的同学在卡上签上名字，每阅读完一本书，必须写一篇读书笔记，课外阅读在成绩评价中占5分。为了补充图书和订阅报纸杂志，他发动学生收集校园内外能做废品出售的垃圾，实施"变废为宝"工程，班里用卖废品的钱坚持订阅了《初中生阅读》《中学生百科》，还补充了好些名著。吴老师的这种做法作为经验在全校推广，校园环境都搭着沾光了。这中间，我听过他两次课，感觉舒服多了，时不时能感受到师生之间、生生之间思维碰撞的火花，学生们对语文的热爱和较好的语文素养让我激动不已。据了解，这班学生在毕业会考中，语文合格率达百分之百；吴老师领衔的语文教研组也多次被评为镇县级优秀教研组。

以上是笔者以责任督学的身份参加的一次督学活动。从督学经过与结果看，这是一次有效的督学，实实在在促进了教师的专业成长。虽时隔几年，却至今难以忘怀，不断引发笔者的思考，带给笔者不少的启示。

责任督学应具备基本专业能力的思考

2012 年以来，教育领域出现了一支新型的队伍——中小学校责任督学，责任督学成为了督学队伍中的主力军与生力军。《中小学校责任督学挂牌督导办法》第三条明确了责任督学的基本职责：（一）对学校依法依规办学进行监督。（二）对学校管理和教育教学进行指导。（三）受理、核实相关举报和投诉。（四）发现问题并督促学校整改。（五）向教育督导部门报告情况，并向政府有关部门提出意见。责任督学要履行好这些基本职责，既要具有端正严谨的工作态度，又要具备良好的工作能力。责任督学挂牌督导的成效，与责任督学的自身能力息息相关。根据责任督学的工作特点，结合一些成功的督学案例，笔者认为，责任督学应具备监督与指导、交流与合作、发现与评价、实践与创新等基本的专业能力。

监督与指导。监督与指导是教育督导的两个基本职能。作为实施教育督导的责任督学，就应当具备监督与指导能力，能够有效地对学校依法依规办学进行监督，对学校管理和教育教学进行指导。《国家中长期教育改革和发展规划纲要（2010—2020 年）》提出了当前教育督导工作一个总的指导方针：坚持督政与督学并重、监督与指导并重。一般来说，监督容易实施一些，责任督学用必须熟知的教育法律、法规、规章和国家的教育方针、政策去衡量学校的办学行为，得出结论。指导，则需要更高的水平，而责任督学的指导显得尤为重要。责任督学挂牌督导的目的就是要让每一所学校都有进步。一般来说，学校对自身存在的问题与发展短板很清楚，关键是缺少解决问题、补齐短板的方法与路径，这样更需要责任督学为学校的进步与发展提供有效的指导；希望责任督学能利用职业优势为学校的发展鼓与呼。因此，责任督学既要做好监督官，更应做好指导员。上述督学案例，责任督学既有对新课程实施情况的监督，更有指导贯穿始终。

交流与合作。责任督学实施督学时，虽然与学校、师生是督与被督的关系，但交流与合作是确保督学工作圆满完成的前提。责任督学应具备交流与合作的能力，在督学过程中遵循合作性原则，与学校、教师建立互相信任、密切合作的伙伴关系，以平等的身份与学校、教师进行沟通与交流，引领学校、教师不断增强反思、调控、改进与发展的能力。同时，应采用多种方式加强与教师、学生、家长、社区公众的合作，激励相关各方参与到评价中来，逐步形成多方合作的评价机制。责任督学对所挂牌督导学校的责任时限，一般是以 3 年为期，如果没有建立良好的合作伙伴关系，甚至冲突对立，每月一次的经常性督导不但看不到效果，甚至都会难以维持下去。振兴民族教育事业，最辛苦的是第一线的教师，特别是偏远地区的农村教师，督学们在督导时一定要充分尊重他们、理解他们、信任他们，这是合作和解决问题的前提，切不可高高在上、指手画脚。上述案例中的督学与教师建立了非常友好、和谐的关系，这种关系更有利于教师的成长。

发现与评价。对学校实施督导，简单来说，就是督学用在学校搜集到的信息与办学标准作比对，然后做出价值判断的过程。在这个过程中，就要求责任督学具备发现与评价能力。责任督学要能在校园巡视、课堂听课、资料查询、师生访谈等环节中发现成绩与问题，并且要能在人们司空见惯的事情中有独特发现；利用发现到的信息作评价时，要非常中肯，让学校心服口服，要把握分寸，既要保护好学校发展的自信心，又要对学校有鞭策作用。责任督学要善于立足课堂去发现问题，以督学的视角对课堂作评价。课堂是实施素质教育的主渠道，是最能集中学校各种元素的地方。学校的办学思想与教育理念，国家课程计划落实情况，老师的精神状态、敬业精神、专业水平、教学能力，学生的学习态度、学习兴趣、学习习惯、思维水平等诸方面都能通过课堂活生生地表现出来。只有通过解剖课堂，才能真正把握学校的优势与劣势，你的指导、评价才具有针对性与有效性。上述督学案例，督学们进入学校的第一环节就是随机听课，去了解、掌握学校课堂教学的常态，继而有了后面的美丽故事。立足课堂，不仅是学校管理的要义，也是教育督导永恒的主题。

实践与创新。实践与创新能力是责任督学能力的集中反映。责任督学的工作主要是对学校实施督导，要对挂牌的学校实施经常性督导，开展专项督导、综合督导、协作督导等实践活动。督学能力怎么样，要靠实践来检验；实践能力的高低决定着督学工作的成效。社会在不断进步，教育与教育督导自身会不断进步，更会随着社会的发展不断发展。这就要求责任督学不能墨守成规，要与时俱进，具有创新精神和创新能力。这也是争创"全国中小学校责任督学挂牌督导创新县"对责任督学的要求。责任督学要不断加强学习，精研教育法律、法规、规章和方针、政策，时刻关注社会变革、教育改革与教育督导的前沿成果，加强学科教学方面的修养；勤于实践，善于从实践中激发创新的火花。责任督学有了创新能力，就会站得高、看得远、想得深，督学工作就会得心应手。责任督学的有效督学，会换来一位位教师的专业成长，一所所学校的进步，教育督导也会因责任督学们满满的收获而精彩。

优秀缘于热爱　实践促进成长
——2019 年度全国责任督学挂牌督导典型案例研究

李艳梅　刘文理　肖凯文

2020 年 3 月，国务院教育督导委员会办公室印发了 2019 年度遴选出来的 50 篇中小学校、幼儿园责任督学挂牌督导典型案例。旨在为各地及其责任督学提供可学习与借鉴的好经验、好做法，不断提升责任督学挂牌督导工作水平。笔者作为湖南省教育科学"十三五"规划重点资助课题《湖南中小学校责任督学能力建设实证研究》的主要研究人员，对50篇责任督学挂牌督导典型案例开展了研究。

一、案例所反映的基本情况

这50篇典型案例，28篇来自幼儿园责任督学，22篇来自中小学校责任督学；11篇受理家长电话、微信举报或咨询，39篇来自日常督导；10篇关于安全问题，40篇涉及中小学校与幼儿园的建设和管理、教育教学教研活动、教师队伍建设、食堂管理等方面。

50位责任督学遵循《幼儿园责任督学挂牌督导办法》或《中小学校责任督学挂牌督导办法》，细致精准有效地开展挂牌督导工作，认真履行监督、指导、服务等职责，努力让所挂牌督导的幼儿园或中小学校不断进步。案例的字里行间凝聚了责任督学们的心血与智慧，认真研读，深受启迪。

二、案例所体现的责任督学基本能力素养

精选的50篇典型案例，呈现了一次次成功的随访督导。这50位责任督学挂牌督导为什么能成功？我们可以从案例中找到答案。

1. 热爱挂牌督导，收获幸福感。热爱是工作最大、最持久的动力。细读每一个案例，就会发现，50位责任督学最大的共同点就是热爱挂牌督导工作，无论是老督学，还是新督学。正是因为热爱，他们在挂牌督导实践中睁大眼睛，开动脑筋，不怕困难，不厌其烦，直到多方满意为止。孙爱良督学认为："对教育充满激情，强烈的事业心、责任心和神圣的使命感是责任督学最重要的品质。"刘芳督学说得好："督导是一项充满挑战的工作！虽辛勤付出，但看到幼儿园通过督学的引领、指导、评价、反馈而取得良好成绩，家园关系得到改善时，内心就升起一种幸福感！"

2. 准确定位角色，转变角色快。责任督学一般是从教育行政人员或教师转岗而来，角色发生了变化。这就要求责任督学不但要准确定位好自己的角色，而且要迅速进入角色，有效地开展挂牌督导工作。在这点上，50位责任督学都做得很到位。一些责任督学对责任督学所扮演的角色和怎么适应角色的变化进行了阐述。如，徐微督学认为："责任督学是幼儿园办园行为的监督者、办园质量的评估者、现状问题的诊断者、幼儿园发展的推动者、典型经验的挖掘者，要为幼儿园的长远发展服务。"龚享庆督学认为："督学要做问题的发现者和诊断者；督学要做问题的反馈者与跟踪者；督学要做学校发展的指导者与参与者。"欧滔督学认为："作为一名督学，必须不断学习党和国家教育方针、政策及法律法规；不断探索学校教育教学管理的新理念、新思想、新途径；不断研究教育改革和新课程改革的新思路和新方法，使自己真正成为学校教育教学管理的'行家'和学校教育教学的'里手'。只有这样，才能使监督更具针对性、指导更具科学性、评价更具公平性、结果更具实效性。"孙爱良督学认为："责任督学在挂牌督导中不仅要'督'，更要'导'。要想'督'好、'导'

好，督学在工作中必须不断加强自身学习，增强科学督导、创新督导的本领。督学只有不断提高专业化水平，才能在服务教育优质发展中更好地践行督学的光荣使命。"这些观点与理念，是责任督学们对挂牌督导实践活动的反思与总结。

3. 勤于发现问题，着力解决问题。"发现问题并督促学校整改"是责任督学的基本职责之一，50 位责任督学都履行得非常好。有较多的案例强调了"督学要有一双鹰眼""要拥有一双慧眼""拥有一双锐眼""督导要细，要透过现象看本质"等。总之，责任督学要具有从人们司空见惯的事情中发现不同的本领。这需要心细眼亮。如王会林督学发现幼儿园墙体的安全隐患、安金燕督学发现孩子游戏运动量太小等，都是幼儿园或老师没有觉察到的。责任督学不仅要发现、指出问题，而且要开好处方，指导学校或幼儿园解决问题，跟踪解决的结果。50 位责任督学工作出色，如黄蓉督学四次走访解决一扇门的安全问题。

4. 善于沟通协调，家校满意率高。"具有较强的组织协调能力和表达能力"是责任督学任职的条件之一。50 篇典型案例，有 11 篇是受理家长电话、微信举报或咨询的案例，这 11 篇案例充分体现了责任督学们沟通协调能力强。一是明确挂牌督导的目的。把责任督学的照片、联系方式与督导事项在校门口显著位置予以公布，就是要架起一座学校与家长、社会沟通的桥梁。正如孟向阳督学所说的："我认为自己的角色就是教育矛盾的缓冲板、学校与家长的桥梁，自己的任务就是努力铺好缓冲板、架好桥梁，为教育和谐、稳定发展，提高群众对教育的满意度尽绵薄之力。"二是积极对待群众的举报或咨询。11 位责任督学接电话时态度诚恳，回复内容容易被人接受。正如胡建丽督学所说的："每一个群众来电都让我深感挂牌责任督学责任重大，必须树立全心全意为幼儿、为家长、为园所服务的理念，设身处地为他们着想，帮助他们解决问题。"三是坚持调查研究。11 位督学，对群众的举报，不是草率下结论，而是做了大量的调查研究，让事实真相清晰地呈现出来，解开各方的心里疙瘩，直到各方满意为止。

5. 勤做工作记录，表达能力较强。较好的口头表达能力与书面表达能力是责任督学应当具备的基本能力。《中小学校责任督学挂牌督导规程》第十一条规定责任督学进校督导要做"督导记录"。责任督学在督导中，可通过记录、拍照、录音、复制文件等方式，对现状、问题、意见等进行记录。50 位责任督学按规程做到了位。正因为平时记录翔实，撰写的案例背景交代清楚，场景描述生动，反思深刻，有价值。同时，体现了这些责任督学较强的表达能力。

50 篇典型案例生动地诠释了责任督学"优秀缘于热爱，实践促进成长"的道理，是责任督学能力建设相当好的课程资源，责任督学们应当认真学习、科学借鉴。

三、对案例的新期待

精选的 50 篇典型案例，带给了我们惊喜，给我们启迪。但也有美中不足，期待下个年度的案例更完美。

1. 文字上要更加严格把关。从理论上来说，案例经过了作者、县、市、省、国家多个层面把关，特别是印发到全国的五十篇案例，在文字和句式上应该不会有问题。但事实上还存在一定的问题，如案例中出现了"家长向我反应事情"（"反应"应为"反映"）；"第一次到××中学，食堂团长王老师的态度的确不堪"（"食堂团长"不好理解，前文称为"食堂负责人"）；"教学设备设施使用率偏低，存在明显的资源闲珞现象"（"珞"字现不用）；等等。这些，随便哪个层面用心一点，都是可以避免的。

2. 内容上要更加全面。50篇典型案例，涵盖面比较广，但在指导学校制定规划，指导学校开展教育科研，指导学校建立自我督导体系，优化学校内部治理等方面的案例缺乏或表现不足；反映创新督导方式方法的案例也缺少。这是以后需要加强的。

3. 形式上要更加多样。50篇典型案例基本上是按照"案例背景—案例描述—案例反思"这种形式来表现的，显得有点单一，一些案例三个部分的联系也存在不紧密的情况。形式是为内容服务的，根据内容表达的需要，应该可以选择生动活泼的形式。期待责任督学们把撰写学校（幼儿园）督导案例上升到教育督导叙事研究。

如何发挥教育督导的导向功能
——学校发展性督导案例研究

伍晨羽

督导的导向功能是教育督导最基本与最重要的功能之一，能否有效发挥督导的导向功能，是衡量教育督导工作质量高低的关键因素之一。

教育督导导向功能的主要表现形式是对被督导学校的"指导"，导向功能质量如何反映在指导的有效性上。我们在对某学校的督导中，发现了该学校骨干教师大量流失的棘手问题，督导人员与校长进行了深入沟通，使学校提高了思想认识，增强了发展信心，启发了创新思路，督导的导向功能得到了较好的发挥。

【情景描述】

2016年5月，新化县第三督学责任区对地处新化偏僻地区的某山区学校进行了发展性督导评估。督导人员在查阅资料中发现，某校去年上期专职教师45人，去年下学期该校调出优秀年轻教师5人，新进招聘教师4人，退休1人，现有专职教师43人。一些年轻教师的流动性很大，学校对骨干教师的培养与稳定问题相对比较突出。随后，督导人员与校长进行了个别访谈，进一步了解情况。

督导人员：请校长介绍一下流出的5位教师的去向与原因。

校长：有三位教师通过进城招聘考试进了城区学校；还有两位教师购房在大城镇，那里的生活条件、子女就学条件都比这里好，既然他们提出了调动要求，我们即使留住了人，也留不住他们的心，他们迟早要走的，我们还是满足他们的调动要求为好。对这些年轻教师的培养与这些教师的稳定问题一直是学校的老大难问题。对这些年轻教师的培养，学校付出了相当多的人力与财力，他们有了一定的教学经验，成为了学校教学骨干，却又都调走了。这怎么能搞好学校教学质量？我们这里就成了这些教师的培养基地、过渡学校。

督导人员：虽然骨干教师调出了，但是学校还是可以继续培养优秀教师的。请问学校里可有好教师苗子？

校长：苗子倒是有的，新分来的几个教师中有几个素质还是比较好的。

督导人员：那么，学校如何为培养苗子创造条件、搭建舞台？

校长：学校正在着手解决这个问题。例如，领导多听他们上课，加强课堂指导；让他们在全校及全镇上公开课，加强教学锻炼；送他们到外面参加教学活动，开阔眼界。

督导人员：做得很好！请问效果如何？

校长：有一定效果。但我们担心这些教师一旦积累了一定教学经验，有了点名气后又会远走高飞，愁啊！

督导人员：学校可以多为他们提供优质服务，多照顾他们的生活，多改善他们的居住条件。这里山清水秀，大自然也在留他们哦。

校长：我们是这样做的，但留人难啊！我们这里地处偏僻，交通不便，一些特岗教师服务期满后，千方百计都想出去，一些师范生分到这里的，只要有机会就会尽力要求调出去。

学校把骨干培养出来了，有了名气，好的学校愿意接收，也就容易流失。流失以后，学校再培养，难度实在很大。学校对骨干教师流失问题是意识到了的，也想要去解决，但实在找不到好办法。于是，督导人员与校长进行了深入的讨论交流。

【讨论交流综述 1】

骨干教师是学校长期培养与教师个人努力的结果，是学校教育教学的中坚力量和领军人物。骨干教师外流，不但对学校教育教学工作和教师队伍建设带来较大影响，而且对校内其他教师带来心理上的负面冲击；骨干教师培养好了，在一定区域内有点教育影响后，往往就成为"跳槽"的资本，再培养又得花费时间、精力，学校有"为他人做嫁衣"的感觉。督导人员对学校的想法给予充分的理解。

但是，我们换个角度看教师流失问题（正确地说是教师流动问题）。教师流动是新时期人事制度改革的必然，是一种正常趋势；骨干教师的适当流动，可以为学校其他教师的成长提供发展空间；一所学校能持续不断地培养出骨干教师并向外输出，把学校精神与办学风格辐射到其他学校，就是这所学校办学风格与办学特色的具体表现。从这个角度看，学校培养与输出骨干教师是很有意义的一项工作。校长表示了认同。

【讨论交流综述2】

我们共同分析了学校面临的两方面形势：一是学校地处偏僻，交通不便，给教师生活带来困难，许多年轻教师一有机会就想调到县城或大乡镇工作，这是难以改变的现状。二是现在国家政策、工资待遇向山区学校倾斜，人才津贴与乡镇工作补贴比其他地方要高。现在治理"教育三乱"，城区学校教师乱补课的现象得到了遏制，这对山区教师的积极性和稳定性起了很大作用。针对新形势，督导人员引导学校要扬长避短，确立"在农村学校大造声势，占领发展制高点，使学校成为教师成才、成名的基地"的发展定位。学校要在"筑巢引凤"上多做文章。

我们既要承认学校教师的整体素养还不够高，在县内教育还缺乏影响力，又要坚定信心，采取有效措施帮助教师发展。要做自己该做的事。学校领导要提高认识，树立"看清形势抓机遇，自强不息求发展"的思想，确立切合实际的发展定位，干好本职工作，使学校快速发展。

【讨论交流综述3】

在讨论、沟通中，督导人员向校长介绍了许多所学校的成功经验，并建议学校将教学研讨展示活动"放大"，每年举办一届"教学节"，参与者从原来几个教学骨干与"培养苗子"扩大到全体教师，参加单位从自己一所学校扩大到邻近的同类兄弟学校，并真诚地欢迎教育局领导和其他学校的优秀教师参与，内容上从单一的课堂教学研究扩展到课堂教学、德育工作、教育科研、师资培训等各个方面。教研活动的放大，可以使校内不同层次教师都有学习、展示、交流、提高的机会。打造这样的教师发展平台，本校教师得益，兄弟学校欢迎，教育局和其他学校关注，必将会产生多方面的积极影响。对此，学校表示了极大的兴趣。

【督导建议】

督导人员对学校提出了如下问题与建议：

问题：学校现有专职教师43人。骨干教师极少，学科带头人空缺。有几个刚分配到本校的师范生与特岗教师，教学经验贫乏。一些本地教师长期工作在此校，年龄大，工作无激情。所以，骨干教师队伍的建设问题相对比较突出。

建议：学校要在思想上树立科学的人才观，正确看待教师的流动问题。在战略上要有新的突破，抓住机遇，在新化农村山区学校中大造声势，占领发展制高点，使学校成为教师成才、成名的基地，为"特色文化"积淀深刻的文化内涵。在战术上要不断完善各个层次教师的培养机制，通过学科引领与科研引领等途径，采取有利于骨干教师快速成长的各种措施，搭好教师成长、成才的发展平台，进行教师专业成长的科学指导与管理，达到锻炼与培养教师，促进骨干教师队伍壮大的目的。

【问题评析】

高质量的指导应该体现出科学性（引导学校科学地分析问题）、针对性（切合学校实际）与可行性（有可操作的措施）三方面。在该督导案例中，为了发挥教育督导的导向功能，我们主要采取了以下策略。

第一，帮助学校解决思想认识问题，发挥教育督导的导向功能。解决思想认识问题是解决实际工作问题的先导。督导要帮助学校在思想上树立科学的人才观，正确看待教师的流动，就是引导学校用科学的方法去看问题，即用一分为二的观点去分析问题，既要看到问题消极的、不利的方面，也要看到问题具有积极的、有利的一面，从而引导学校努力把不利因素转化为有利因素，增强工作的信心。

第二，帮助学校正确定位，发挥教育督导的导向功能。我们不能改变别人时，就努力改变自己，去探索生存与发展的新空间。这个案例告诉我们要帮助学校领导树立"看清形势抓机遇，自强不息求发展"的思想，不断完善自己，促进学校健康发展。

第三，帮助学校寻找有效的操作策略，发挥教育督导的导向功能。督导人员虽然不是万能的，但由于特殊的工作，会逐步积累许多优秀案例和成功经验，可以引导学校不断创新与发展。督导人员如果不去指导学校描绘蓝图，焉能发挥督导的导向功能？

常规不到位折射师德与质量问题
——湖南省某示范性普通高中网评反面案例
肖凯文

查阅两张统计表

在某县一中的网上督导评估空间，可以看到该校对教师作业布置与批阅的检查统计表。现提取《2016 年下期某县一中高一年级 1 - 18 周作业统计表》《2017 年上期某县一中高一年级 1 - 19 周作业统计表》两张统计表进行解读。学校分班级（共 26 个班）分学科按作业本、辅导资料、试卷（语文学科加了"作文"）等三四种作业布置与批阅进行了统计。

查阅《2016 年下期某县一中高一年级 1 - 18 周作业统计表》，18 周时间，语文学科四种作业最多的班 1605 班达 69 次，最少的班 1621 班只有 16 次；作文只有 1 篇的有 5 个班，只有 2 篇的有 7 个班，作文与测试合起来不足 5 次的有 12 个班。历史学科作业量最多的班 1611 班 22 次，最少的班 1602 班只有 3 次等。

再查阅《2017 年上期某县一中高一年级 1 - 19 周作业统计表》，19 周时间，语文学科作文只有1篇的有8个班，只有2篇的有3个班，只有3篇的有8个班；物理学科三种作业1624班共0次，1626班共1次，1619班共2次；化学学科三种作业有2个班为0次，3个班为2次；生物学科三种作业1~3次的有4个班；政治学科三种作业有1个班为0次，1~2次的有3个班；历史学科三种作业为0次的有2个班，2~3次的有3个班；地理学科三种作业为0次的有2个班，1~3次的有6个班；等等。

以上统计数据表明：一是该校同一学科不同班级的作业量相差悬殊；二是该校很多班级的很多学科没有完成基本的作业量；三是该校对作业布置与批阅这个教学环节根本没有抓实，为检查而检查，为登记而登记，没有反思，没有整改，2017年上期比2016年下期更不到位。

学校有作业布置与批阅的规定吗

作业布置与批阅是教学过程的重要环节。学生通过做作业不仅可以巩固所学知识，而且能培养他们分析问题、解决问题的能力。教师批改学生作业，不仅能了解学生知识的掌握情况，同时也是对自己教学质量的反馈。某县一中出现这种状况，是学校缺管理制度吗？不是。在该校网评空间里，就有《某县一中教学常规及实施管理办法》。该办法对各学科的作业量有个基本的规定："语文：全期大作文不少于6篇；其他作业（含小作文、基础训练、周记、单元检测等）每周不少于1次；每单元1次检测。数学：作业每周不少于4次（含测试）。英语：作业每周不少于2次；每单元1次检测。物理、化学：作业每周不少于1次；高一每两周1次检测，高二每周1次检测。生物、政治、历史、地理：作业每两周不少于1次；高一每四周1次检测，高二每两周1次检测。其他科目：原则上在课堂上完成作业。"要求做到全批全改。对作业批改不到位的处理办法是：作业每少批改一次扣20元（语文大作文少批改一次扣30元），缺一次测试扣30元；作业次数以学校统一检查为准。该校不但有制度规定，而且对自己的常规管理也是比较满意的。如《某县一中2016—2017学年度学校工作总结》在总结工作成绩时，有一条是："完善教学常规管理，突出作业批改、实效（高效）课堂两个重点。"

常规不到位折射师德问题，最终导致质量问题

为什么一些教师对学校的制度视而不见，对罚款不屑一顾呢？为什么学校把作业批改作为重点工作来抓，但效果不理想呢？特别是2017年上期比2016年下期更不到位。笔者认为，这表面看起来是学校常规管理不实的问题，其本质上是师德师风教育与建设没到位的问题；通过罚款来抓常规工作，也是不智慧的做法。师德师风是教师的灵魂。一个学校师德师风的水平最终会体现在教师的教书育人上，具体会体现到教师对待教学常规工作的态度上。师德师风到了一定的境界，即使没有任何规定，没有任何纪律，教师们也会凭着那份爱与责任，一丝不苟、精益求精地开展工作。在某县一中的网评空间里，基本上找不到师德师风与

青年教师培养的实施资料,《某县一中2016—2017学年度学校工作总结》对工作成绩的总结,也没有这方面的话题。根据网评情况,可以形成这样一个结论:学校近几年没有高度重视师德师风建设与青年教师的培养或抓了没有效果。

有统计数据显示:2017年高考,该校二本以上上线率为31.78%,低于全省示范性普通高中平均水平5.68个百分点;2018年高二学考,该校正考合格率为94.84%,没有达到省示范性普通高中高二学业水平考试正考合格率95%以上的评估要求,低于所在市州平均水平2.1个百分点,低于全省示范性普通高中平均水平2.37个百分点。

该校专任教师260人,35岁以下教师87人,35~45岁教师100人,算是比较年轻的队伍。2016年下期新进教师16人,2017年招聘13人;教师队伍朝更年轻化的趋势发展。年轻化的教师队伍,更需要落实师德师风建设。师德上去了,学校的一切工作才会上去。

名师是怎么"炼"成的
——某市三中青年教师培养网评案例

肖凯文

有统计数据显示,2017年高考,某市三中二本以上上线率为64.29%,在全市居于领先地位,高出全省示范性普通高中平均水平26.83个百分点;2018年高二学考,某市三中正考合格率为97.9%,符合省示范性普通高中高二学业水平考试正考合格率95%以上的评估要求,高出某市平均水平0.92个百分点,高出全省示范性普通高中平均水平0.69个百分点。这对于这所边远地区的学校来说,是一份不错的办学成绩。

专家通过两个学年的网评,不断探寻某市三中的办学策略,终于找到了一条"秘诀":学校非常重视教师队伍建设,特别是非常重视青年教师的培养,为青年教师的快速成长、成为名师尽最大努力提供肥沃的土壤。

一、用办学理念唤起教师对"成为名师"的渴望

某市三中提出了"名师立校、科研兴校、质量强校"的办学理念。名师立校,道出了教育的真谛。教师是办教育的第一资源,名师是办出一流学校、一流教育的重要因素。"名师立校"的理念,能唤起广大教师特别是青年教师对"成为名师"的渴望。有渴望就会有目标,有目标就会有前进的动力和行动。

二、把青年教师的师德建设摆在首位

师德是教师的灵魂。学校坚持不间断、多方面、多渠道加强对青年教师的师德规范教育。一是以《教育法》《教师法》《教师职业道德规范》为依据,确定了师德红线;二是在

开学典礼上开展师德承诺宣誓；三是树立师德标杆。这些做法，有效提升了学校青年教师职业道德的整体水平。近两年来，该校青年教师有 3 人被评为"十佳党员标兵"，有 4 人被评为"师德标兵"。

三、利用名师资源优势，精心打造"青蓝工程"

"青蓝工程"，新老结对，师徒捆绑前进。通过授课、听课、评课等环节对青年教师进行培养，促使青年教师尽快提高教书育人能力。

2016—2017 学年度，学校分两次在图书馆三楼多功能会议厅隆重举行了"青蓝工程"师徒结对仪式。9 对教学师徒和 9 对德育师徒参加了仪式。仪式上，分别进行了德育师傅和教学师傅的拜师仪式，徒弟填写拜师帖，徒弟齐读拜师帖，徒弟行拜师礼并送上拜师帖；18 对师徒共同签订了《青蓝结对师徒协议书》；教科室给每一对师徒发了一本《青年教师成长记录手册》，随时记录，专项考核。某市三中的"青蓝工程"，已成为一种常态，效果良好。

四、教学常规，对青年教师的要求更高

教科室、督导室和教务处对青年教师备课、上课、听课、辅导、作业、实验等做出了全面细致的规定。如青年教师必须手写教案，必须每周听导师的课，必须每月上汇报课；教科室每周的"推门听课"主要针对青年教师；教研组经常开展"青年教师家常课"大比拼。结合学校制定的教学常规量化条例，教科室、督导室和教务处每周、每月对各项常规工作进行检查，并向年级组和教师通报检查结果。学校每月公布的"优秀教案"名单，80% 为青年教师。

五、开展质量展示月活动，为青年教师提供学习与展示的舞台

每年 12 月，是某市三中开展教育教学质量展示月的活动时间，每次都会精心策划。2016 年 12 月，已到了第九届。活动内容丰富，包括：深化改革专题讲座、青年教师解题能力竞赛、提升质量专题讲座、主题班会优质课展示、教研组长试卷讲评示范课活动、青年教师论文写作比赛、青年教师"微课"比赛、开展教学开放月活动、活动总结等。2017 年 12 月，学校成功组织了第十届教育教学质量展示教研月活动。本次活动主题为"新时代、新高考、新征程"，共举办了"新高考"专题讲座两个、"新征程"专题讲座两个，展示了主题班会优质课两堂、名师示范课 4 堂，开展了青年教师论文写作（钢笔字）现场比赛、微课比赛，开展了教学开放月活动。质量月展示活动既是青年教师开阔视野的舞台，也是青年教师展示自我的舞台。

六、积极倡导与鼓励青年教师主持和参与课题研究

教育科研是学校可持续发展的助推器，也是提高教师特别是青年教师素质的重要途径。某市三中坚持践行与落实"科研兴校"的理念，建立了教育科研奖励方案，安排了教育科研专项经费，教科室编辑了《某市三中教师专业成长课堂》刊物，积极鼓励和组织广大教

师特别是青年教师参与课题研究。课题研究已成为青年教师的自觉行为，成为他们提高业务水平的重要途径。无论是已结题的 20 多项"十二五"省级课题，还是刚刚开题的 10 多项"十三五"省级课题，大部分的课题主持人和研究成员都是学校的青年教师。

某市三中青年教师的培养结了硕果。很多青年教师迅速得到成长，担任高考、学考科目的教学。近年来，该校 12 位青年教师的论文获得省市级一、二等奖；两位青年教师在湖南省教育厅举办的中小学教师"暑假读一本好书"活动中分别获得一、三等奖；6 位青年教师的赛课获省级以上奖励；3 位青年教师辅导学生参加奥赛，获得省级一、二等奖多个。

某市三中的教师队伍建设犹如"长江后浪推前浪，前浪引领后浪上"，不断得到优化。学校现有教职工 259 人，其中专任教师 222 人，专任教师中研究生学历 22 人，本科学历 200 人；35 岁以下教师 58 人，35～45 岁教师 68 人，46～55 岁教师 93 人，56 岁以上教师 3 人；正高级教师 3 人，高级教师 116 人。各学科均有数量足够的专职教师，教师队伍建设越来越朝着理想的目标迈进。

贫困县教师专业发展策略
——一次随访督导的案例深思

刘邵军

【案例描述】

2017 年 12 月某日 7：00，天蒙蒙亮，空中下着淅淅沥沥的小雨。我驱车前往三十公里外的一所市级示范性农村高中学校随访督导，了解年轻老师的课堂教学情况。进校后，在教师办公室墙上张贴的功课表中随机抽了三位年轻老师的课。一堂刘××老师（男，教龄 2 年）的高二物理课，一堂谢××老师（女，教龄 3 年，特岗教师）的高三生物课，一堂唐××老师（女，教龄 4 年）的高三数学课。

第一节课，刘××老师上的是《电磁感应的两种情况》作业讲评课。刘老师在学生没完成作业、没交作业，更没批改作业的情况下（先天晚上学校搞文艺汇演），利用 45 分钟的时间一口气将 12 道作业题讲完，完成了"教学任务"。台上，刘××老师口若悬河，讲得唇干口燥，很辛苦。台下，学生听得一头雾水，找不到东西南北。下课后，我看了刘老师的教案，每道题的解答都写得很详细，刘老师是备了课的，但他没有根据学生的学情备课，在没批改作业不知学生的作业情况下，想当然地备好了课。我给他指出，备课要有时效性、针对性，在学生没做、没交作业的情况下，要重新设计课堂教学的内容和教学过程，在作业中精选几道典型题目精讲，余下的让学生当堂完成，这样灵活处理的课堂才能实现教学目的。

第二节课，谢××老师上《实验：如何设计基因的显性和隐性遗传》的复习课。上课讲了三种实验设计情况，老师依次喊了两位学生在黑板上画出基因遗传图，下面的学生一副高高挂起、与我无关的神情。谢老师讲完三种实验设计，接下来要学生将书翻到前面又讲了三道作业题后下课。课后我问谢老师：（1）这节课的教学目的是什么？（2）这节课的难点是什么？难度大不大？（3）后面讲的三道作业题与实验设计有没有关系？谢老师的脸红了。我和谢老师进行了认真分析：遗传图是高中生物中的难点，对农村高中的学生更是难上加难。既然喊学生上讲台画图，说明教师知道作图的重要性。其实，教室里安装的先进的电子白板可进行实物投影，教师可以先让全班学生在稿纸上画出，再抽选部分学生的投影展示，这样把全班学生的思维带动起来，顺利突破难点。最后要精选三道相关的习题让学生练练，进一步巩固提高，不要讲其他与这堂课无关的作业题。

第三堂课，唐××老师在高三文科班（该班学生基础很差）上《基本不等式的运用》。唐老师首先复习了基本不等式的公式和变形式，然后板书了一道例题，让学生自己做，过了近十分钟的时间，大多数学生摇头表示做不出。唐老师便开始讲解，首先用最难的方法，费好大的劲把题解出来了，下面的学生被绕得晕晕乎乎。老师接着用第二种方法，利用基本不等式的变形公式求解，很快求解出来了，此时下课铃声已响起。课后我问唐老师，这堂课实现了教学目的吗？并告诉她在明知学生基础差时，应先讲例题授之以渔，然后举一反三，让学生多练，才能实现课堂教学目的。

在与三位年轻的老师课后交流时，三位老师态度都非常诚恳，非常认同我提出的建议，表示在听了我的指点后，发现自己在课堂教学设计上经验不足，上课只注重把知识尽可能讲解到位，没有考虑学生的实际情况，只是一厢情愿地在讲台上唱独角戏，把学生这学习的主体忘记了，现在有豁然开朗的感觉。作为督学随访督导听课点评，能得到老师们认可，能对他人提供有效的帮助，心里感到由衷的欣慰。《教育督导条例》要求实施教育督导应当坚持"以提高教育教学质量为中心"的原则。如何帮助教师迅速成长，成长为年轻的有经验的成熟的"老"教师？作为督学，我深感重担在肩。

【案例反思】

一、教育现状

新化县地属武陵山片区，国家级贫困大县，现有义务教育阶段学校、高中阶段学校、职业学校、特教学校共计 496 所，学生 190444 人，教职工 9232 人（特岗教师 533 人），按国家要求目前缺 3000 名教师。一些学校只能基本保证主课有人上。为了能让学校开展正常有序的教学工作，新化县在招聘计划中将门槛降低，大量非师范科班出身的年轻人跻身教育行业。一些学校没有制定教师专业发展规划、教师培训措施，教研活动基本流于形式。新化县"国培计划"具体实施单位教师进修学校仅有教职工 40 多人，虽然年年按国家的要求有条不紊地实施了"国培计划"，并开展着全员网络培训、骨干教师培训、新任教师培训、班主任培训、校长培训、特色项目培训、片区培训，但40多个人的队伍要面对全县庞大的教师队伍培训实在是心有余而力不足，教师的专业成长之路"漫漫其修远兮"。

二、破惑策略

（一）领会国家政策

在2010年《教育规划纲要》、2012年《国务院关于加强教师队伍建设意见》等一系列的政策中，国家对"大力提高教师专业化水平"提出了明确的要求。2013年教育部下发《关于中小学教师培训工作的指导意见》，从"增强培训针对性，确保按需施训""改进培训内容，贴近一线教师教育教学实际""转变培训方式，提升教师参训实效""强化培训自主性，激发教师参训动力"等方面做出了安排部署。2017年教育部出台了《乡村校园长"三段式"培训指南》（教师厅〔2017〕7号）。2018年1月20日国务院又出台了《关于全面深化新时代教师队伍建设改革的意见》等文件，制订了"国培"计划，其内容包括中西部项目和幼师国培项目：乡村教师培训团队研修；送教下乡；乡村教师网络研修；乡村教师访名校培训。对边远贫困地区，加强培训骨干队伍建设，采取"集中培训＋影子培训＋返岗实践"的培训模式、送培下校诊断式培训、网络研修、工作坊研修等培训方式，为教师的进一步发展提升指明了方向、创造了条件。全县各学校应认真贯彻国家政策精神，积极配合，使教师的培训落地生根。

（二）制订培训制度

各学校要根据教师专业知识的构成（学生发展的知识、学科知识、通用性知识）、教师的专业能力（教育教学设计、组织、实施与评价的能力、沟通与合作的能力），制订翔实的教师发展培训规划，建立起学校内部教师同伴互助成长机制，落实从师德评价、学生反馈、教学成绩、引领同伴成长等方面对教师的绩效考核。

（三）建立培训平台

结合个性教师的内在需求，积极探索，加强教师培训课程建设，设置系统化的培训课程模块供教师自主选择，为教师专业发展提供所需的资源，为教师专业发展提供一个好平台，实现对教师的精准培训。

（四）更新培训模式

1. "引进来"。针对武陵山片区学校的实际情况，精心准备接地气的培训内容，有计划地请一批教育专家、教学名师来讲学、授课，为教师创造与大师直接对话的机会。

2. "走出去"。与省、市、县培训机构等进行合作，分期、分批地组织教师走出去进行培训；到省内外名校观摩取经，以开阔眼界、拓宽视野，提升业务素质和能力。通过合作、交流，引进丰富的优质教学资源。

3. 加强校本研修力度。坚持"学习、培训、科研和教研"四体一位的校本研修制度，形成学科培训学习团队，开发特色鲜明的校本教材，促进教师的成长。

4. 突破"高原现象"。针对教师评上高级职称之后滋生倦怠心理这一现象，设置首席教师岗位。首席教师的评选应该拟定一套严格的程序，首席教师须在县内本学科同行群体中具有一定影响，同时在师德方面表现突出。首先由自己申报，教研组评议推荐，校务会进行初选；推出的候选人再由新化县的教育专家、学科教育专家组成的校外专家团进行评审，最后由校长聘任。他们担任各学科教研组的组长，承担整个学科团队的组织建设任务。这些教师要及时掌握教育发展动态，坚持在一线满负荷工作，积极开展科研工作。既要成为先进理念的贯彻者，又要成为学术上的领导者；既要在教育教学方面起示范作用，又要承担指导中青年教师成长的任务。

5. 抓好新教师培训。对新入职的教师，学校可以为每位新教师指定一位有经验的优秀教师作为他们的入职指导教师，制订可操作的指导办法和评估办法。比如给每位新教师指定一名老教师做师傅，明确"师傅"和"徒弟"的职责、任务。每次上课前，徒弟要将写好的教案送交师傅过目，教案经修改签阅后，才能上课使用。师傅要听徒弟的课，课后细细点评，从教态、语言、应对课堂突发问题等方面进行指导。徒弟更要多听师傅的课，从多方面学习和借鉴。每周教研活动，要学习老教师写的教案。年轻老师根据个人特点，结合班级教学实际，再对教案进行加工，写成适合个人使用的教案。教研会上老教师分享自己的工作笔记，包括对作业布置与批阅的思考，对课堂突发事件的机智处理以及与学生的交流等。年轻老师从这些工作笔记中学会处理实际问题的方法。同时，也要求年轻教师针对自己遇到的困惑写工作笔记。学校开展课堂教学评比，新老教师同台竞技，激发新教师的上进心。

学校为教师专业发展提供了所需要的资源，为教师专业发展创造了一个好平台，这样每一层次的教师都有了自己向上攀登的明确目标，最终使个人发展和学校发展融为一体，有效解决了"教师专业发展动力"这个目前教师教育领域普遍关注的难点问题。

给教师多大的舞台，他们就可以演绎多大的精彩；给教师多大的空间，他们就可以创造多大的辉煌。

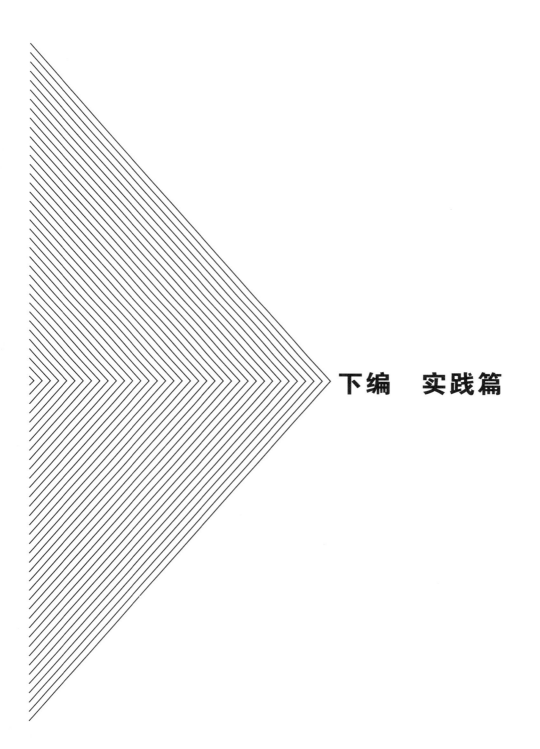

下编　实践篇

本书上编主要从文献与理论上探索中小学校责任督学能力建设，厘清了责任督学设置的目的、责任督学岗位的能力需求，探索与归纳了责任督学能力建设的主要途径与方式。本编主要选取具有代表性的新化县作为实证对象，呈现围绕责任督学能力建设开展的相关实践活动。

　　理论与实践是一个不可分割的辩证统一体。本书也是这样，理论研究建立在文献与实证基础上，形成的理论又有效地指导实践的开展，互相促进，不断出现新的实践活动与新的理论。

　　本编旨在展示《湖南中小学校责任督学能力建设实证研究》的实践成果，为教育督导部门及其责任督学开展能力建设提供实践的借鉴。抛砖引玉，在借鉴的基础上有更大的创新与发展，正是课题组所希望的。

第五章　责任督学机制建设

新化县督学责任区管理规程

第一章　总则

第一条　为落实督学责任区制度和中小学校责任督学挂牌督导制度，根据国务院《教育督导条例》、教育部《关于加强督学责任区建设的意见》、国务院教育督导委员会办公室《深化教育督导改革转变教育管理方式的意见》等国家教育法规与规章及《新化县建设省级督学责任区示范点实施方案》，特制定本规程。

第二条　根据县域内中小学校的布局情况和在校学生数，全县划分7个督学责任区，由县人民政府教育督导室统筹管理。每个督学责任区确保3名专职督学，由县人民政府统一聘任；根据工作需要，县人民政府教育督导室为每个督学责任区聘任5名左右兼职督学。保证全县完全小学及以上学校（含乡镇中心幼儿园、新化县幼儿园）实现责任督学挂牌督导全覆盖。

第三条　根据教育改革与发展需要，县教育局与县人民政府教育督导室可以对全县督学责任区与责任督学进行调整与交流。

第四条　县人民政府担任县教育督导委员会副主任的领导直接负责全县督学责任区及中小学校责任督学挂牌督导工作；县人民政府教育督导室由一名副主任督学具体负责全县督学责任区和中小学校责任督学挂牌督导工作。

第五条　遵照相关规定，全县7个督学责任区建立一个党支部，履行党风廉政建设的相关职能职责。

第六条　全县督学责任区的建设、管理与运转经费，督导评估经费，全额纳入财政预算，由县人民政府教育督导室统筹管理，经费管理与支付遵照财务管理相关规定。

第七条　根据教育部《督学管理暂行办法》，制定《新化县责任督学管理办法（试行）》。

第二章　督学责任区责权

第八条　督学责任区要严格遵守相关法律法规和廉政纪律，管理区域内专职、兼职督学，依法组织开展相关教育督导评估工作。

第九条　督学责任区主要职责：

（一）依法监督。检查监督学校全面贯彻党和国家教育方针、全面实施素质教育情况；检查监督学校的教育教学工作，并对其工作过程及成效作出动态评价，不断提高学校办学水平，促进区域内教育科学发展；检查监督学校的教育教学质量及学生发展情况。

（二）正确指导。指导学校制定发展规划，总结与推广学校先进的办学思想、管理策略及课程改革实验研究成果；发现学校管理存在的问题，指导学校找到解决问题的有效方法，努力形成办学特色。

（三）科学评估。实施客观、公正的教育教学评估与监测，准确掌握区域内学校的办学现状和发展动态，定期为政府和教育行政部门提供决策依据。

（四）及时反馈。将督导过程中发现的先进典型，及时推介，为教育行政部门评优评先提供依据；对可能影响学校正常教育教学秩序以及违背教育教学规律的问题，及时向学校、教育行政主管部门和教育督导部门反馈，并提出整改意见和建议。

（五）深入调研。认真研究教育工作中普遍存在的、带有倾向性的问题和重点、热点、难点问题，在深入广泛调研的基础上，形成有价值的调研报告。

（六）优质服务。全面了解区域内学校的需求，为学校发展提供指导意见，不断促进学校进步和发展。

第十条　督学责任区基本工作规范：

（一）每两周召开一次例会。

（二）每两周集中组织一次政治、业务学习。

（三）主任每月参加一次工作报告会。

（四）每月上报一条以上教育督导信息。

（五）每月组织一次随访督导。

（六）每年制定一个工作计划，每期、每年有工作总结。

（七）每年对专职督学工作绩效组织一次初评，对兼职责任督学工作绩效组织一次评估考核。

（八）每三年完成一个县级及以上教育督导科研课题。

（九）完成上级教育行政部门、教育督导部门交办的其他工作，参加组织的相关活动。

第十一条　督学责任区及其责任督学存在国务院《教育督导条例》第二十六条列举的情形的，按国务院《教育督导条例》的规定处理。

第十二条　督学责任区及其责任督学行使国务院《教育督导条例》规定的权利，还可行使以下权利：

（一）对区域内被督导单位下发督导评估意见书、整改通知书。

（二）采取约谈学校有关负责人等方式督促问题整改落实。

（三）对被督导单位的整改情况进行跟踪督查。

（四）把被督导单位限期整改的进度和工作成效作为单位及其主要负责人考核奖惩的重要依据。

（五）对县直学校与乡镇中心学校的年度工作绩效评估具有参与权，对区域内局管干部的调整、提拔和对相关负责人的奖惩具有建议权，对区域内教师调配、评先评优、职称评聘具有监督权。

第三章　被督导单位责权

第十三条　被督导单位及其工作人员对督学责任区及其责任督学依法实施的教育督导应当积极配合，不得拒绝和阻挠。

第十四条　督学责任区及其责任督学要求被督导单位组织自评，被督导单位应当按照要求进行自评，并将自评报告报送督学责任区及其责任督学。

第十五条　被督导单位对督导小组或责任督学反馈的督导初步意见，可以进行申辩。

第十六条　被督导单位可以参与对督学责任区及其责任督学的工作绩效考核。

第十七条　被督导单位及其工作人员存在国务院《教育督导条例》第二十五条列举的情形的，按国务院《教育督导条例》的规定处理。

第四章　相关规定

第十八条　建立督学责任区联席会议制度。县教育督导委员会、县教育局、县人民政府教育督导室，定期召开会议研究督学责任区及其责任督学挂牌督导工作，听取责任区督学的工作汇报，研究、处理责任区或责任督学提出的意见和建议。

第十九条　县人民政府教育督导室按要求开展中小学校责任督学挂牌督导经验总结与推广活动，组织责任督学参加培训、座谈、学习考察和交流、业务比赛等活动。

第二十条　县人民政府教育督导室具体负责组织对督学责任区及其责任督学的年度工作绩效考核。

第五章　附则

第二十一条　本规程未尽事宜，依据国家、省、市、县相关规定，酌情处理。

第二十二条　本规程自 2017 年 7 月 1 日起施行。

2017 年 6 月修订

新化县责任督学管理办法

第一章　总则

第一条　为加强责任督学队伍建设，促进责任督学管理科学化、规范化、专业化，提高挂牌督导工作成效，保障教育事业科学发展，根据国务院教育督导委员会办公室《中小学校责任督学挂牌督导办法》《中小学校责任督学挂牌督导规程》、教育部《督学管理暂行办法》，制定本办法。

第二条　责任督学是受县人民政府教育督导室指派实施教育督导工作的人员，包括专职责任督学和兼职责任督学，专职责任督学在县级督学换届中优先聘用。

第三条　县人民政府及其教育督导部门对所任命或聘任的责任督学实施管理。

第二章　聘任

第四条　专职责任督学由县人民政府按照干部管理权限和程序任命，兼职责任督学由县人民政府教育督导室根据教育督导工作需要聘任，对专职、兼职责任督学颁发聘书和督学证。

第五条　县人民政府及其教育督导部门根据督导工作需要为各督学责任区配齐专职、兼职责任督学，建立责任督学动态更替和补充机制。

第六条　督学除符合国务院《教育督导条例》第二章第七条的任职条件外，还应适应改革发展和教育督导工作需要，达到下列工作要求：

（一）热爱教育督导工作，能够深入一线、深入学校、深入师生开展教育督导工作。

（二）熟悉教育督导业务，掌握必要的检查指导、评估验收以及监测方面专业知识和技术。

（三）能够保证教育督导工作时间。

第七条　聘任程序：

（一）推荐：个人自愿申请，相关单位按要求向县人民政府及其教育督导部门推荐参聘人员。

（二）审核：县人民政府及其教育督导部门对参聘人员按程序进行审查、遴选。

（三）公示：县人民政府及其教育督导部门将拟聘督学人员名单向社会公示，公示期不少于7个工作日。

（四）公布：县人民政府或教育督导部门向责任督学颁发聘书，聘任结果向市人民政府教育督导室报备并向社会公布。

第八条 实行专职责任督学定期交流制度,原则上每3年轮岗交流一次;兼职责任督学每届任期3年,续聘一般不得超过3届。

第三章 责权

第九条 责任督学按照《中小学校责任督学挂牌督导办法》《中小学校责任督学挂牌督导规程》《中小学校责任督学工作守则》开展教育督导工作。

第十条 责任督学基本职责:

(一)对学校依法依规办学进行监督。

(二)对学校管理和教育教学进行指导。

(三)受理、核实相关举报和投诉。

(四)发现问题并督促学校整改。

(五)向教育督导部门报告情况,并向政府有关部门提出意见。

第十一条 责任督学对以下主要事项实施经常性督导:

(一)校务管理和制度执行情况。

(二)招生、收费、择校情况。

(三)课程开设和课堂教学情况。

(四)学生学习、体育锻炼和课业负担情况。

(五)教师师德和专业发展情况。

(六)校园及周边安全情况,学生交通安全情况。

(七)食堂、食品、饮用水及宿舍卫生情况。

(八)校风、教风、学风建设情况。

第十二条 责任督学基本工作规范:

(一)每年初制定一个工作计划,并分解成季度、月度计划。

(二)每月对所挂牌的5所左右的学校进行一轮随访督导。

(三)每月开展一轮推门听课(5节以上)。

(四)每月撰写一份随访督导报告。

(五)每季度参加一次专项督导。

(六)每季度参加一次经验交流会。

(七)每学期撰写学校管理正反案例和帮助学校与家长解决实际问题的案例各一个。

(八)每年参加一次综合督导。

(九)每年撰写一个工作总结、一篇教育督导论文。

(十)每年参加新一轮集中培训。

(十一)每年参加一次述职述廉会。

(十二)完成县人民政府教育督导室及所在督学责任区交办的其他工作事项。

第十三条 责任督学受县人民政府教育督导部门或所在督学责任区指派,实施教育督导时可行使以下权力：

（一）就督导事项有关问题进入相关部门和学校开展调查。

（二）查阅、复制与督导事项有关的文件、材料。

（三）要求被督导单位就督导事项有关问题作出说明。

（四）采取约谈有关负责人等方式督促问题整改落实。

（五）对被督导单位的整改情况进行监督、检查。

第十四条　县人民政府及其教育督导部门负责为责任督学开展教育督导工作提供经费保障。

第十五条　县人民政府及其教育行政部门要积极支持责任督学晋升职级或职称，为责任督学开展工作提供必要的工作条件。

第十六条　责任督学开展教育督导工作时，须向被督导单位出示督学证。

第四章　监管

第十七条　县人民政府教育督导部门及所在督学责任区对责任督学工作进行管理，主要包括：

（一）实施督导时遵守有关规定情况。

（二）督导案例、督导论文、督导报告等撰写与提交情况。

（三）督导意见反馈和督促整改情况。

（四）按要求接受培训情况。

第十八条　县人民政府教育督导室对责任督学进行登记管理，动态掌握责任督学相关信息。

第十九条　责任督学与被督导对象的关系可能影响客观公正实施教育督导的，该责任督学应当回避。

第二十条　责任督学应主动公开联系方式和督导事项等，方便社会了解督导工作情况，广泛接受社会监督。

第二十一条　县人民政府教育督导部门及督学责任区受理对督学不当行为的举报，经查实后依照有关规定处理。对责任督学违法违规等受到处分的，及时向县人民政府和市人民政府教育督导室报告。

第五章　培训

第二十二条　县人民政府教育督导部门及督学责任区负责组织督学的岗前及在岗培训，新聘督学上岗前应接受培训。责任督学的相关培训统筹纳入全县师资培训范围。

第二十三条　责任督学培训可采取集中培训、网络学习和个人自学相结合的方式进行，责任督学每年参加集中培训时间累积不少于40学时。

第二十四条　培训主要内容包括：

（一）教育法律、法规、方针、政策、规章、制度和相关文件。

（二）教育学、心理学、教育管理、学校管理、应急处理与安全防范等相关理论和知识。

（三）评估与监测理论、问卷与量表等工具开发在教育督导工作中的应用。

（四）督导实施、督导规程和报告撰写等业务知识。

（五）课堂教学、实验教学的观测评估，现代信息技术的应用。

（六）教育督导实践案例。

第二十五条　县人民政府教育督导室建立责任督学培训档案，对参加培训的种类、内容和时间等情况进行记录备案。

第六章　考核

第二十六条　督学考核包括以下主要内容：

（一）督导工作完成情况。包括实施督导、督导报告、督促整改、任务完成和工作总结等情况。

（二）参加培训情况。包括参加集中培训和自主学习等情况。

（三）廉洁自律情况。包括遵守廉政规定、遵守工作纪律和工作作风等情况。

第二十七条　建立责任督学工作绩效考核制度，制定具体的实施方案。考核工作在县教育督导委员会、县教育局党组的领导下，由县人民政府教育督导部门具体负责组织实施。各督学责任区完成辖区内专职责任督学的初评和兼职责任督学的终评；县人民政府教育督导部门承担专职责任督学的终评与兼职责任督学考核的抽查。

第二十八条　责任督学的考核遵循以下原则：

（一）坚持激励性原则。

（二）坚持实事求是、客观公正廉洁原则。

（三）坚持自评、初评与终评相结合原则。

（四）坚持日常考核与年终考核、网上评估与现场考核相结合原则。

（五）坚持定量与定性相结合原则。

（六）坚持突出工作实绩原则。

第二十九条　县人民政府教育督导部门对责任督学考核后形成书面意见，告知本人及所在督学责任区（单位），并存档备案，作为对其使用、培养、评先评优、聘任、续聘、解聘的重要依据。

第三十条　责任督学有下列情形之一的，县人民政府或县人民政府教育督导部门予以解聘：

（一）无正当理由不参加教育督导工作的。

（二）弄虚作假，徇私舞弊，影响督导结果公平公正的。

（三）滥用职权，打击报复，干扰被督导单位正常工作的。

（四）受到行政处分、刑事处罚的。

（五）年度考核不合格的。

第三十一条　责任督学不能正常履行职责须书面请辞，县人民政府或县人民政府教育督导部门于 30 日内批准并向社会公布。

第七章　附则

第三十二条　本办法未尽事宜，依据国家、省、市相关规定，酌情处理。即将出台的《湖南省督学管理办法》有新的规定，以《湖南省督学管理办法》为准。

第三十三条　本办法自 2017 年 7 月 1 日起施行。

2017 年 6 月修订

新化县督学责任区与责任督学绩效考评实施方案

为完善督学责任区与责任督学挂牌督导制度，提高督学责任区及其责任督学的工作成效，根据《教育部关于加强督学责任区建设的意见》《督学管理暂行办法》《新化县督学责任区管理规程》《新化县责任督学管理办法》等政策规章，结合实际，特制定本实施方案。

一、组织实施

考核工作在县教育督导委员会、县教育局党组的领导下，由县人民政府教育督导室具体负责组织实施。各督学责任区完成本单位的自评、专职责任督学的初评和兼职责任督学的终评；县教育督导室承担督学责任区、专职责任督学的终评与兼职责任督学考核的抽查工作。

二、考核原则

1. 坚持激励性原则。
2. 坚持实事求是、客观公正廉洁原则。
3. 坚持自评、初评与终评相结合原则。
4. 坚持日常考核与年终考核、网上考核与现场考核相结合原则。
5. 坚持定量与定性相结合原则。
6. 坚持突出工作实绩原则。

三、考核内容与办法

1. 制定《新化县督学责任区工作绩效考核评估评分细则》《新化县责任督学工作绩效考核评估评分细则》《新化县督学责任区工作满意度调查问卷》《新化县责任督学工作满意度调查问卷》，作为考核评估工具。

2. 建立督学责任区及其责任督学日常工作完成情况和县教育督导室平时抽检情况的台账，作为年度终评的重要依据。

3. 每自然年度组织一次考核，提前公布考核日程；成立考核领导小组与现场评估组，成员原则上由县政府教育督导室人员担任。

四、考核结果运用

1. 考核结果以适当形式进行通报，报送局党组，上报县教育督导委员会和市教育督导室。

2. 作为年度考核评先评优、工作绩效奖发放的重要依据。

3. 作为督学交流、职称评聘、重用提拔的重要依据。

附件:
1. 《新化县督学责任区工作绩效考核评估评分细则》
2. 《新化县责任督学工作绩效考核评估评分细则》

新化县人民政府教育督导室
2018 年 4 月 6 日

附件 1

新化县督学责任区工作绩效考核评估评分细则

第＿＿督学责任区　　　　　　　　自评时间＿＿＿＿＿＿　　　　　考核时间＿＿＿＿＿＿

指标	分值	考核要点	计分办法	自评	县评	考核分
一、组织领导	15分	1. 年初制定督学责任区工作计划，每学期和每年度有工作总结，并在规定时间内上报县教育督导室。4分	缺一项扣2分，迟报一次扣0.2分，缺报一次扣1分（迟于规定时间15天，算缺报）；计划未能实施扣1.5分。			
		2. 每两周召开一次例会，每两周集中组织一次政治、业务学习。4分	每缺一次扣1分；学习内容不丰富每次扣0.2分。			
		3. 按规定要求抓好责任督学的出勤，履行请假手续，实行签到签离和工作去向、请假登记制度。4分	签到签离和工作去向、请假登记未能完整地反映各责任督学的考勤，扣1分，未按规定批假扣2分，有旷工行为扣3分以上。			
		4. 按要求管理好责任区内的兼职督学与教育督导员，组织的工作绩效考核真实有效。3分	不合要求，每项扣1分。			
二、制度建设	15分	5. 坚持贯彻执行教育法律、法规、规章和国家教育方针、政策；所建立的制度符合上级的相关规定，并得到落实。5分	与上级相关规定相抵触的制度视为"无"，未按制度落实每项扣1分。			
		6. 建立与完善《责任区责任督学挂牌督导实施方案》《责任区考勤会议学习制度》《责任区督学岗位职责及工作安排》《责任区财务管理制度》《兼职责任督学考核办法》等基本制度与方案。10分	缺一项扣1分。			
三、队伍建设	15分	7. 建立责任区内专职、兼职督学参加集中培训、网络学习和个人自学相结合的培训制度；制定全员培训规划和年度培训计划。5分	缺一项扣2分。			
		8. 按计划开展培训或选送责任督学参加上级组织的培训，并针对不同培训内容、不同专业或学科开展分类培训，培训模式灵活多样；专职督学每年参加县级以上的培训时间累积不少于40学时。5分	没开展区本培训扣2分；没按要求送培每人次扣0.5分；各责任督学每缺1学时扣0.2分。			
		9. 按要求抓好作风建设与党风廉政建设及其他主题学习教育与活动。5分	没达要求每项扣2分。			

（续表）

指标	分值	考核要点	计分办法	自评	县评	考核分
四、工作规范	30分	10. 责任督学的公示牌悬挂在学校正门口醒目位置；过时的督学公示牌要同时废除。2分	没按要求悬挂扣1分；旧的公示牌没废除扣1分。			
		11. 责任督学每次进校督导，主动出示督学证。3分	当场查到或举报核实，每次扣1分。			
		12. 责任督学每次督导前，责任区或责任督学个人要制订方案，开发评价工具，上报县教育督导室审批与备案；责任督学个人的方案，还需责任区签署意见。5分	没按要求，每次扣2分。			
		13. 每次督导，要积累保存完整的资料：计划—方案—实施过程的详细资料—督导报告或总结—整改跟踪情况记录等。5分	不符合要求，每次扣2分。			
		14. 保质保量按时完成县教育督导室部署的工作。15分	会议迟到1次扣0.5分，没经批准的代会每次扣1分，会议缺席1次扣2分；活动缺席1次扣3分；资料迟报1次扣0.2分，缺交1次扣1分（迟于规定时间15天，算缺报）；工作质量不高酌情扣2~6分。			
五、工作效果	15分	15. 责任区内学校未发生重大安全责任事故。4分	责任区内有学校发生安全责任事故，酌情扣2~4分。			
		16. 加强监督与指导，责任区内学校的办学行为不断规范。3分	多方面综合考核扣0~3分。			
		17. 所督的学校有不同程度的进步，每年督学责任区内有2所左右的薄弱学校有较大改观。4分	没有1所薄弱学校得到改观，扣3分。			
		18. 工作满意度。4分	开展满意度调查，按（1－满意率）×4扣分。			

（续表）

指标	分值	考核要点	计分办法	自评	县评	考核分
六、督导科研	10分	19. 及时报送信息，平均每月上报了一条以上信息；责任督学撰写上报的正反方面典型案例有较大价值，在县以上推广。4分	平均每月上报了一条教育督导信息，记2分，每少1条扣0.5分；每超1条记0.1分；被国家、省、市采用，每条分别记1分、0.5分、0.1分。没上报正反方面典型案例扣1分；得到推广记1分。			
		20. 积极参加县级以上的教育督导论文评选活动。4分	上报了论文，记2分；获省级以上一等奖、二等奖、三等奖分别记2分、1.5分、1分。			
		21. 每三年完成一个县级以上教育督导科研课题。2分	县级、市级、省级以上课题分别记1分、1.5分、2分。			
七、加扣项目		22. 在国家、省、市组织的检查与评估中，根据检查评估结果实行加扣分。	受到国家、省、市书面表扬分别加10分、5分、3分，口头表扬分别加8分、3分、1分；受到书面批评分别扣20分、10分、5分，口头批评分别扣10分、5分、3分。			
		23. 中心工作。	工作出色酌情加1~5分，工作落后酌情扣1~5分。			

附件 2

新化县责任督学工作绩效考核评估评分细则

第___督学责任区　　　　　　责任督学_____　　　　考核时间_____

指标	分值	考核要点	计分办法	自评情况	自评分	初评情况	初评分	考核情况	考核分
一、考勤纪律	10分	1. 遵守考勤制度，无迟到、早退、旷工情况。3分	迟到、早退一次分别扣0.5分，有旷工行为扣3分；没履行请假手续视为旷工。						
		2. 上班时间，不做与工作无关的事。3分	上班时做与工作无关的事，每查到一次扣1分。						
		3. 遵守《中小学校责任督学工作守则》等廉政规定，做到廉洁自律。4分	经举报核实或现场查到，有违反廉政纪律的行为，扣4分。						
二、能力建设	20分	4. 制定自主学习计划，坚持政治学习与业务学习。10分	无计划扣1分，无学习笔记可查扣2分。						
		5. 积极参加责任区以上单位组织的集中培训和开展的提升能力的各种活动。10分	每缺一次扣1分。						
三、工作规范	50分	6. 每年制定一个工作计划上报，并分解成季度、月度计划；每月撰写上报一份随访督导报告；每学期撰写学校管理正反案例各一个并上报；每年撰写一个工作总结、一篇教育督导论文并上报；负责责任区信息工作的督学完成信息报送的基本任务。10分	没达要求每项扣1分。						
		7. 每次进校督导，佩戴督学证。5分	不按要求每次扣1分。						
		8. 每月对所挂牌的5所左右的学校进行一轮随访督导；每月开展一轮推门听课评课（5节以上）。15分	每少一所学校，扣1分；听课评课每少1节扣0.5分。						

（续表）

指标	分值	考核要点	计分办法	自评情况	自评分	初评情况	初评分	考核情况	考核分
三、工作规范	50分	9. 积极参加责任区以上单位组织的专项督导与综合督导，保质保量完成承担的工作任务。5分	没达要求每次扣1分。						
		10. 每季度参加一次经验交流会；每年参加一次述职述廉述法会。5分	每少一次扣1分。						
		11. 设立工作记录本，积累保存好原始资料与统计表格；每次活动有计划—方案—实施过程的详细资料—督导报告或总结—整改跟踪情况记录等。10分	没达要求每项每次扣1分。						
四、工作成效	20分	12. 在所挂牌督导的学校，践行了"让所督学校每次都有新进步"的理念，未发生重大安全责任事故；办学行为不断规范。15分	酌情扣0～15分。						
		13. 工作满意度。5分	开展满意度调查，按（1－满意率）×5扣分。						
		14. 在国家、省、市组织的检查与评估中，根据检查评估结果实行加扣分。	受到国家、省、市书面表扬分别加5分、3分、2分，口头表扬分别加3分、2分、1分；受到书面批评分别扣10分、6分、3分，口头批评分别扣5分、3分、2分。						
		15. 教育督导新闻发表	在国家、省、市、县正规纸质媒体发表每篇分别加5分、4分、3分、1分；在网站发表分别加4分、1分、0.8分、0.3分。						

（续表）

指标	分值	考核要点	计分办法	自评情况	自评分	初评情况	初评分	考核情况	考核分
四、工作成效	20分	16. 督导案例推广	在国家、省、市、县推广分别加 10 分、5 分、3 分、1 分。						
		17. 督导论文发表与获奖	在国家、省、市、县获二等奖以上，分别加 10 分、5 分、2 分、1 分。发表的论文根据报纸杂志相应的级别参照获奖论文加分。						
		18. 教育科研课题研究	主持国家、省、市、县课题，分别加 20 分、15 分、5 分、2 分，参与研究分别加 10 分、5 分、2 分、1 分。						
		19. 中心工作	工作出色酌情加 1~3 分，工作落后酌情扣 1~3 分。						

新化县 2017 年度责任督学挂牌督导工作要点

根据《新化县 2017 年度教育督导工作要点》，特制定《2017 年度责任督学挂牌督导工作要点》。

一、总体思路

以党的十八大和十八届三中、四中、五中、六中全会精神为指导，坚持一个理念：让所督学校每次都有新进步；围绕一个任务：中小学校责任督学挂牌督导创新县的创建申报；强化一个手段：全面提升责任督学的能力；突出一个重点：推进义务教育均衡发展；达成一个目标：全面提高教育教学质量。

二、主要工作与措施

（一）抓督学责任区及责任督学的工作规范，促进挂牌督导工作向深度与内涵发展

1. 建立《新化县督学责任区及责任督学基本工作规范》，指导责任区及责任督学在年初制定好年度挂牌督导工作计划。制定年度挂牌督导计划的主要依据为：《全国中小学校责任督学挂牌督导创新县（市、区）评估认定标准》《新化县督学责任区及责任督学基本工作规范》与本工作要点。要突出国家对挂牌督导的要求：责任督学对负责的每所学校实施经常性督导每月不少于 1 次，责任督学每年度督导工作涵盖所负责每所学校的八项主要事项。

2. 巩固经常性督导，强化专项督导，实践综合督导，尝试与兄弟县市区的督学责任区开展协作督导。

3. 加强对薄弱学校的指导与扶持。确定薄弱学校名单，列出问题清单，每个专职督学要帮助一所薄弱学校取得明显进步。

4. 根据省里即将出台的《中小学校素质教育督导评估实施办法》，做好相应的工作；启动幼儿园办园行为督导评估。

（二）抓挂牌督导信息化建设，加快教育督导技术创新

5. 加强信息化基础设施建设。在县域内逐步建立以网络为基础的责任督学挂牌督导信息系统，对责任督学挂牌督导工作实现信息化管理；逐步通过网络信息系统开展工作部署、信息报送、意见反馈、工作交流、考核评价及网络培训等工作。

6. 利用好湖南教育督导信息化网络平台建设的成果，提升教育督导信息化水平，提高挂牌督导工作成效。

7. 探索在线督导与现场督导相结合的学校督导新模式。

（三）抓义务教育均衡发展，督促政府履行教育职责

8. 各督学责任区监测统计出区域内 2016 年各乡镇义务教育均衡发展差异系数，列出问题清单，制定整改措施，争取 2017 年进一步缩小与标准的差距。

9. 相关专职督学参与对乡镇（场、办）与相关县直部门教育工作督导评估。

10. 各督学责任区具体负责完成乡镇（场、办）教育工作满意度调查。

（四）抓责任督学能力建设，稳步提升督学队伍的专业化水平

11. 强化党风廉政建设，贯彻落实《中小学校责任督学工作守则》《湖南省教育督导人员行为规范》。坚持政治理论学习，积极参加各种学习教育，建立相关的监督机制和奖惩制度，完善督导评估责任制度，规范教育督导评估行为，树立和维护教育督导良好形象。

12. 建立责任督学集中培训、网络学习和个人自学相结合的培训机制。县里组织基础培训每年累计不少于 40 学时，按要求选送责任督学参加市、省、国家组织的提高培训和研修。

13. 开展专职督学评课与开发评估工具等比赛活动，积极组织责任督学参加各级教育行政部门与督导部门举办的相关活动。

14. 根据《全国中小学校责任督学挂牌督导创新县（市、区）评估认定标准》的要求，组织专职责任督学赴全国挂牌督导创新县市区开展学习考察、座谈交流等活动。

15. 借助省、市专家的力量，开展《湖南中小学校责任督学能力建设实证研究》的课题研究。

（五）抓督导评估结果的运用，保障挂牌督导制度稳步发展

16. 修订完善《新化县督学责任区管理规程》《新化县责任督学管理办法》，对责任区及其责任督学开展督导评估形成的评估报告及其意见与建议怎么运用作出明确规定，对责任督学的约谈权限作出规定。

17. 加强对督学责任区及责任督学年度工作绩效的考核，重视考核结果的运用。

附：新化县 2017 年责任督学挂牌督导月工作安排表

新化县人民政府教育督导室

2017 年 1 月

附件

2017 年责任督学挂牌督导月工作安排表

月份	主要工作安排	责任单位（人）
1 月	1. 组织督学责任区、专职责任督学 2016 年度工作述职	督导室
	2. 启动整治教育"三乱"专项督导	督导室　责任区
	3. 制定《新化县 2017 年责任督学挂牌督导工作要点》	督导室
2 月	1. 完善相关制度	督导室　责任区
	2. 开展春季开学专项督导	督导室　责任区
	3. 组织科研课题申报立项	督导室　责任区
	4. 组织责任督学座谈研讨会	督导室　责任区
3 月	1. 拟稿《关于进一步加强教育督导工作的意见》	督导室　办公室
	2. 召开全县教育督导工作会议	督导室　责任区
	3. 组织责任督学新一轮集中培训	督导室　责任区
	4. 责任督学听课评课比赛	督导室
	5.《教育督导工作手册》定稿	督导室
	6. 建立教育法规与规章考试题库、命题	督导室
4 月	1. 组织责任督学外出学习考察交流	督导室
	2. 乡镇（场、办）中心小学办学水平综合督导评估	督导室　责任区
	3. 责任督学挂牌督导工作经验交流会	督导室　责任区
5 月	1."三考"复习迎考工作专项督导	督导室　责任区
	2.《教育督导工作手册》成书	督导室
6 月	1. 职业中专学校招生工作专项督导	督导室　责任区
	2. 参加高考、高二与初三初二学考工作	各责任督学
	3. 乡镇教育工作满意度调查	督导室　责任区
7 月 ~ 8 月	1. 召开责任督学挂牌督导工作经验交流与总结会议	督导室
	2. 申报"全国中小学校责任督学挂牌督导创新县"	督导室　责任区
	3. 规范办学行为随访督导	各责任督学
	4. 选送专兼职责任督学参加省里组织的督学专业能力提升培训等相关培训	督导室　责任区
	5. 组织幼儿园督导评估工具开发竞赛	督导室
9 月	1. 2017 年秋季开学专项督导	督导室　责任区
	2. 责任督学县级集中培训，选送相关人员参加省里组织的督学岗位能力提升培训	督导室　责任区

（续表）

月份	主要工作安排	责任单位（人）
10 月	1. 县内挂牌督导经验交流会	督导室 相关责任区
	2. 责任督学县外学习考察座谈交流	督导室
	3. 组织新化县教育科研工作（校长科研领导力）专项调研与督导	督导室 责任区
11 月	1. 创"全国中小学校责任督学挂牌督导创新县"，迎市、省验收	督导室 责任区
12 月 ~ 2018 年 1 月	1. 参与乡镇（场、办）与相关县直部门教育工作督导评估	督导室 责任区
	2. 组织挂牌督导经验交流会暨挂牌督导工作总结会议	督导室
	3. 组织相关考核及责任督学述职述廉述法会	督导室
	4. 研究部署 2018 年挂牌督导工作	督导室

说明：①挂牌督导常规性的工作没有列入本表，如责任督学每月的随访督导、群众举报、投诉的调查核实等；②未尽事宜、临时性工作、中心工作或上表的安排有变化，另行安排与通知。

新化县责任督学赴新晃、芷江学习考察方案

为贯彻落实《关于进一步加强中小学校督导评估工作的意见》（国教督办〔2012〕3号）等文件提出的要求：各级教育督导机构要加强督学能力建设，通过专业培训、定期考核及交流研讨等多种形式，提高督学的理论和业务水平。根据《新化县 2016 年度责任督学培训计划》的安排，新化县特组织专职责任督学赴责任督学挂牌督导创新县——新晃、芷江学习考察交流。为保证本次活动有序有效开展，特制定本方案。

一、学习考察时间与日程

2016 年 5 月 3 日—5 日（周二至周四），共计 3 天。

5 月 3 日上午 8 点整统一从教育局乘专车（一辆班车）出发，大约 4 个小时的车程，抵达新晃，就中餐，确定住宿地点。下午 3：00—5：00，听取新晃县教育督导室的经验介绍与工作指导、咨询相关问题、学习各种管理制度等；6：00 晚餐；7：00—8：00 以责任区为单位组织研讨。

5 月 4 日上午 8：00—12：00，观摩新晃县一个督学责任区的办公室建设与制度建设，听取经验介绍，分两组观摩该督学责任区责任督学对一所学校的随访督导。中餐后，赶赴芷江，确定住宿地点。下午 3：00—5：00，听取芷江县教育督导室的经验介绍与工作指导、咨询相关问题、学习各种管理制度等；6：00 晚餐；7：00—9：00 以责任区为单位组织研讨。

5 月 5 日上午 8：00—12：00，观摩芷江县一个督学责任区的办公室建设与制度建设，听取经验介绍，观摩该督学责任区责任督学对一所学校的专项督导。中餐后返程。

二、学习考察人员

本次学习考察，共计 28 人参加。

曾录泉，新化县教育局党组人员，新化县人民政府主任督学，新化县人民政府教育督导委员会专职副主任，娄底市教育督导评估专家，本次学习考察带队领导。

肖凯文，新化县人民政府副主任督学，新化县教育督导委员会专职委员，娄底市督学，湖南省示范性普高网上督导评估专家。负责联系芷江、新晃教育督导部门。

周龙泽，新化县教育局人教股副股长、语委办主任，娄底市督学。负责学习考察全面工作。

彭育国，新化县教育督导室干部，娄底市督学。负责撰写学习考察报告。

新化县教师进修学校 2 人，负责后勤保障。

专职责任督学 21 人（其中主任 7 人，副主任 14 人）。

司机 1 名。

三、学习考察内容

（一）两县的教育督导体制机制建设。

（二）两县对辖区内县属学校、乡镇中心学校年度工作绩效考核。

（三）两县督学责任区建设与管理。

1. 督学责任区机构设置与级别；

2. 督学责任区的数量、规模与效益，运转经费的安排与管理；

3. 专职责任督学的编制、岗位设置、职称评聘的处理；

4. 专兼职责任督学岗位补贴安排及依据；

5. 督学责任区及其责任督学的考评机制；

6. 督学责任区与教育局机关股室、所在地中心学校的关系处理；

7. 督学责任区随访督导、专项督导规程，现场观摩随访督导或专项督导等。

（四）两县的"督政"安排与实施，各类督导评估结果的运用。

（五）教育督导信息化建设与教育督导科研等相关工作。

四、学习考察经费预算

一辆班车 3 天租车费 4800 元，4 个讲座费 4000 元，28 人三天两晚餐宿费 16800 元，合计 25600 元。

五、学习考察要求

1. 各考察人员必须遵守作息时间，服从统一安排，做好信息收集。非特殊情况不得缺席。

2. 各考察人员必须以饱满的精神状态、谦虚的求学态度、良好的职业形象投入学习考察之中，不得从事违规违法活动，不得做有损新化教育形象的事。

3. 学习考察结束后，以督学责任区为单位撰写考察报告，在 5 月 8 日前上报县教育督导室；县教育督导室的考察报告在 5 月 10 日前上报局党组。

新化县教育局

新化县人民政府教育督导室

新化县教师进修学校

2016 年 4 月 19 日

第六章　督导评估工具开发

新化县2017年初中、高中学考和高考复习迎考专项督导方案

根据《教育部关于进一步加强中小学校督导评估工作的意见》《国务院教育督导委员会办公室关于中小学校责任督学挂牌督导办法》及《中共新化县教育局党组议事规则》等文件的规定与要求，新化县人民政府教育督导室为落实全县2016年教育教学质量分析暨2017年"三考"备考工作动员会精神，决定在5月份组织各督学责任区对全县初中、高中学校复习迎考工作开展专项督导。为保证本次专项督导的有序有效进行，特制定本方案。

一、专项督导时间

2017年5月9日至5月24日（双休日照常休息）。在校督导时间，规模小的学校一般半天，省、市示范性高中与完全中学及规模较大的初中一般一天。

二、专项督导对象

县域内所有初中学校（含九年一贯制学校）、高中阶段学校（含完全中学），其中五中、六中、水车中学、十一中、十二中、十六中由所在的督学责任区负责；对工职中专学校将组织一次综合督导。

三、专项督导内容

（见附件1-3）

四、专项督导组织

由各督学责任区根据县人民政府教育督导室制定的专项督导方案组织实施。各督学责任区成立专项督导小组，主要由3名专职督学组成，具体到某个乡镇中心学校，把该乡镇中心学校的教育督导员（基本上是兼职督学）纳入督导小组，参与对该乡镇所辖学校的专项督导。各督学责任区根据专项督导时间、需要督导的学校所数与专项督导内容，合理分工，制定科学的实施方案，在实施专项督导前上报县教育督导室备案。县教育督导室安排观察员全

程考察与指导各督学责任区对某个学校的专项督导。

五、专项督导程序与方式

县人民政府教育督导室委托各督学责任区提前一周向所有被专项督导学校公开方案，各督学责任区在规定的时间段内完成辖区内范围学校的专项督导。

督导小组在上午或下午第一节课前必须赶到要督导的学校，先不听汇报，统筹安排推门听课、巡课、查阅资料、组织师生问卷调查等活动，督导小组成员在每所学校至少推门听课一节；在每所学校完成专项督导内容后，督导小组集体汇总，形成督导初步意见；组织反馈交流会，督导小组组长宣读督导初步意见，被督导学校负责人补充情况，对存在的问题作表态发言。

六、专项督导规定与要求

1. 被督导学校及其工作人员对各责任区实施的专项督导应当积极配合，不得拒绝和阻挠。根据专项督导内容整理好资料，组织好自评，撰写好自评报告。

2. 督导小组到学校实施专项督导，不得影响学校正常的教学秩序；应当客观公正地反映实际情况，不得隐瞒或者虚构事实；如有督学是被督导学校主要负责人的近亲属或者有其他可能影响客观公正实施教育督导情形的，应当回避。

3. 督导小组对每个专项督导的学校要形成一份专项督导意见书，以责任区为单位，形成一个整体的专项督导报告。

4. 督导小组在实施专项督导中，注意收集好的案例：学校管理教育质量的案例、学生刻苦学习和讲究学习方法的案例、教师先进的教学方法案例等。

5. 专项督导评估结果作为各县属学校与乡镇中心学校 2016—2017 学年度工作绩效考核中教育教学常规考核的依据。

6. 督导小组在实施专项督导时，必须遵守《中小学校责任督学工作守则》，保持清正廉洁的好作风。

附件：

1. 《新化县 2017 年初高中学考、高考专项督导指标》

2. 《新化县 2017 年初高中学考、高考复习迎考专项督导学校满意度调查问卷（学生问卷）》

3. 《新化县 2017 年初高中学考、高考复习迎考专项督导学校满意度调查问卷（教师问卷）》

新化县人民政府教育督导室

2017 年 4 月 26 日

附件 1：

新化县 2017 年初高中学考、高考专项督导指标

专项督导学校：　　　　　　　　　　专项督导时间：

指标	计分要点	检查情况摘要	得分
一、校容校貌（5分）	1. 校容整洁，无卫生死角，记5分；2. 出现脏乱差现象，酌情扣分，相当严重的，该项记0分。		
二、校园文化（10分）	1. 校园内有激励性标语，记2分；2. 有学考、高考方面的知识板报，记3分；3. 坚持开展"国旗下的讲话"活动，每周有主题，学校主要领导积极参与，对学生进行做人、励志、爱校等方面的教育，记5分。		
三、会议落实（10分）	1. 县会议后，学校及时召开相应的行政会、教师会、学生会，各记1分；2. 在学生会上或专门召开会议对学生进行考试心理辅导，讲座存档，记2分；3. 完善了提高教学质量的措施，记3分；措施行之有效，记2分。		
四、制度建设（5分）	1. 有教育局批准的学校教学质量奖惩方案，记3分；2. 学校对教育教学常规做出了具体的要求，记2分。		
五、领导垂范（10分）	1. 学考、高考班级安排了蹲点领导，记2分；2. 每位蹲点领导在蹲点班级听课10节以上记6分，每少1节扣0.5分，扣完6分为止；3. 有领导在学考、高考年级任课，记2分。		
六、教学管理（10分）	1. 每天有课堂教学的检查与记录，记2分；对异常情况进行了处理，记1分，效果好记2分；2. 每月检查教师教学计划的执行情况，对教师的备课、作业布置与批阅、辅导、质量检测等有检查记录，记3分；有评比总结，记2分。		

（续表）

指标	计分要点	检查情况摘要	得分
七、教学研究（10分）	1. 每月以教研组为单位，开展了学科教学研究，记6分，缺一次扣1分；2. 开展了复习示范课等活动，记4分。		
八、培优补差（10分）	1. 学校有完整的培优补差方案，记2分；2. 各班有具体的名单与措施，记2分，有他们的成长记录，记3分；3. 大部分学生建立了典型问题的纠错本，记3分。		
九、课堂教学（30分）	督导小组每个成员推门听课一节（不听同一节课）、适当巡课，根据教师课前准备充分程度、师生精神状态、学生思维活跃程度与学生听课率高低来确定A、B、C、D四个等级；A等记26～30分、B等记21～25分、C等记18～20分、D等记15～17分。组内再取平均分。		
十、学生学校满意度	随机抽取学考、高考年级学生40名参与问卷调查。（供评价学校参考）		
十一、教师学校满意度	随机抽取学考、高考年级的教师参与问卷调查。（供评价学校参考）		
总得分			

第＿＿督学责任区　　　督导小组成员签名：

附件 2：

新化县 2017 年初高中学考、高考复习迎考专项督导
学校满意度调查问卷（学生问卷）

亲爱的同学：

　　你好！非常感谢你参与我们的调查。调查的目的主要是了解你对学校管理与教师教学的满意程度，以利于帮助学校总结成绩与经验，促进学校不断进步，为同学们的健康成长提供更好的学习生活环境。调查不记名，请你回答真实的想法。谢谢你的支持与配合！

新化县人民政府教育督导室

年　　月　　日

　　温馨提示：本问卷分为两个部分：第一部分为学校满意度调查，一共为十道选题，请按提供的选项选择你认为最适合的一个答案打"√"；第二部分为你对学校的建议。

一、学校满意度调查

选题要点	我的满意情况					不清楚
	非常满意	满意	基本满意	不满意	很不满意	
一、校长亲切友好，国旗下的讲话、其他场合的讲话鼓舞人心						
二、食堂饭菜卫生营养可口						
三、学校心理健康教育落到实处，学生考试焦虑得到有效消除						
四、学校管理能力强，一切教育教学工作有序进行						
五、任课教师从没迟到、早退、缺课						
六、任课教师课前准备充分，关注全体学生，同学们听课率高，课堂效率高						
七、任课教师作业设计与布置精当，及时批阅，教师的批阅对我们有启示；对同学的培优补差落到实处						
八、经常有领导与教师来班里听课。						
九、同学团结友爱，学习小组合作学习，共同提高						
十、学校经常开展有益学生身心健康的各种主题活动，学校生活很快乐						

二、你最希望学校在哪些地方做得更好一些?

附件 3：

新化县 2017 年初高中学考、高考复习迎考专项督导
学校满意度调查问卷（教师问卷）

各位教师：

　　您好！非常感谢您抽出时间参与我们的调查。本调查的目的主要是了解您对学校办学状况的满意程度，从而为总结与推广办学经验，解决学校管理与教育教学中存在的问题，促进学校改革与发展提供有价值的意见与建议。调查不记名，您客观真实的回答十分重要。谢谢您的支持与配合！

新化县人民政府教育督导室

年　月　日

　　温馨提示：本问卷分为两个部分：第一部分为学校满意度调查，一共为十道选题，请按提供的选项选择您认为最适合的一个答案打"√"；第二部分为您对学校的建议。

一、学校满意度调查

选题要点	我的满意情况					不清楚
	非常满意	满意	基本满意	不满意	很不满意	
一、校长拥有先进的办学理念，管理能力强，实施民主管理，学校工作有序有效开展						
二、学校坚持以教学为中心，教师会议以安排、落实教学工作为主						
三、学校管理制度健全，《学校教学质量奖惩办法》能调动广大教师的工作积极性						
四、学校领导率先垂范，按要求担满教学工作量，带头开展教研教改活动						
五、学校重视师德师风建设，开展的主题教育活动深受教师喜爱						
六、学校重视教师的培养培训，校本培训能促进教师的成长						
七、学校教研制度健全，教学研究、集体备课等活动扎实有效开展						
八、学校教师之间团结友好，合作互助，教师自主学习风气浓厚。						
九、学校重视以抓教风、学风、校风为核心的文化建设						
十、学校为教师营造了良好的人文环境，教师有较高的职业生活幸福感。						

二、您认为学校管理在哪些方面最需要变革？

新化县督学责任区 2017 年 9 月随访督导方案

为贯彻落实《中小学校责任督学挂牌督导办法》《中小学校责任督学挂牌督导规程》，根据《全国中小学校责任督学挂牌督导创新县（市、区）实地核查工作手册》《新化县督学责任区及责任督学基本工作规范》《新化县 2017 年责任督学挂牌督导工作要点》，特作如下安排。

一、组织领导

本月随访督导，由县教育督导室作出统一安排，各督学责任区组织专职、兼职责任督学具体实施。

二、督导目标

通过本次全面高质量的随访督导，让各位责任督学了解、掌握挂牌学校的基本办学条件、办学理念与办学行为，确定所挂牌督导学校的发展基础与努力方向，明确监督与指导服务的重点和方向，提高随访督导的实效性。

三、督导重点

1. 核查办学条件，建立挂牌督导学校基本办学条件档案。

2. 了解学校的办学理念与工作思路，发现有价值的管理制度。

3. 督查课程开设情况，国家课程是否开齐开足，是否落实地方课程和校本课程，课程表编排是否科学，作息时间安排是否合理，学校教育教学工作能否正常开展。

4. 对 2016—2017 学年度在校学生巩固率进行监测；了解挂牌学校招生区域内的适龄儿童或适龄少年是否全部入学；高中阶段学校是否完成招生计划，是否按计划按志愿招生。

5. 通过巡课、推门听课，了解课程表的落实和课堂教学改革情况。

6. 了解与指导学校开展教育教学常规工作检查评价。

7. 了解学校安全隐患排查情况，排查新的安全隐患。

8. 核查学校收费情况，查看永久性的收费公示牌。

四、工作要求

1. 查看责任督学公示牌悬挂情况，进校督导主动出示督学证。

2. 遵守《中小学校责任督学工作守则》，进校督导不影响学校正常的教学秩序。

3. 集中精力，积极主动创造性地开展工作，按要求保质保量完成随访督导重点事项，填好表格，做好记录。

4. 做好与挂牌督导学校的交流反馈工作，一般问题由责任督学向学校提出整改建议，并跟踪落实情况；重大问题形成书面报告，由督学责任区主任签署意见后，报县教育督导室，再由县教育督导室向相关部门与学校发出《整改通知书》。

5. 原始督查表册（附件1～附件3）一式两份，一份留学校，一份存督学责任区；每个责任督学按要求制定好随访督导计划表（附件4，与备案表合二为一），随访督导开始前报责任区、县教育督导室审批；随访督导结束后，撰写随访督导报告（附件5），于10月10日前上报县教育督导室。

6. 本次随访督导工作完成情况计入督学责任区及责任督学工作绩效考核，随访督导结果作为教育行政部门相关指标监测和决策依据。

7. 交通等相关费用的支付，按相关规定处理。

附件：
1. 新化县中小学办学条件核查记录表
2. 新化县督学责任区 2017 年 9 月随访督导事项记录表
3. 新化县中小学 2016—2017 学年度巩固率监测统计表
4. 新化县责任督学每月随访督导计划表
5. 新化县责任督学随访督导报告

新化县人民政府教育督导室
2017 年 8 月 28 日

附件 1

新化县中小学办学条件核查记录表

学校：　　　　　类别：　　　督查时间：　　　　责任督学：　　　　校长签字：

项目	具体情况
办学规模	共有年级____个，班级____个，学生____人；平均班额____人，最高班额____人；全校寄宿生____人。
师资状况	按编制标准应配_____人，实配_____人，教师平均年龄_____岁；男女教师比_____，师生比为____。音体美师资配备情况_____。解决师资短缺的途径_____。
校园建设	校园面积____m²，生均____m²；建筑面积____m²，其中教学用房面积____m²，生均____m²；绿化面积____m²，绿化覆盖率____%。
实验教学设备设施	仪器室____间，准备室____间，仪器设备总值_____万元，达____类标准；实验室____间。
现代教育技术装备	专用多媒体教室____间，具有多媒体教学系统的学生教室____间，电子白板____块；专用计算机教室____间，共有计算机____台；宽带网络进校园（是　否），数字化广播系统（有　无），建有网络学习空间（有　无），学生教室视频监控系统（有　无），校园视频监控系统（有　无）。
图书装备	独立图书馆（有　无），图书室（有　无），阅览室（有　无），总藏纸质图书_____万册，价值_____万元，生均____册。
体育设施	田径运动场（有　无），为____米跑道，篮球场____个，排球场____个，羽毛球场____个，乒乓球台____个，室内运动场（有　无）；体育器材室____间，体育器材总价值达____万元，器材配备达____类标准。
音美卫设施	专用音乐教室____间，专用美术教室____间，专用卫生室____间，心理健康教育室____间；设备总值达_____万元。
后勤设施	学生公寓（宿舍）____栋，床位____个；学生食堂____个，有____个餐位，是否保障寄宿生用餐（是　否），是否个人承包（是　否）；校园内有商店____个，按要求办理手续（是　否），经营方式_____；学校水电保障（是　否），水源_____。
其他	
备注	

　　说明：①在空白处填上数字或文字，在相应的"有、无、是、否"后面打"√"；②学校有表中没有涉及的项目，请填在"其他"栏目里，需要说明的请在"备注"栏目里作出说明。

附件 2

新化县督学责任区 2017 年 9 月随访督导事项记录表

学校：　　　　　督查时间：　　　　　责任督学：　　　　　校长签字：

督导事项	具体情况
办学理念	
办学思路	
工作计划	提供的学校工作计划贯彻办学理念与办学思路（好　较好　一般　不能），统领学校发展，指导学校各项工作（好　较好　一般　不能）。
制度建设	有价值、能实现有效管理的制度有：
课程计划	音体美开设情况：　　　　　　　　　校本课程名称： 功课表的编排（科学　一般），学生的睡眠时间：
课堂教学	教师按学校课表的安排上课（是　否），临时调课，教务处有安排记录（是　否）；学生整体听课率（高　较高　一般　较低）；学校课堂教学改革情况：
常规检查	学校对部门工作计划、班主任工作计划、教师教学计划、教师教案组织检查（是　否），并做了质量评价，在检查表上能看出质量高低（是　否）。
2016—2017 学年度巩固率监测及招生工作	学年度巩固率达　　%，招生区域内适龄儿童入学率达　　%，小学六年级升初一比率达　　%；小一入学年龄控制在规定范围内（是　否），招生计划完成情况： 　　　，是否存在违规招生行为（是　否）。
安全工作	上好了安全第一课（是　否），组织了安全隐患排查（是　否）。 安全隐患整改情况： 新的安全隐患有：
收费工作	严格执行收费文件（是　否），有规范的永久性的收费公示牌（是　否）。
经验与特色	
主要问题及建议	

说明：在空白处填上数据或文字，在相应的选项后面打"√"。

附件 3

新化县中小学 2016—2017 学年度巩固率监测统计表

学校	2016年9月定案人数	2017年上期毕业人数	转出人数	病休人数	死亡人数	转入人数	复学人数	2017年下期招生人数	2017年9月应到人数	2017年9月实到人数	辍学人数	年辍学率（%）	年巩固率（%）
	1栏	2栏	3栏	4栏	5栏	6栏	7栏	8栏	9栏	10栏	11栏	12栏	13栏

说明：①巩固率标准：两项督导评估规定小学六年巩固率达97%，初中三年巩固率达96%，县中等职业学校在校生年巩固率达95%以上；建设教育强省监测指标，九年义务教育巩固率达97%以上，中职在校生三年巩固率达80%以上。②9栏＝1栏－（2栏＋3栏＋4栏＋5栏）＋（6栏＋7栏＋8栏），11栏＝9栏－10栏，12栏＝11栏/9栏，13栏＝1－12栏或10栏/9栏。

附件4

新化县责任督学每月随访督导计划表

第____督学责任区　责任督学_____　　____年___月

一、随访督导学校

二、随访督导重点任务

三、随访督导方式方法

四、随访督导日程安排

五、随访督导经费预算

六、随访督导预期目标

督学责任区意见：

县教育督导室分管经费领导意见：

县教育督导室分管责任区领导意见：

县教育督导室主任审批意见：

附件 5

新化县责任督学随访督导报告

第____督学责任区　责任督学_____　_____年___月

一、所督学校所督事项基本情况

二、重点任务完成情况及目标达成度

三、典型经验及案例

四、突出问题及案例

五、当场建议整改的问题

六、提交督导室发《整改通知书》的问题（发现有时效性的重大问题，特别是安全问题，必须及时报告县教育督导室）

督学责任区意见：

新化县乡镇（场、办）中心小学督导评估方案

为贯彻执行国务院《教育督导条例》、教育部《关于进一步加强中小学校督导评估工作的意见》，根据《新化县"十三五"中小学、幼儿园督导评估规划》，经县教育局党组同意，县人民政府教育督导室特组织对中心小学层次的学校进行督导评估。为确保督导评估工作的有序有效开展，特制定本方案。

一、督导评估目标与任务

1. 促进各中心小学规范管理、科学发展，充分发挥示范引领作用。

2. 促进全县城乡义务教育均衡发展，监测全县中心小学均衡发展水平。

3. 了解乡镇（场、办）政府、中心学校对中心小学的建设与管理情况，督促政府、中心学校进一步加强对中心小学的建设与管理，增强中心小学在当地的示范引领作用。

4. 提升责任督学综合督导评估的能力与水平。

二、督导评估学校安排

每个乡镇（场、办）中心小学（含九年一贯制学校的小学部）；上渡办中心学校所辖的铁牛小学、明德学校小学部；上梅镇中心学校所辖的一小、二小、三小、四小、五小；县属九年一贯制学校的小学部；共计36所。九年一贯制学校根据《义务教育均衡发展数据测算》，将教学及辅助用房面积、体育运动场馆面积、教学仪器设备值、计算机台数和图书册数按"小学生∶初中生＝1∶1.1"进行拆分统计评估。

三、开发督导评估工具的依据

根据《教育部关于印发〈义务教育学校管理标准（试行）〉的通知》（教基一〔2014〕10号）和《湖南省教育厅关于印发〈湖南省义务教育学校办学标准〉的通知》（湘教发〔2016〕4号）及新化县教育局中小学管理的相关规定，编制评估细则、课堂教学评价量表、师生满意度调查问卷等评价工具。

四、督导评估的方式方法

现场督导评估，采取观察校园与课堂、听取汇报、查阅资料、查看办学设施设备、随堂听课、随机抽查学生的实验操作技能、师生访谈、座谈、学校满意度调查、访问校园网等方式方法。每校听课9节以上，基本覆盖小学阶段各个年级、所有课程及老、中、青三类教师。

五、督导评估的组织

（一）县教育督导室组织。分设 7 个评估组，每个组评估 5～6 所学校。每个评估组安排 5 人，设首席专家 1 名（履行组长的职能），原则上由教育局领导或督导部门领导担任；评估专家 4 名，由市、县督学与评估专家、责任督学组成。

（二）县教育督导室委托督学责任区组织。各督学责任区 3 名专职督学，另选调 2 名兼职督学，组成评估组，督学责任区主任任组长，组织评估责任区内的学校。第七督学责任区评估第六督学责任区其中的五所学校，由两个督学责任区协商确定和科学统筹安排评估日程。各督学责任区开展评估前要制订详细的方案报县教育督导室，县教育督导室在中心小学督导评估实施期间，派出观察员进行监督、考核、指导与服务。

六、督导评估规程

1. 公布方案。县教育督导室适时向相关县属学校、乡镇（场、办）中心学校公布《新化县乡镇（场、办）中心小学综合督导评估方案》。

2. 学校自评。各受评学校根据《新化县乡镇（场、办）中心小学综合督导评估细则》搞好自查自评，准备好自评报告、自评分统计表、汇报材料。

3. 组织培训。督导评估实施前，组织评估专家业务培训。

4. 日程安排。县教育督导室提前 10 天发布督导评估通知，提前 2 天通知受评学校。每所学校督导评估时间安排 2 个工作日。各评估组在上午第一节正课前赶到学校。

第一个工作日上午：督导评估组全体成员用 40 分钟左右的时间听取学校自查自评情况汇报；在校内醒目处公布督导评估组的对外联系电话，收集对学校、教师、当地党委、政府、有关部门及督导评估组成员的意见、建议等有关信息；查阅档案资料；随堂听课（学校为每位专家提供作息时间表、课程表、教师基本信息及任课情况表）；核查办学设施设备；个别走访等。

第一个工作日下午：随堂听课；查阅档案资料；组织师生满意度调查；考核学生实验操作技能等。

第二个工作日上午：督导评估组汇总情况，对受评学校的自评报告、现场考察情况和公众的意见进行评议，初步形成督导评估意见等。

第二个工作日下午：督导评估组向受评学校、中心学校、当地党委、政府反馈初步督导评估意见。

督导评估汇报会，会标定为"××（学校全称）督导评估汇报会"；会议由受评学校一位校级领导主持；参加会议人员为督导评估组全体成员，当地党委、政府分管教育的领导，中心学校全体成员，受评学校中层以上干部。

督导评估情况反馈会，会标定为"××（学校全称）督导评估意见反馈会"；会议由评估组副组长主持；与会人员与"汇报会"相同。督导评估组的反馈意见定为"××（学校全称）督导评估意见"，其篇幅以 3000～3500 字为宜。督导评估意见反馈后，受评学校、中心学校主要负责人、当地党委、政府分管教育的领导应作表态发言。受评学校可以进行申辩，或补充成绩与特色，并在 10 日内书面报给县教育督导室，县教育督导室派人进行核实。

上梅镇与上渡办事处接受评估的学校较多，可以统筹安排汇报会与反馈会的方式或与会人员。

中心小学的督导评估，根据实际需要，可按 3～5 年一轮开展。

七、督导评估结果运用

1. 督导评估结束 15 日内，县教育督导室根据督导评估组的初步意见，综合分析受评学校的申辩意见，形成正式督导评估意见。寄发受评学校、中心学校、当地政府，报送县教育局、县人民政府、市教育督导室，在县教育督导网站发布。

2. 推广先进的办学经验。

3. 纳入乡镇（场、办）中心学校、相关县属学校年度工作绩效考核。

4. 对教育局党组提出奖惩建议，对有关负责人进行约谈。

5. 测算全县中心小学均衡发展差异系数。

八、督导评估纪律与安全要求

1. 实施督导的评估专家是被督导学校主要负责人的近亲属或者其他可能影响客观公正实施教育督导情形的，应当回避。

2. 督导评估组要严格执行工作纪律和廉政纪律。工作要细致深入，计分要客观准确，定性的评估内容打分要集体研究。督导评估组成员不得接受红包礼金和其他馈赠，不得参加与督导评估工作无关的活动，不得因督导评估影响学校正常的教学秩序。

3. 受评学校要积极配合督导评估组的工作，向督导评估组提供一切真实的情况。

4. 遵守各项安全规定，加强安全防范，坚决杜绝一切安全事故发生。

附件：

1.《新化县乡镇中心小学督导评估细则（试行）》

2.《新化县乡镇（场办）中心小学督导评估对学校满意度调查问卷（学生问卷）》

3.《新化县乡镇（场办）中心小学督导评估对学校满意度调查问卷（教师问卷）》

附件 1：

新化县乡镇中心小学督导评估细则（试行）

学校：　　　　　　　　　　　　评估时间：

一级指标	评估要点	分值	计分办法	学校自评	评估组核实情况与评分
一、校园规划10分	1. 整体布局。①校园布局合理，分区明确，整体协调；②各类建筑安全适用美观，环境优美舒适；③无 D 级危房；④有校门和围墙。	2	有 D 级危房，此项记 0 分，无围墙扣 1 分。		
	2. 生均占地面积。学校规模 12 个班以下、12 个班以上、18 个班以上、24 个班以上、30 个班 ~ 45 个班，生均占地面积分别达 22.00、18.79、17.57、15.45、14.68 平方米。	1	每低 1 平方米扣 0.1 分。		
	3. 校舍建设。①学校规模 12 个班以下、12 个班以上、18 个班以上、24 个班以上、30 个班以上，生均校舍建筑面积分别达 7.4、6.6、5.8、5.4、5.2 平方米；②为师生提供安全饮用水和洗手设施；③厕所按女生每 13 人、男生每 30 人设置一个蹲位；④实施营养改造计划的学校，有满足正常需要的食堂，生均食堂建筑面积不低于 1.5 平方米；⑤寄宿制学校有满足正常需要的宿舍与床位，生均宿舍建筑面积不低于 3 平方米。	4	有面积要求的，每低 1 平方米扣 0.1 分，其他不达要求，每项扣 0.5 分。		
	4. 体育场地。①办学规模 18 个班以下，有 60m 直跑道田径场，18 个班以上，有 200m 环形跑道田径场；②每 10 个班有 1 个篮球场或排球场；③有一定数量的乒乓球台。	2	不达要求，每项扣 0.5 分。		
	5. 校园绿化覆盖率。加强学校绿化美化工作，校园绿化覆盖率达 30% 以上。	1	每少 5 个百分点扣 0.2 分。		

（续表）

一级指标	评估要点	分值	计分办法	学校自评	评估组核实情况与评分
二、条件装备10分	6. 实验设备设施。①有专用的科学仪器室与实验室；②仪器设备达到配备要求；③实验开出率达到科学课程标准要求。	2	不达要求，每项扣0.5分。		
	7. 教育信息化。①有多媒体教室、计算机教室（应同时具有视听功能）和校园广播系统；②通宽带网络并实现优质资源班班通；③计算机台数基本上能满足上课学生1人1机教学需要；④配备基本的信息技术教育设备。	2	不达要求，每项扣0.5分。		
	8. 专用教室和公用教学用房。①学校应根据课程标准和办学规模，配备音乐、美术、劳动技术等专用教室以及图书室（馆）（包括藏书室、阅览室）、体育活动室（馆）、心理咨询室、卫生室或保健室、社团（少先队）活动室、综合档案室等公共教学用房，根据办学需要设置办公用房和生活服务用房；②配备基本的体卫艺器材。	4	每少一种功能室扣0.5分，缺基本的体卫艺器材扣1分。		
	9. 图书资料配备与使用。①学校生均藏书量达25册以上；②每年新增图书比例不少于藏书量标准的1%；③每学期学生借阅总人次达学生总数的2倍以上；④为教师配备必要的教学参考资料与工具书，每年订阅教育报刊6种以上。	2	图书每少一册扣0.1分，教育报刊每少一种扣0.1分，无新增图书扣0.5分，图书借阅人次没达要求酌情扣0.1~1分。		
三、队伍建设10分	10. 领导班子。①校长符合任职条件，近5年至少参加过一次县级以上的岗位培训；②领导班子年龄、学历、专业结构合理，团结务实，廉政勤政，治理能力强；③所有行政领导均兼课。	2	校长近5年没参加岗位培训，扣1分，领导班子结构不合理扣0.5分，行政领导没兼课每人次扣0.5分。		
	11. 专任教师与辅助人员。①按照县城1:21、乡镇1:23的编制标准和学科要求配备合格的专任教师，语文、数学、外语、品德与社会、科学、音乐、美术、体育与健康等学科须有专任教师，其他学科可由经过相关专业培训的教师兼任；②有确定重点培养的骨干教师；③学校至少要配备一名专职或兼职心理健康教育教师；④根据实际需要配备一定数量的保健与保安人员；⑤寄宿制学校还应配备专门的生活辅导老师。	2	不达要求，每项扣0.4分。		

（续表）

一级指标	评估要点	分值	计分办法	学校自评	评估组核实情况与评分
三、队伍建设10分	12. 师德师风。①贯彻落实《中小学教师职业道德规范》，建立了本校师德师风建设的长效机制，学校全体教师具有较强的荣誉感和责任感，精神状态好；②加强修养，为人师表，关爱学生，无歧视、侮辱、体罚或变相体罚学生现象，无有偿补课、家教家养现象；③无校外兼职兼课以及为培训机构组织生源等现象；④无违纪违法行为；⑤学校将师德考核作为教师考核、职称评定、评先评优的首要内容。	3	不达要求，每项扣0.6分。		
	13. 教师专业发展。①建立教师自主学习、校本培训、上级研修相结合的培训机制，培训工作有计划、有措施，培训形式多样，内容全面，注重实效；②学校领导与教师坚持做读书笔记；③培养青年教师、骨干教师、学科带头人有切实措施，学校有乡镇级以上骨干教师或学科带头人；④所有教师能够使用普通话和规范汉字，运用信息技术开展教育教学工作；⑤学校安排了教师培训专项经费，有落实每位教师五年不少于360学时的培训措施；⑥提升学历水平，学历合格率达100%，专科以上学历达40%以上，有落实2020年专科以上学历达93%以上的规划。	3	不达要求，每项扣0.4分；2011—2015年，校长、教师少于360学时，每人次扣0.1分。		
四、学校管理20分	14. 办学理念。学校办学思想端正，有鲜明的办学理念，为全体师生所认同。	2	所确立的办学理念符合国家的教育方针、政策记1分，80%以上的师生知晓记1分		
	15. 办学规划。①学校依法制定了未来三至五年发展规划，每年制定了落实发展规划的年度计划，每学期有工作总结；②学校各部门有学期工作计划与工作总结；③学校已着手依法研制学校章程，逐步建立依法办学、自主管理、民主监督、社会参与的现代学校制度。	3	不达要求，每项扣1分。		
	16. 制度建设。学校建立了对学生、教师、部门、财务后勤、各类设施设备、校园安全等人财物事的核心管理制度，并有配套的实施细则，强力推进落实。	3	每缺一种核心制度扣0.5分。		

（续表）

一级 指标	评估要点	分值	计分办法	学校 自评	评估组核实 情况与评分
四、学校管理20分	17. 师生评价。①坚持以人为本，建立科学的评价体系，对学生实施综合素质评价，建立教师工作激励机制，不单纯按学生成绩给教师、学生排队；②不单纯以考试排名奖惩教师、学生；师生评先评优公开、公平、公正。	2	不达要求，每项扣1分。		
	18. 民主管理。①建立健全并有效实施校长办公会议制度、教职工代表会议制度、校务公开制度，加强民主管理和民主监督；②发挥工会、少先队等组织在学校工作中的积极作用；③完善家长委员会，邀请家长和社区代表参与学校治理；④无"三乱"行为。	2	不达要求，每项扣0.5分。		
	19. 精细化管理。①使用中小学生学籍信息管理系统管理学生学籍；②每天统计学生到校、上课信息，实行缺勤跟踪，进行晨检、午检，对患病学生或因病缺勤学生实行病因追查及登记报告制度；③各班建立了学生上下学出行方式的台账；④建立了行政值日检查与班级评比制度，及时公布检查与评比结果。	3	不达要求，每项扣0.5分。		
	20. 安全管理。①学校建立健全了各项安全管理制度和安全应急机制，采取了各种有效的措施，做到了安全宣传教育常态化、安全隐患排查精细化、消除安全隐患及时化、开展应急疏散演练定期化、校园治安巡逻与节假日值班护校周密化等；②县教育局的安全工作部署得到全面落实；③校园及周边环境综合治理措施落实，效果良好；④近三年无重大安全责任事故发生。	5	发生重大安全责任事故，此项记0分；其他不达要求，每项扣1分。		
五、教育教学30分	21. 课程计划。①落实国家课程计划，开齐课程，开足课时，按课表上课；②科学安排作息时间；③做好课间操与眼保健操；④至少开发一门校本课程。	3	不达要求，每项扣0.5分。		

（续表）

一级指标	评估要点	分值	计分办法	学校自评	评估组核实情况与评分
五、教育教学30分	22. 德育工作。①建立和完善校长负责、党政工少齐抓共管、全体教职工共同承担的学校德育工作体系；②充分发挥班主任骨干作用；③形成德育课程、德育活动、日常行为规范和心理健康的教育体系；④开展适合的社会实践和公益活动，重视学生良好行为习惯的养成；⑤构建学校、家庭、社会共同参与的德育工作网络并发挥作用；⑥学校制定了完善的德育工作计划，有计划地开展了爱国主义、理想信念、优秀传统文化、公民意识、生态文明等主题教育，增强学生社会责任感；⑦按规范升降国旗，坚持国旗下的讲话；⑧贯彻落实《中小学生守则》《小学生日常行为规范》和《中小学心理健康教育指导纲要》。	4	不达要求，每项扣0.5分。		
	23. 中心工作。对教育局部署的家庭教育、心理健康教育、阅读教育有会议研究，有计划安排，有具体行动。	3	每项教育没落实扣1分。		
	24. 课堂教学。①深化课堂教学改革，提倡启发式、探究式、讨论式、参与式教学，逐步实现信息技术与课堂教学的深度融合；②课堂教学优良率城区达65%以上，农村达45%以上，消灭不合格课。	8	制定了课堂教学改革方案，记1分；开展了课堂教学改革研究活动，记2分；所抽查的课优良率达到规定要求，并且无不合格课，记5分，不合格课每节扣2分，优良率每低一个百分点扣0.5分。		
	25. 教学常规。①学校制定了落实《新化县中小学教学工作常规》的实施细则；②每月对教师教学计划的执行、备课、上课、辅导、作业布置与批改、适度的测试、听课评课进行了检查登记评比总结；③每学期学校校长、支书、分管教学副校长、教务主任听课不少于15节，其他管理人员和教师不少于10节；④按要求上好实验课。	6	第①项没达要求扣0.5分；第②项没达要求扣1分；第③项，每人每少1节扣0.1分；第④项，抽查五、六年级学生各4人做分组实验，实验不成功每组扣0.5分。		

（续表）

一级指标	评估要点	分值	计分办法	学校自评	评估组核实情况与评分
五、教育教学30分	26. 培优补差。①学校有完整的培优补差方案；②各班、各任课教师有具体的名单与措施，有转化记录；③大部分学生建立了典型问题纠错本。	2	不达要求，每项扣0.5分。		
	27. 个性培养。①重视体卫艺和美育工作；②建立了能满足学生需求的兴趣小组或学生社团；③做好学生成长记录，实行等级加评语的评价方式，建立学生综合素质档案。	2	不达要求，每项扣0.5分。		
	28. 教研教改。①按实际需要设立教研组或年级组，制定工作计划，按计划开展活动；②以教研组或年级组为单位开展了集体备课活动；③每期开展一次优质课比赛；④近两年有教师论文或优质课在县级以上获奖；⑤近三年城区学校有县级以上科研课题，农村学校有镇级以上科研课题。	2	不达要求，每项扣0.4分。		
六、办学水平20分	29. 入学权利。①学校应根据教育行政主管部门划定的服务区域，组织适龄儿童全部免试就近入学，学校的招生规定向社会公示；②均衡编班，不分重点班、快慢班；③平均班额原则上控制在45人以内。	4	第①②项，每项不达要求扣1分；第③项，根据现状，平均班额控制在66人内，每超5人，扣0.5分。		
	30. 教育公平。①学校制定了控流保学方案并落实有力，年辍学率控制在0.5%以内；②保障留守儿童、残疾儿童、家庭经济困难学生平等接受义务教育，做好心理和行为有偏差学生、学习有困难学生的转化工作，不让任何学生受到歧视，无家庭困难学生失学；③国家各项资助政策落实到位；④开展了献爱心活动。	4	不达要求，每项扣1分。		
	31. 全面发展。①学生具有良好的思想品德、行为习惯、安全意识和健康生活方式，个性潜能得到发展；②学业成绩合格率达到100%；犯罪率为0，违纪处分比例控制在1%以下；③学生体质健康合格率达97%以上；④逐步实现每个学生至少掌握2项体育运动技能和1项艺术特长。	4	不达要求，每项扣1分。		

（续表）

一级 指标	评估要点	分值	计分办法	学校 自评	评估组核实 情况与评分
六、办学水平20分	32. 办学效益。学校内部运转有序，校风学风积极向上，办学特色逐步形成，人民群众满意。	4	根据师生精神风貌，办学特色和师生满意度情况（随机抽取六年级学生30人和教师20人开展问卷调查，教师不足20人的，全部参加），酌情记1～4分。		
	33. 示范引领。①学校管理、教育教学、教研教改在当地小学中具有示范性，被其他学校所借鉴，帮扶当地的薄弱学校发展；②全镇质量监测成绩居全镇前列。	4	不达要求，每项扣1分。		
合计		100			

评估组人员签名：

附件2：

<h1 style="text-align:center">新化县乡镇（场、办）中心小学督导评估
学校满意度调查问卷（学生问卷）</h1>

亲爱的同学：

　　你好！非常感谢你参与我们的调查。调查的目的主要是了解你对学校管理与教师教学的满意程度，帮助学校总结成绩与经验，促进学校不断进步，为同学们的健康成长提供更好的学习生活环境。调查不记名，请回答你真实的想法。谢谢你的支持与配合！

新化县人民政府教育督导室
年　月　日

　　温馨提示：本问卷分为两个部分：第一部分为学校满意度调查，一共为十道选题，请按提供的选项选择你认为最适合的一个答案打"√"；第二部分为你对学校的建议。

一、学校满意度调查

选题要点	我的满意情况					不清楚
	非常满意	满意	基本满意	不满意	很不满意	
一、校长亲切友好，国旗下的讲话、其他场合的讲话鼓舞人心						
二、食堂饭菜卫生，营养可口（学校提供了营养餐的，请做选择）						
三、学校音体美课能正常开展						
四、学校与老师关心每一个学生，你和同学们都感到有安全感；和你一起读一年级的同学，没有人失学						
五、任课教师从没迟到、早退、缺课						
六、任课教师课前准备充分，关注全体学生，能向各种成绩的同学提问题，同学们听课率高						
七、任课教师作业设计与布置精当，及时批阅，教师的批阅对我们有启示；对同学的培优补差落到实处						
八、经常有领导与教师来班里听课						
九、同学团结友爱，学习小组合作学习，共同提高						
十、学校经常开展有益学生身心健康的各种主题活动，学校生活很快乐						

二、你最希望学校在哪些地方做得更好一些?

附件 3:

<h1 style="text-align:center">新化县乡镇（场、办）中心小学督导评估
学校满意度调查问卷（教师问卷）</h1>

各位教师:

　　您好! 非常感谢您抽出时间参与我们的调查。本调查的目的主要是了解您对学校办学状况的满意程度，从而为总结与推广办学经验，解决学校管理和教育教学中存在的问题，促进学校改革与发展提供有价值的意见与建议。调查不记名，您客观真实的回答十分重要。谢谢您的支持与配合!

新化县人民政府教育督导室
年　月　日

　　温馨提示: 本问卷分为两个部分: 第一部分为学校满意度调查，一共为十道选题，请按提供的选项选择您认为最适合的一个答案打"√"; 第二部分为您对学校的建议。

一、学校满意度调查

选题要点	我的满意情况					不清楚
	非常满意	满意	基本满意	不满意	很不满意	
一、校长拥有先进的办学理念，管理能力强，实施民主管理，学校工作有序有效开展						
二、学校坚持以教学为中心，教师会议以安排、落实教学工作为主						
三、学校管理制度健全，能调动广大教师的工作积极性、主动性与创造性						
四、学校领导率先垂范，按要求担满教学工作量，带头开展教研教改活动						
五、学校重视师德师风建设，开展的主题教育活动深受教师喜爱						
六、学校重视教师的培养培训，校本培训能促进教师的成长						
七、学校教研制度健全，教学研究、集体备课等活动扎实有效开展						
八、学校教师之间团结友好，合作互助，教师自主学习风气浓厚						
九、学校重视以抓教风、学风、校风为核心的文化建设						
十、学校为教师营造了良好的人文环境，教师有较高的职业生活幸福感						

二、您认为学校管理在哪些方面最需要变革?

新化县教育工作模拟督导评估方案

　　为摸清核准全县教育底子，找出并有效破解发展瓶颈，真正实现教育跨越发展，积极应对娄底市 2018 年、湖南省 2019 年对新化县教育工作的督导评估和国家 2019 年对义务教育发展基本均衡县的督导检查和评估认定，特组织一次新化县教育工作模拟督导评估。根据湖南省教育督导委员会《关于印发〈湖南省县级人民政府教育工作督导评估方案（2014—2020 年）〉的通知》（湘政教督〔2013〕4 号），制定本方案。

一、成立督导评估考核领导小组和专家小组

（一）督导评估考核领导小组

组　　长：谢　聪　　县人民政府副县长

副组长：刘光荣　　县政府办工会主席

　　　　伍朝阳　　县委组织部常务副部长

　　　　袁华新　　县教育局党组书记、局长

　　　　曾录泉　　县教育局党组成员、主任督学

（二）督导评估考核专家小组

组　　长：曾录泉

执行组长：肖凯文

成　　员：彭益民　李剑秋　彭育国　杨育云　康卫东　张　杰　杨明初　罗鹏志

　　　　　段晓鸿　赵元龙　康四光　周龙泽　唐迎红　吴志宏　杨　璇　杨海超

　　　　　舒健康　刘邵军　周锡波　刘建斌

专家组下设 8 个小组：

综合组：曾录泉　彭育国　舒健康

教育经费组：康卫东　赵元龙　唐迎红

师资队伍建设组：张　杰　康四光　周龙泽

县委、县政府文件组：段晓鸿

学前教育组：吴志宏　杨明初　杨　璇

义务教育组：杨育云　彭益民　杨海超

普高教育组：肖凯文　刘邵军　周锡波

职业教育组：李剑秋　罗鹏志　刘建斌

二、督导评估考核时间与相关规定

（一）组织业务培训：2017 年 5 月 15 日上午 9 点在教育局 5 楼小会议室组织评估考核

专家组成员进行集中培训，领取评估有关资料，学习相关文件，熟悉评估方案，进行督导评估人员分工，明确工作要求。

（二）督导评估考核：5月16日—5月18日

（三）工作规程

1. 总体安排。集中培训后，5月16日—5月18日上午，各评估小组按任务与要求组织开展督导评估考核活动。5月16日—5月17日，原则上各组完成所负责指标的评估考核；5月18日上午，各小组汇总评分，撰写考核意见，10点前，教育经费组、师资队伍建设组、县委县政府文件组将负责的考核指标评分与考核意见相应交给综合组、学前教育组、义务教育组、普高教育组、职业教育组汇总。5月18日下午3点，评估考核专家组成员在教育局5楼小会议室集合，汇报交流评估考核情况，确定问题清单，研究整改措施。一周内，县人民政府教育督导室负责撰写好《新化县教育工作督导评估意见》。

2. 明确考核指标。综合组、学前教育组、义务教育组、普高教育组、职业教育组分别根据《湖南省县级人民政府教育工作督导评估方案（2014—2020年）》（2016年修订版）中设置的县级政府教育工作督导评估综合性指标和学前教育、义务教育、普通高中教育、职业教育督导评估指标，负责考核由教育经费组、师资队伍建设组、县委县政府文件组完成的指标以外的指标，并负责汇总。教育经费组、师资队伍建设组、县委县政府文件组所负责考核指标见下表：

	教育经费组	师资队伍建设组	县委县政府文件组
综合性指标	3、4、6、7、8	2、5、12	1
学前教育督导评估指标	5、6、10	9	1
义务教育督导评估指标	1（3）、2、7（2）、8、9、10、12（1、2、3）	12（4）、13、14、15、16	1（1、2）
普通高中教育督导评估指标	4、5	6、7	
职业教育督导评估指标	2、3、4、5	9、10	1

3. 核查资料与数据规定。教育经费评估2015、2016两个年度；资料主要看2016年度和本学期的；办学设施设备和师资状况以当前状态为准；办学水平以2016年度为准；基础数据以计财年报数据为准。各评估小组如实填报相关统计表。

4. 下校下乡镇要求。教育经费组、师资队伍建设组、县委县政府文件组原则上在县委、县政府办及县直相关职能部门针对所负责的考核指标开展核查；综合组跑面4个乡镇，每个乡镇看1所中学、1所小学、1所幼儿园；学前教育组与义务教育组一起实地检查4个乡镇，到乡镇后，学前教育组每个乡镇检查3所幼儿园（其中乡镇中心幼儿园必检），义务教育组每个乡镇检查1所初中、1所完小、1所村小；普通高中教育组实地核查农村完全中学的高中部（五中、六中、水车完全中学、十一中、十二中、十六中），在二中、三中、四中、上梅中学 4 所学校中实地核查 1 所；职业教育组实地核查全县所有职业学校。所核查的乡镇与学校全部实行抽签决定，综合跑面组与其他组所核查的乡镇不重复，所查乡镇兼顾一、二、三类乡镇，兼顾城区与农村。

评估小组直接下到学校（幼儿园），实地核查学生情况、教师队伍情况、课程开设、校园校舍建设、功能室建设与仪器设备和图书配置及其使用情况、生活服务设施、校园环境与安全等内容；核实相关的考核指标；就当地教育发展环境、乡镇政府的教育工作、教师待遇、教育教学管理、学生辍学等情况以及学校当前存在的困难、教师们共同关注的问题分别找校长、教师、学生及家长进行个别访谈。每个下到学校的评估小组听课不少于 2 节，评出优秀、良好、合格、不合格等级。

5. 迎检要求。县级层面与乡镇和学校层面不需要按评估指标装订资料，但要积极配合本次模拟督导评估，按评估专家的要求提供资料与数据。

6. 纪律要求。评估不能影响学校正常的教育教学秩序，必须遵守各项安全规定与廉政规定。

新化县人民政府教育督导室

2017 年 5 月 8 日

第七章 责任督学县本培训

精准·有效·创新 全面推进督学责任区工作
——在新化县 2016 年专兼职督学岗前培训班上的讲课提纲

肖凯文

引言：亲爱的督学朋友，我想先请教大家两个问题：现行党和国家的教育方针是怎么表述的？《教育督导条例》第一条说了什么？（根据回答情况组织互动）

一、分享体会，增强认识

出示培训心得《相约同升湖是一件幸福的事》，分享培训学习的快乐。

交流教育督导的一些常识：

地方人民政府教育督导机构三个层级：省人民政府教育督导室、市人民政府教育督导室、县人民政府教育督导室（《教育督导条例》第二条提到了"县级以上人民政府""县级以上地方人民政府"）。

当前教育督导的三大任务：督政、督学、评估监测。

教育督导的四种形式：经常性督导（随访督导）、专项督导、综合督导、协作督导。

教育督导的职能：监督、指导、检查、评价。（我认为，责任督学的职能还应加一个"服务"）

二、为什么要推进督学责任区建设

一是落实《国家中长期教育改革发展规划纲要（2010—2020）》（以下简称《纲要》），提高教育质量和办学水平，当前教育发展的需要。

在《纲要》第三条战略目标中提到：努力办好每一所学校，教好每一个学生。在第六十五条完善督导制度和监督问责机制中提到：坚持督政与督学并重、监督与指导并重。加强义务教育督导检查，开展学前教育和高中阶段教育督导检查。强化对政府落实教育法律法规和政策情况的督导检查。建立督导检查结果公告制度和限期整改制度。

二是《教育督导条例》的要求。

教育督导机构对下列事项实施教育督导：

（一）学校实施素质教育的情况，教育教学水平、教育教学管理等教育教学工作情况。

（二）校长队伍建设情况，教师资格、职务、聘任等管理制度建设和执行情况，招生、学籍等管理情况和教育质量，学校的安全、卫生制度建设和执行情况，校舍的安全情况，教学和生活设施、设备的配备和使用等教育条件的保障情况，教育投入的管理和使用情况。

……

——《教育督导条例》第十一条

县级人民政府负责教育督导的机构应当根据本行政区域内的学校布局设立教育督导责任区，指派督学对责任区内学校的教育教学工作实施经常性督导。

——《教育督导条例》第十三条

三是贯彻落实党的十八届三中、四中全会精神，"深化教育管理体制改革，依法行政，深入推进管办评分离"的重要举措。

2015年5月4日，教育部印发《关于深入推进教育管办评分离促进政府职能转变的若干意见》（教政法〔2015〕5号），进一步明确指出："强化国家教育督导，加强各级教育督导工作力量，健全管理制度，提高督导工作专业化水平。""依法对各级各类教育实施督导和评估监测，实行教育督导部门归口管理。"

四是完善教育督导制度，进一步推动学校督导工作制度化、规范化、常态化。

五是真正将教育督导的触角延伸到"最后一公里"，延伸到教育的最基层，实现邓小平同志当年提出的"组织几十个人经常在下面转，掌握第一手情况，及时发现问题"的思路。

六是践行党的群众路线，搭建政府、学校和社会联系沟通的直接通道，提高教育为人民服务的水平。

三、怎么来推进督学责任区建设和挂牌督导工作

一是国家、省级层面的政策要求与顶层设计：

2010年：

湖南省教育厅《关于建立督学责任区制度的通知（试行）》（湘教发〔2010〕16号）（相关表述：县级督学责任区的督学每人每月至少到责任区督导4次，每年应对责任区内的所有学校督导1次以上）

2012年：

《关于加强督学责任区建设的意见》（教督〔2012〕7号）

《湖南省督学责任区学校督导评价指南》（2012年6月）

《关于进一步加强中小学校督导评估工作的意见》（国教督办〔2012〕3号）

《湖南省关于加强中小学校督导工作的意见》（湘教发〔2012〕70号）

2013年：

《中小学校责任督学挂牌督导办法》（国教督办〔2013〕2号）

《中小学校责任督学挂牌督导规程》《中小学校责任督学工作守则》（国教督办〔2013〕6号）

2014年：

《深化教育督导改革转变教育管理方式的意见》（国教督办〔2014〕3号）

《教育重大突发事件专项督导暂行办法》（国教督办〔2014〕4号）

2015年：

《中小学校责任督学挂牌督导创新县（市、区）工作方案》（国教督办〔2015〕3号）

《关于开展全国中小学校责任督学挂牌督导创新县（市、区）评估认定工作的通知》（国教督办函〔2015〕32号）

《关于进一步加强中小学校督导评估工作的意见》

2012年，教育部印发《关于进一步加强中小学校督导评估工作的意见》，在全国建立中小学校督导评估制度，提出了中小学校督导评估的目的、宗旨、原则和重点，明确要求各地切实加强中小学校督导评估工作，规范学校办学行为，提高教育教学质量，促进学校内涵发展。

《教育部关于加强督学责任区建设的意见》

督学责任区建设是教育督导制度建设的重要组成部分。

按照"因地制宜、分级负责、全面覆盖、推动工作"的原则，在省、市、县三级分别设立督学责任区。

责任区督学主要负责对本责任区中小学校的办学行为和教育教学工作进行随机督导。

各地要建设一支数量充足、结构合理、素质较高的专业化督学队伍。

《中小学校责任督学挂牌督导办法》

第四条　责任督学对以下主要事项实施经常性督导：

（一）校务管理和制度执行情况。

（二）招生、收费、择校情况。

（三）课程开设和课堂教学情况。

（四）学生学习、体育锻炼和课业负担情况。

（五）教师师德和专业发展情况。

（六）校园及周边安全情况，学生交通安全情况。

（七）食堂、食品、饮水及宿舍卫生情况。

（八）校风、教风、学风建设情况。

第五条　发现危及师生安全的重大隐患，责任督学应及时督促学校和相关部门处理；对各种突发事件或重大事故，责任督学应第一时间赶赴现场，及时了解并上报有关情况。

第六条　责任督学可采取随机听课、查阅资料、列席会议、座谈走访、问卷调查、校园巡视等方式进行经常性督导。

《中小学校责任督学挂牌督导规程》

制订计划　　确定方案　　选择方式

持证督导　　校园巡视　　推门听课

查阅资料　　问卷调查　　座谈走访

督导记录　　反馈意见　　整改通知

督促整改　　总结汇报　　撰写报告

《中小学校责任督学工作守则》

一、爱岗敬业　　二、依法履职

三、科学规范　　四、客观公正

五、善于沟通　　六、勇于担当

七、开拓创新　　八、注重实效

九、业务精湛　　十、廉洁自律

《中小学校责任督学挂牌督导创新县（市、区）工作方案》

中小学校责任督学挂牌督导创新县（市、区）的主要条件包括：领导有力、制度健全、队伍专业、工作规范、保障落实、方式科学、整改到位、问责有效 8 个方面。

《全国中小学校责任督学挂牌督导创新县（市、区）评估认定标准》

含"领导重视、制度健全、队伍精干、工作规范、保障有力、方式科学、问责整改到位、结果运用有效"八个方面的内容，共 39 个考核点。

二是地方的经验做法：

湖南醴陵的"醴陵模式"：

落实"五有"：一有办公场所；二有专职督学；三有工作经费；四有独立财务账目；五有严格的督导规章制度。

重视源头督导：学校重大事项，事前报告督学责任区，责任督学提前介入，实施源头督导。

1. 学校的年度评先评优、学科带头人选拔、职称晋级等事项；

2. 学校发展规划的制订及基建项目立项，收费项目（含代收）的确定；

3. 重大教研教改、质量检测活动；

4. 各学校的招生计划和办法；

5. 片区内教师调配方案；

6. 学校领导班子的考察、任免方案等。

明确工作任务：将督学责任区工作落实到每周、每月、每季、每期、每年，具体概括为"二十个一"：

1. 每周一次推门听课；

2. 一次师德师风、校风校纪暗访；

3. 一次督学情况交流会；

4. 每月一次学校安全、信访、维稳工作专项督查；

5. 一次学校财务抽查；

6. 一所学校综合督导评价；

7. 一次督查情况反馈会；

8. 每季一次德育活动成果展示；

9. 一次课改观摩活动；

10. 一次规范办学行为突出问题督查整改情况通报；

11. 一次学校工作点评总结；

12. 每期一次学校建设项目督查；

13. 一次校长述职、测评、综合领导力评价；

14. 一次学校教学质量监测；

15. 一次首遇责任制执行情况检查评比；

16. 每年一次扶贫助学工作专项调研；

17. 一次片区教育社会满意度测评；

18. 一次先进教研教改成果示范推广；

19. 一次进步最大的学校表彰推介；

20. 一次学校年终督导评估。

经费保障：区财政设立责任督学挂牌督导专项经费，每年220万元，将督导工作津贴、办公经费、培训经费和奖励经费等列入财政预算。

科学督导：建立责任督学挂牌督导信息管理平台，实现信息采集、信息直报、过程管理、交流互动、考核评价等教育督导工作信息化。

深圳南山的"南山模式"：

工具开发：开发了一系列很具操作性的督导工具和评价量表，如对经常性督导八大事项的每一个事项均开发了细化的观测指标、工作要求、督导方式和评价方法。

完善机制：建立了完善的工作制度与机制，包括基本工作制度、月报月结制度、跟踪整改制度、公示公报制度、学习培训制度、量化考核制度、会议制度、奖励制度等。

三是从两个学校督导案例获得启发：

《有效督学，促进教师专业成长》《精准督导，促进薄弱学校快速健康发展——从一个成功的学校督导案例看学校督导》

四、下阶段工作构想

（一）聘好、配齐兼职督学，实现县域内中小学校责任督学挂牌督导全覆盖。

（二）以《全国中小学校责任督学挂牌督导创新县（市、区）评估认定标准》为指南，推动督学责任区建设与责任督学挂牌督导工作。

1. 县教育督导室层面

（1）完善《新化县督学责任区工作规程》《新化县责任督学挂牌督导工作规程》《新化县督学责任区学年度工作绩效考核方案》《新化县责任督学学年度工作绩效考核方案》等制度体系。

（2）根据相关政策法规，借鉴各地先进经验，结合本地实际，集中大家智慧，组织研发《新化县责任督学工作手册》，作为科研成果，交正规出版社出版。

（3）完成每月下达工作任务、组织例会、出台督导报告等常规工作。

2. 督学责任区层面

（1）按规定、按要求搞好自身建设。

（2）做好规定动作，开发自选动作，争创一流。

3. 责任督学层面

（1）重视学习，加强修炼，具备基本素养。

（2）提升专业能力：

主动掌握宏观思维的统领能力

正确行使制约平衡的监督能力

认真学会敏锐判断的观察能力

努力具备客观公正的评价能力

以人格魅力提升专业指导能力

（3）开展有效督导：

定好责，不错位——有视野开阔的定力

尽好能，不越权——有专业引领的定位

守好门，不乌龙——有恪守尽职的定向

把好关，不误诊——有切中利弊的定夺

开好方，不错药——有正确评价的定律

（4）产生影响：

服务校长重视积淀办学底蕴

引导校长提升教师专业素养

促进校长传承优秀校园文化

推动校长创建学校特色品牌

督查校长聚焦教育教学质量

（三）精心准备，迎接 2019 年湖南省对新化县的第三轮"两项督导评估"和义务教育发展基本均衡县国家验收。

1. 贯彻《义务教育学校管理标准（试行）》，开展中小学校的综合督导。

教育督导部门应按照本标准修订完善义务教育学校督导评估指标体系和标准，开展督导评估工作，促进学校规范办学、科学管理，提高教育质量和办学水平。

2. 贯彻《幼儿园工作规程》，开展幼儿园办园水平评估。

幼儿园应当依法接受教育督导部门的督导。

3. 开展对乡镇（场、办）新一轮"两项督导评估"。

4. 开展"国家级贫困县义务教育均衡发展策略研究"课题研究

最后，借柏拉图对教育定义的至理名言"教育是把一个人从低处引向高处；教育是把一个人从黑暗引向光明；教育是把一个人从虚假引向真实"引申开来：

挂牌督导是把一个学校从违规督成规范；挂牌督导是把一个学校从困境督成发展；挂牌督导是把一个学校从低处导到高处。

关于"义务教育均衡发展"的学习与思考

——与中小学校长、责任督学的交流提纲

肖凯文

一、县域义务教育均衡发展的基本常识

（一）推进义务教育均衡发展，是一项国家战略

《关于进一步推进义务教育均衡发展的若干意见》（教基〔2005〕9 号），完善了义务教育均衡发展的理念。

全国人大于 2006 年 6 月 29 日审议通过了新修订的《中华人民共和国义务教育法》，义务教育均衡发展上升为了国家意志。

国家印发《国家中长期教育改革和发展规划纲要（2010—2020 年)》，均衡发展成了义务教育一项战略性任务。

《国务院关于深入推进义务教育均衡发展的意见》（国发〔2012〕48 号）明确了推进义务教育均衡发展的指导思想：

全面贯彻党的教育方针，全面实施素质教育，遵循教育规律和人才成长规律，积极推进义务教育学校标准化建设，均衡合理配置教师、设备、图书、校舍等资源，努力提高办学水平和教育质量。加强省级政府统筹，强化以县为主管理，建立健全义务教育均衡发展责任制。总体规划，统筹城乡，因地制宜，分类指导，分步实施，切实缩小校际差距，加快缩小城乡差距，努力缩小区域差距，办好每一所学校，促进每一个学生健康成长。

均衡发展是义务教育的战略性任务，是一个不断发展的动态性过程。通过义务教育合格学校建设，达到初步均衡；通过义务教育学校标准化建设，达到基本均衡；下一个目标是达到优质均衡。

（二）县域义务教育均衡发展主要评估内容

一是过一个门槛：县域内义务教育学校达到合格学校建设标准，依据是《湖南省义务教育学校办学标准（试行)》（湘教发〔2008〕20 号）。督学到每个学校，具体查师生比、专任教师学历合格率、生均校地、生均校舍、生均体育运动场馆面积、实验室、六大功能室、图书室、生均教学仪器设备值、生均图书册数等 10 项指标是否达标。标准见《湖南省义务教育学校办学相关指标省级标准》，以学校为单位，根据《湖南省县域义务教育发展督导评估办学条件计分办法》评分，总分 80 分以上达标，低于 80 分不达标（总分上了 80 分，但 10 项指标中不达标指标超过了 3 项，也不算达标）。从全县来看，每所学校都要达标；10 项指标，每一项指标不达标的学校数不能高于 10%，学校达标率没达 100%的指标不能超过

3 项。

二是看两个内容：1. 县域内义务教育校际间均衡状况（要求小学、初中差异系数分别不超过 0.65 和 0.55）。按小学、初中学校类别，从教育事业统计报表中提取生均教学及辅助用房面积、生均体育运动场馆面积、生均教学仪器设备值、每百名学生拥有计算机台数、生均图书册数、师生比、生均高于规定学历教师数、生均中级及以上专业技术职务教师数等 8 项指标分别计算出县域内小学学校之间、初中学校之间的差异系数。（举例说明差异系数）

2. 县级人民政府推进义务教育均衡发展情况（要求 85 分以上）。根据《县级人民政府推进义务教育均衡发展工作评估指标与计分办法》评分。

三是看一个重要参考：公众对本县义务教育均衡发展的满意度（要求综合满意度 85%以上）。

县域义务教育均衡发展评估的程序为：县级自评，申报；市级初评复核，满意度调查，向省级提出评估申请；省级督导评估，报送国务院教育督导委员会申请审核认定；国务院教育督导委员会办公室审核申报材料并组织实地核查认定；国家对被认定的义务教育发展基本均衡县，将连续三年进行监测和复查，连续三年不能达到评估标准的，撤销称号。

（三）全国、湖南推进县域义务教育均衡发展的进程

截至 2017 年底，全国实现义务教育发展基本均衡的县累计达到 2379 个，完成比例达81%；湖南为 89 个，完成比例为 73%，低于全国平均水平。继 2014 至 2016 年的北京、天津、上海、江苏、浙江、福建、广东 7 省（市），2017 年又有吉林、安徽、山东、湖北 4 省整体通过国家督导评估认定；山西、内蒙古、辽宁、江西、重庆、陕西、宁夏 7 省（区、市）通过认定县的比例均超过 80%。

湖南 2018 年与 2019 年共有 33 个县（市、区）接受国家评估认定。省里考虑 2019 年接受验收的 11 个县（包括新化）底子薄、基础弱，纳入了今年的省级督查，想通过两年的省级督查，把条件促上去。

二、县域义务教育均衡发展的迎检思路

（一）树立信心，科学统筹，积极投入县域义务教育均衡发展的自评与迎检工作

新化教育出现了良好的发展势头。一是县委、县政府确立了"重教治贫"战略，县人大通过了《关于推进教育跨越发展的决议》。全县"两项督导评估考核"动员会上，县长的报告与书记的讲话令教育人备受鼓舞。县教育局坚持以改革为动力推进教育跨越发展。二是县域义务教育均衡发展差异系数越来越接近标准水平。2015 年报数、2016 年报数、2017 年报数小学分别为 0.933、0.88、0.575，初中分别为 0.645、0.60、0.503。我们要对新化县的教育前景和对如期实现"义务教育发展基本均衡县"的目标充满信心。

1. 认真学习相关政策文件。县教育督导室编印的《教育督导工作文件选编》第 24 – 57 页涵盖了"两项督导评估考核"的政策文件；第 58 – 132 页基本涵盖了"义务教育均衡发展"的政策文件。义务教育均衡发展督导评估 3 个主要文件：①《湖南省义务教育学校办

学标准（试行）》（湘教发〔2008〕20号）；②《湖南省县域义务教育均衡发展督导评估实施办法（试行）》（湘教发〔2012〕61号）；③《国家教育督导团关于申请认定义务教育发展基本均衡县（市、区）有关工作的通知》（国教督〔2012〕1号）。

2. 全面掌握办学条件基本标准。解读《湖南省义务教育学校办学标准（试行）》与《湖南省义务教育学校办学相关指标省级标准》。

3. 九年一贯制学校与完全中学、十二年一贯制学校的拆分统计。公式：一个小学生：一个初中生 = 1∶1.1；一个初中生：一个高中生 = 1∶1.2；一个小学生：一个初中生：一个高中生 = 1∶1.1∶1.32。举例说明。

4. 遵守统计口径。义务教育学校办学基本标准、差异系数、残疾儿童少年入学率、师生比、巩固率等评估指标中所使用的数据，均以教育事业统计数据为准。各学校要熟悉2017年教育事业统计年报数据，对本校的年报统计相关数据熟记于心。

5. 努力做好"四改三化"工作。"四改"即改食堂、改宿舍、改澡堂、改厕所，"三化"即净化、绿化、亮化。（2017年义务教育均衡发展省级督查中产生的专有名词）

6. 把握几个时间节点。①学校与乡镇自评必须在3月19日前完成；②县级自评必须在3月25日前完成；③3月26—28日，迎接娄底市督查；④3月29日，县级向市、省报送申报表与自查自评表；⑤4月中、下旬，迎接省级督查；⑥5月25日前，迎接市里组织的公众满意度调查。

建议：3月26—28日，县教育局安排专门人员会同娄底市督查；4月上旬组织一次普查，核定每个学校必须要补的短板。

7. 明确责任。推动义务教育均衡发展是各级政府的重要职责。主体推动靠各级党委政府及其相关部门，教育行政部门业务股室和学校具体负责实施，教育督导部门跟踪进程，加强日常监督与指导。《关于做好迎接2018年义务教育均衡发展省级督查评估自查工作的通知》直接发到市（州）、县（市、区）政府。建议局党组向政府领导做好汇报。

（二）教育局层面当前的迎检工作

1. 相关股室落实工作清单。相关股室有一项相同的工作：完成《县级人民政府推进义务教育均衡发展工作评估指标与计分办法》中相应指标的自评与材料准备，时间是3月20日前。一个指标的材料装一个盒子。市检时初步成形，省检时完善到位。具体见《新化县义务教育均衡发展迎市、省检准备工作任务清单》。

2. 股室之间形成合力。许多工作如办公室撰写《新化县义务教育均衡发展汇报材料》，督导室牵头用PDF格式汇编县政府及相关部门出台的关于推进义务教育均衡发展工作相关政策文件，填报推进义务教育均衡发展工作措施和成效，撰写自评报告等，都需要股室协作才能完成。因此，清单上要求各股室在3月20日前向办公室、督导室提供关于推进义务教育均衡发展工作相关文献资料，总结与本股室相关的推进义务教育均衡发展的工作措施和成效等资料，请按时完成。

3. 职能股室加强对学校常规工作的指导，做好思想立校、常规兴校、科研强校的文章。

（三）学校层面当前的迎检工作

1. 充分利用好政府配置的现有教育资源。专家非常在乎设备设施、图书仪器、功能室的正常使用。举例检查方式。

2. 摸清真实底子，找出发展短板，完成自评与准备好佐证材料。

3. 根据实际情况及其需要，针对 10 项指标中的薄弱指标与管理中的薄弱环节制定有效的整改方案（含自身努力能整改到位的与需要上级配备到位的），填报好相关表格。实验室、图书室、六大功能室等都要把牌子挂起来。原来的生化实验室，挂生物实验室、化学实验室的牌子；计算机室，每台计算机加一副耳机，加挂语音室的牌子。

4. 做好公众满意度调查工作。问卷调查的数量按被评估县常住人口的 1.5‰确定，在问卷调查对象中学生家长的比例不低于 50%，并保证其他各类调查对象数量大体相当。通过问卷和实地走访等方式进行。发放告学生家长书；召开教师会、学生会、家长会；进行家庭普访，增强家校联系，排查化解家校矛盾。

5. 营造积极向上的校园文化氛围。①师生精神状态健康向上，热情大方，不卑不亢。②校容校貌整洁舒爽，校园文化建设有品位（校园文化示范校）。③党和国家的教育方针、社会主义核心价值观、习近平新时代中国特色社会主义思想（教育思想）进校园。

党和国家的教育方针（网络版）：坚持教育为社会主义现代化建设服务、为人民服务，把立德、树人作为教育的根本任务，全面实施素质教育，培养德智体美全面发展的社会主义建设者和接班人，努力办好人民满意的教育。

党和国家的教育方针（《教育法》第五条）：教育必须为社会主义现代化建设服务、为人民服务，必须与生产劳动和社会实践相结合，培养德、智、体、美等方面全面发展的社会主义建设者和接班人。（以此为准）

《〈教育部关于印发义务教育学校管理标准（试行）〉的通知》（教基一〔2014〕10 号）已经修订，2017 年 12 月 4 日，教育部正式印发了《义务教育学校管理标准》（教基〔2017〕9 号），该标准提出的第一个理念是"育人为本　全面发展"：全面贯彻党的教育方针，坚持教育为人民服务、为中国共产党治国理政服务、为巩固和发展新时代中国特色社会主义制度服务、为改革开放和社会主义现代化建设服务，落实立德树人根本任务，发展素质教育，培育和践行社会主义核心价值观，全面改进德育、智育、体育、美育，培养德智体美全面发展的社会主义建设者和接班人。

总之，只要我们做到态度诚恳，工作务实，观念更新，底子清楚，政府到位，措施有效，整改有力，不管底子再薄，基础再弱，全县教育就会有跨越式发展的一天。

谢谢聆听！

不妥之处请批评指正！

对大家即将付出的辛勤劳动表示崇高敬意！

做实基础　查漏补缺　胸有成竹　微笑应对
——关于学校层面完善迎检工作的讲课提纲

肖凯文

引言：亲爱的各位校长与督学同仁，第三轮"两项督导评估"迎省检，县域义务教育均衡发展迎接国家评估认定，从 2017 年"县政府教育工作模拟督导评估"拉开序幕后，大家奉献了智慧，付出了心血，全县办学条件大为改观，学校管理提升了品位，办学水平上了台阶。现已进入最后冲刺阶段，我就如何完善迎检工作，与大家作交流。

一、完善迎检资料的理念

关键词：精准　原始　简明扼要

呈现方式：使用档案盒清晰呈现

依据：1. 湖南省教育督导办印发的《督导评估考核工作地方接待"十不准"要求》第十条规定，不准浪费性印制纸质材料，受检单位提供的纸质材料应简明扼要，减少浪费，相关资料尽量以电子版为主。2. 省教育督导办有关领导的意见：现在不提倡胶装精美，提倡简约清晰。

二、学校层面需要完善的资料

在根据《迎检指南》整理好常规资料的基础上，重点准备与完善好以下两个方面的资料。

（一）十项核心指标及其佐证资料

1. 完善好数据，填好办学条件一览表

（1）2018—2019 学年度根据 2019 年 8 月印发的《全国义务教育发展基本均衡县验收新化县申报数据》和 2018 年统计报表中的教师数、学生数、班级数及相关情况填报。各学校十项办学核心指标值来自于 2018 年统计报表。

（2）2019—2020 学年度，按最新现状填报。

特别提示：本学期甲校分流了一些学生到了乙校，分流的学生就在乙校占有教育资源。由小学分流到初中学校的，科学课实验利用物理实验室完成，一是科学课与物理课排课不能冲突，二是要完善科学课实验的器材。另还要增加一些适合小学生阅读的图书。

（3）根据 2018—2019 与 2019—2020 学年度学校的指标值，对照应达到的省级标准，填报好"义务教育发展基本均衡县督导检查薄弱环节整改情况调查表"。薄弱环节指各学校十大核心指标中，2018 年上报的统计数据未达到省级标准的指标，也包括 2018 年已达到省级标准，但在 2019—2020 学年度检查中不达标的指标。

2. 为十项核心指标提供精准佐证资料（单独装订一本）

核查办法：佐证资料与现场相结合。在《迎检指南》的基础上由相关股室作精心指导。同一个指标在两个学年度有变化，只佐证最高的那个数据。

（1）学生数、教师数、学历合格率

2018 年下期、2019 年下期各班学生人数、班数统计表，盖上学校公章；中心学校 2018 年下期、2019 年下期给辖区内学校（含教学点）下达的教师数统计表，盖上中心学校的公章；学历合格率用加盖学校公章的"教师队伍建设一览表"佐证。

（2）校地面积、校舍面积、体育场馆面积

最好有国土使用证、红线图、校安工程资料、征地手续、建筑设计、合同文本等比较可信的佐证资料。

（3）实验室、六大功能室、图书室

每个室拍摄两张照片，一张是室外的标志牌，一张是室内的全景照，两张照片用一张 A4 纸打印。

专家要看现场。检查当天，所有的室都要事先打开，需要使用的正常使用，实验员、管理员如果当时没上课，要站在门口等候，回答专家的提问，按专家的要求进行操作；学校要科学设计专家察看路线，尽量不走回头路、不走弯路、不绕路。本学期要按课程安排利用好实验室、功能室、图书室开展教学活动与阅读活动，本学期的实验教学资料、功能室的使用记录、图书的借阅记录放在相应的室里。

（4）教学设备值、藏书量

教学设备值的佐证：提取体现教学设备总价的账单复印，加盖学校公章。藏书量的佐证：图书扫码进入了电脑的，打印总数页，盖上学校公章；没使用电脑管理的，做好统计表，加盖学校公章。账册与书目原则上放在相应的室内备查。

（二）"两督一均"县级评分需要学校提供的印证资料

1. 有关教育经费。

综合性指标里关于经费问题，设置了 4 个一票否决："两个比例、三个增长"，其中任意一项未落实实行一票否决。教师（包括义务教育、非义务教育和离退休教师）基本工资和义务教育教师绩效工资按国家、省定项目和标准全额纳入财政预算，按时足额发放，记 1 分，否则记 0 分，并实行一票否决；义务教育保障机制经费全额纳入财政预算，及时拨付学校使用，达到要求记 1 分，否则记 0 分，并实行一票否决；上级下拨教育专款及时足额拨付，专款专用记 3 分，截留、克扣、挪用教育专款记 0 分，并实行一票否决。

（1）2016—2019 年，财政对学校的投入（学校列表）。

（2）公用经费标准、管理与使用情况。

（3）绩效工资标准、制度与实施情况。

（4）教师医疗保险、住房公积金实施情况。

（5）教师特殊津补贴政策、类别及标准。

（6）工会经费、妇女费执行情况等。

2. 学校安全工作。

学校建立了以校长为组长的安全工作领导小组，有安全工作实施方案和安全事故应急预案，实行安全工作责任制和责任追究制，无安全隐患，无 D 级危房。（设置了一票否决）

3. 大班额问题得到基本解决。

存在大班额问题的学校，要有解决大班额的具体规划。

4. 在校生留守儿童档案（一人一档）、关爱制度与活动，招生区域内建档立卡贫困学生入学情况，学生资助工作资料。

留守儿童是指父母双方外出务工或父母一方外出务工另一方无监护能力、不满十六周岁的未成年人。

5.6～14 岁三类残疾人口义务教育入学率要求达 80% 以上。要分别计算出智力残疾儿童、听力残疾儿童、视力残疾儿童的入学率（2016—2017 学年度、2017—2018 学年度、2018—2019 学年度、2019—2020 学年度）。

（1）学生周岁统计口径（一般在学年初的 9 月 1 日进行统计）。

①2016—2017 学年度：0 岁（2015.9.1—2016.8.31），1 岁（2014.9.1—2015.8.31），2 岁（2013.9.1—2014.8.31），依此类推；6～14 岁（2001.9.1—2010.8.31）。

②2017—2018 学年度：0 岁（2016.9.1—2017.8.31），1 岁（2015.9.1—2016.8.31），2 岁（2014.9.1—2015.8.31），依此类推；6～14 岁（2002.9.1—2011.8.31）。

③2018—2019 学年度：0 岁（2017.9.1—2018.8.31），1 岁（2016.9.1—2017.8.31），2 岁（2015.9.1—2016.8.31），依此类推；6～14 岁（2003.9.1—2012.8.31）。

④2019—2020 学年度：0 岁（2018.9.1—2019.8.31），1 岁（2017.9.1—2018.8.31），2 岁（2016.9.1—2017.8.31），依此类推；6～14 岁（2004.9.1—2013.8.31）。

（2）招生区域内 6～14 岁三类残疾人口普查名册及入学情况名册（独立小学 6～11 岁、独立初中 12～14 岁、九年一贯制学校 6～14 岁，也有可能 12 岁还在小学）。

（3）6～14 岁三类残疾人口义务教育入学率统计表（提供参考样表）。

6. 新化一中招生名额分配到初中学校的比例，不低于 30%，并逐年提高（2016—2017 学年度、2017—2018 学年度、2018—2019 学年度）。

（1）新化县招生文件，当年毕业班学生名册，属于指标生的录取名册，统计表（各初中的比例相同）。

7. 教师队伍建设。

教师编制、教师年龄结构和学科结构及专任教师结构、教师资格持证上岗率、教师合格学历与高于合格学历、教师职称与中级及以上职称、校长和教师交流及培训情况。

（1）教师队伍建设一览表（提供参考样表）。

（2）每学年初，乡镇中心学校给辖区内各学校下达教师数统计表（含教学点），加盖中心学校公章。

（3）学年度教职工花名册（基本信息要齐，并设置序号），按序号配教师身份证、教师资格证、学历证、职称资格证、音体美等学科的适岗培训证等证件的复印件。检查当天，要求教师带以上证件的原件来学校备查。

（4）2019 年下学期教学分工表（提供参考样表）。

（5）各学年度应交流教师花名册（设计"交流情况"栏目，在花名册最后统计出交流比）。

《关于推进县（市、区）域内义务教育学校校长教师交流轮岗工作的意见》（湘教发〔2015〕51 号）规定：

教师交流对象为义务教育阶段公办学校的在编在岗教师。凡男 50 周岁、女 45 周岁以下，且在同一所学校连续任教 9 年以上的教师原则上均应交流。对没有达到交流规定时间或可不纳入交流范围的教师，本人主动提出申请要求参加交流的，经学校同意和教育行政部门审核批准后纳入统一交流。每学年教师交流的比例应不低于符合交流条件教师总数的 10%，其中骨干教师交流应不低于交流总数的 20%。教师如有因病、因孕或教学周期未完成等特殊情况暂时不能交流的，经县级以上教育行政部门核准，可以暂缓交流。教师每次交流的期限至少为 3 年。城区教师交流到农村学校任教，交流期满经考核合格者，由县级教育行政部门根据实际情况，统筹安排回城区学校任教。

（6）教师培训，校长和教师五年一周期不少于 360 学时的培训（每年不少于 72 学时）。2016 年度、2017 年度、2018 年度教师培训学时统计表（准备电脑备查）。

8. 质量与管理。

（1）办学质量一览表（样表）。

（2）开齐课程、开足课程，每天校园体育活动不少于 60 分钟。

①课程表与作息时间表存在的问题：

A. 体育课没有开足。有小学一至六年级，每班每周只安排了 2 节，有学校把"体育与健康"这门课程分解成"体育"与"健康"两门课程，分别由两个老师担任。

B. 课程名称不规范。如"道德与法制"还称作"品德与生活、品德与社会、思想品德"，"科学"被称作"科技活动"等。

C. 校本课程没有具体课程或内容，在课表上体现为"学校自主"或"选用"。

D. 课表编排不科学。音、体、美、信息、科学、生物、物理、化学分别存在扎堆的现象。

E. 作息时间表，有些学校没有安排眼保健操、大课间活动，每天一小时校园体育活动没有足够体现；有些学校安排了第 8 节课；等等。

②没有解读好《湖南省义务教育课程计划（2018 年修订）》。

一些学校不看《湖南省义务教育课程计划（2018 年修订）》（湘教通〔2018〕585 号）整个方案，只看其中的《湖南省义务教育课程设置及比例》，有的还看不懂这张表。

③要求：

A. 规范课程表与作息时间表，平时加强巡课。

B. 贯彻落实《国务院办公厅关于强化学校体育促进学生身心健康全面发展的意见》（国办发〔2016〕27号），学校制定校园体育活动实施方案。

（3）小学六年巩固率达97%以上，初中三年巩固率达96%以上（2016—2017学年度、2017—2018学年度、2018—2019学年度）。

①学校建立控辍保学制度与实施方案。

②巩固率统计表（提供参考样表）。

③用新生注册花名册与相应的毕业花名册，加小学六年间、初中三年间的异动名册做佐证。

（4）小学生、初中生体质健康及格率均达98%以上（2016—2017学年度、2017—2018学年度、2018—2019学年度）。

①以统计表与上报的成绩册为佐证。

（5）不存在重点校、重点班，公办义务教育择校现象得到基本遏制，中小学生过重的课业负担得到有效减轻。

评估要求：无重点校和重点班（2分）。择校率（非正常跨区域招生比例）不超过10%（4分）。小学一、二年级不留书面家庭作业，小学其他年级书面家庭作业控制在60分钟以内（1.5分）。初中各年级书面家庭作业不超过90分钟（1.5分）。不以县域为单位对1~8年级全体学生举办语文、数学、外语统考；教育教学质量抽样监测不对学校和学生排名（2分）。

①平行班级多的学校，提供电脑随机编班的佐证。

②学校对布置家庭作业要有明确的规定，有检查；不按考试成绩给学生排队，不以考试成绩作为唯一标准评价老师与学生。

（6）小学适龄儿童全部入学，小学六年级学生升入初中比例达99%以上，初中毕业生升入高中阶段学校比例达85%以上，其中升入普高和职高的比例大体相当（2016—2017学年度、2017—2018学年度、2018—2019学年度）。

①提供"小学适龄儿童入学率统计表""小学六年级学生升入初中比例统计表""初中毕业生升入高中阶段比例统计表"三种参考样表。

②佐证：招生区域内适龄儿童人口数由计育部门或户籍部门开具证明即可；小学升学率、初中升学率，分别用六年级学生、九年级学生毕业名册加"毕业去向""家长核实签字"栏目进行统计。

9. 教育信息化（学校"三通两平台"情况）。

10. 城区义务教育学校要统计进城务工人员随迁子女就学情况（2018—2019学年度、2019—2020学年度）。

11. 教学点的迎检资料，按《义务教育发展基本均衡县省级督查教学点办学条件核查表》（见《迎检指南》P112 – 113）的26项要求准备好现场与佐证资料；按年度清整好常规资料。由中心学校指导到位。

12. 全乡镇（街道、场）、全县统计义务教育阶段教师数、学生数、班级数时，要包括教学点与民办义务教育阶段学校。

13. 介绍学校的宣传物（主要呈现基本情况与办学特色）；学校的短期、中期发展规划要进一步完善。

14. 乡镇（街道、场）教育工作汇报材料（基本情况、所做的主要工作与取得的主要成绩、存在的主要问题与困难、下阶段工作思路与努力方向），学校工作汇报材料（学校基本情况、学校工作亮点与特色、学校目前存在的问题与困难、下阶段工作措施与努力方向）。

15. 根据《迎检指南》（P98 - 101）《义务教育均衡发展公众满意度调查问卷（A 卷）》《义务教育均衡发展公众满意度调查问卷（B 卷）》中的内容向师生、家长、社会做好正面宣传。

三、乡镇（街道、场）人民政府迎检工作

（一）了解省两项督导评估考核下乡镇、下学校工作程序和内容

1. 用半个小时左右的时间审阅乡镇政府教育工作情况书面介绍，并就有关问题进行询问，主要了解乡镇政府控辍保学责任制落实情况、乡镇政府为教育排忧解难办实事的情况、校园周边环境治理及改善学校办学条件的情况等；

2. 检查全乡镇教育发展水平的相关指标，重点检查初中学生辍学率和小学毕业生升学率；

3. 到学校检查校园、校貌、校舍及学校教学、生活设施设备，并现场核实教育发展水平的相关数据；

4. 查阅乡镇政府和学校的相关材料，如会议记录、年度工作计划、总结、班主任工作手册、课表、学生成绩册等；

5. 以乡镇为单位，每个下乡组每所学校抽查 10 本教师备课本和 20 本学生各科作业本；

6. 就当地教育外部环境、乡镇政府的教育工作、教师待遇、教育教学管理、学生辍学等情况以及学校当前存在的困难、教师们共同关注的问题分别找校长、教师、学生及家长进行个别访谈（每个乡镇访谈 8 人以上），在《记录本》上做好访谈记录。

（二）乡镇（街道、场）迎检资料目录清单

1. 乡镇（街道、场）政府教育工作情况汇报。

2. 乡镇（街道、场）教育工作"十三五"发展规划。

3. 乡镇（街道、场）控辍保学实施方案（2016 年制定）。

4. 乡镇（街道、场）关爱留守儿童实施方案（2016 年制定，体现职能部门的责任，体现政策、组织、经费安排，吸纳社区、媒体、志愿者等社会各方广泛参与）。

5. 乡镇（街道、场）学校安全工作实施方案（2016 年制定）。

6. 乡镇（街道、场）学校周边环境综合治理实施方案。

7. 其他已出台的与教育相关的文件资料。

8. 2016 年以来乡镇街道场政府为教育排忧解难办实事、校园周边环境治理及改善学校办学条件等组织的会议、现场办公、活动等资料与相关制度、相关方案的实施资料。

9. 其他有特色的教育工作资料。

四、迎检工作策略

（一）夯实常规

1. 整理好校园。有项目建设没完工的，按规定建好隔离带，立好警示牌，规范施工；彻底消除卫生死角，彻底排除安全隐患，保持消防通道畅通。

2. 行政人员根据课程表坚持巡课，发现问题立行立改。

3. 严格考勤，因特殊情况需要调课的，要经教务处批准，教务处要做好登记。

4. 拿出切实可行的方案，抓好学生的养成教育和文明礼仪教育，有寄宿生的学校，要抓好寝室内务整理。

5. 利用综合实践中的主题活动课，对师生开展爱学校的活动，开展理解校训、校风、教风、学风的活动。

6. 整理好迎检资料与资料室。

（二）转变角色查问题

1. 学校主要领导，要多模拟专家身份，从校门口开始，到校园、到各室一路查看，找出容易被忽视的问题，迅速补救。

2. 兄弟学校间可以开展挑刺有奖的活动。

（三）关注细节

列举一些在学校发现的细节问题，引导举一反三。

五、校长需做的功课

（一）知晓教育相关政策，坚持正确的办学方向

1. 坚持进入"中华人民共和国教育部官网""湖南省教育厅官网"学习教育法律法规、规章与教育政策，不断提升教育政策理论水平。全面贯彻落实好习近平总书记提出的"九个坚持""六个下功夫"。（列举一些重要文件）

2. 学习好《教育督导工作文件选编》《迎检指南》中的相关内容。

（二）塑造一个好形象，赢得专家好感

1. 清整头发、胡子等，衣着得体，朴实大方，精神饱满。

2. 热情周到，尊重，虚心，不卑不亢，把握分寸。

（三）强化某些技能，从容应对专家的检验

1. 相关的操作技能（动手）。

2. 回答专家提问的技巧（动口）。

3. 增强悟性（动脑）。

第八章　学校督导评估报告

新化县 2018 年度幼儿园办园行为督导评估报告

根据国务院《教育督导条例》、教育部《幼儿园办园行为督导评估办法》、湖南省《幼儿园办园行为督导评估实施方案（试行）》、湖南省教育督导委员会办公室《关于做好全省幼儿园办园行为督导评估工作的通知》、新化县人民政府教育督导室《关于印发〈新化县幼儿园评估规划（2017—2020 年）〉的通知》等法规政策文件，按照教育部幼儿园办园行为督导评估系统的相关要求，9 月 19 日至 10 月 8 日，纳入 2017 年度、2018 年度评估规划的 119 所幼儿园在评估系统中进行了自评；10 月 10 日—22 日，新化县人民政府教育督导室组织 7 个督评组对 119 所幼儿园的办园行为开展了实地督评；11 月 5 日—6 日，组织复评组对随机抽取的 6 所幼儿园进行了实地复评。现将督导评估情况报告如下。

一、督导评估基本做法

教育部高度重视幼儿园办园行为督导评估，建构了网上评估加实地评估的模式，开发了管理、自评、督评、复评四位一体的评估系统，形成了县级督导部门具体组织实施，市、省、国务院督导部门抽查及监测的机制。新化县人民政府教育督导室认真贯彻落实相关法规政策文件，编印了《幼儿园办园行为督导评估工作手册》，牵头组织了自评、督评业务培训，组织 7 个督评组开展了督评工作，每个督评组设带队领导 1 名、督评专家 3 名，其中 1 名专家任督评组长。为保证 7 个督评组在实地评估时标准基本统一，县人民政府教育督导室为各督评组配备了激光测量仪，凡核实与面积相关的数据，都必须使用激光测量仪进行核实；统一设计了家长、教职员工、园长调查问卷或访谈问卷，共回收家长调查问卷 3559 份、教职员工调查问卷 1186 份、园长访谈问卷 119 份。各督评组原则上按照"通知园所—网上了解自评完成情况—审阅自评报告—进入园所—宣布评估纪律（园长签订责任状）—按分工实地核查评估—提交督评数据—口头反馈督评意见—形成初步督评意见书并上传"的规程完成了督评工作。县人民政府教育督导室组织专家对各幼儿园的初步督评意见书进行了审核，结合幼儿园的自评报告和社会公众意见，形成正式的督评意见书，印发至受评幼儿园及所在的乡镇中心学校与督学责任区。

二、督导评估总体情况

按 2017 年度、2018 年度评估规划，应有 121 所幼儿园接受评估，洋溪镇中心幼儿园、温塘镇车田江幼儿园没按要求完成自评，实际接受督导评估的幼儿园为 119 所。

《教育部幼儿园办园行为督导评估系统》设置评估总分为 1000 分，其中办园条件 250 分、安全卫生 200 分、保育教育 200 分、教职工队伍 250 分、内部管理 100 分；得分 750 分以下为不合格、750~850 分为合格、850~950 分为良好、950 分以上为优秀。评估系统根据督评与复评数据统计，我县受评的 119 所幼儿园中，督评总分在 750 分以上的有 87 所，合格率为 73.12%；850~950 分之间的幼儿园有 12 所，良好率为 10.08%，上了良好等级的幼儿园为新化县壮苗幼儿园、上梅镇东方娃娃幼儿园、炉观镇星星幼儿园、上梅镇新世纪幼儿园、西河镇亲亲宝贝幼儿园、上渡办事处清华园幼儿园、上渡办事处维多利亚幼儿园、上梅镇小太阳幼儿园、西河镇爱德堡幼儿园、圳上镇蓝精灵幼儿园、白溪镇小天使艺术幼儿园、桑梓镇中心幼儿园；950 分以上的 1 所，优秀率为 0.84%，优秀等级的幼儿园为新化县梅苑中心幼儿园。全县 119 所幼儿园总分均值为 774.96 分，得分率为 77.50%。办园条件均值 188.70 分，得分率为 75.48%；安全卫生均值 173.16 分，得分率为 86.58%；保育教育均值 141.02 分，得分率为 70.51%；教职工队伍均值 179.31 分，得分率为 71.72%；内部管理均值 92.77 分，得分率为 92.77%。公办园总分均值 791.12 分，民办园总分均值 772.80 分；普惠园总分均值 775.49 分，非普惠园总分均值 771.53 分。

三、办园取得的主要成绩与经验

1. 县级政府出台规范管理文件。为加强幼儿园的科学管理，规范幼儿园办园行为，提升幼儿园办园品质，促进全县幼儿教育事业健康发展，新化县人民政府办公室于 2017 年 7 月 11 日印发了《新化县幼儿园管理办法（试行）》。该办法共十二章五十五条，从总则、举办条件、筹设申请、考核审批、保育与教育常规、规范安全管理、变更和终止、办学水平评估、部门职责、监督和业务管理、奖励与处分、附则等方面做了比较全面的规定。这既是幼儿园的办园指南，也是对幼儿园依规管理的纲领性文件。

2. 教育行政部门强化管理措施。新化县教育局制定了《新化县公民办幼儿园迎两项督导评估"一园一策"对照表》，2018 年 5 月 28 日—6 月 15 日，组织 8 个督查组深入每所幼儿园，从办园条件、安全卫生、保育教育、教职工队伍、内部管理等五个方面进行定性分析、定量评价，督查指导帮助各幼儿园找出差距，探讨补齐短板的策略与措施，形成"一园一策"方案。基于"一园一策"方案，2018 年 7 月 26 日，县教育局印发了《关于规范城区幼儿园招生行为的通知》，从招生原则、招生分类、招生要求、招生收费、招生监管等方面做出了明确规定，特别是根据城区各幼儿园场所的实际情况，下达了城区各幼儿园容纳幼儿总额的上限数。同时，加大了园长"国培"力度。

3. 幼儿园布局基本合理，学前毛入园率逐年提升。绝大部分受评幼儿园在当地是需要的，为当地孩子们解决了入园难的问题。2018 年上期，全县幼儿园在园幼儿达 45843 人，全县学前三年适龄幼儿为 58504 人，学前三年毛入园率为 78.36%。

4. 幼儿园办园行为日趋规范，办园水平有所提升。一是办园条件有改善。受评的大部分幼儿园每年都有不同程度的投入，不断完善基础设施设备。大部分幼儿园对园所进行了美化、净化，努力为幼儿营造温馨舒适的生活环境；活动室大都有音频设备、电子琴、风扇、饮水机、消毒设备、监控系统、一杯一巾等，有的还安装了投影仪，活动室与寝室安装了空调；户外玩具和器械品种较为丰富，基本上能满足幼儿攀、爬、滑、钻、悬垂、摆荡、跳跃、平衡、投掷、骑、滚等功能的需要。有些幼儿园虽规模不大，在园幼儿人数较少，但在基础设施方面舍得投入。如桑梓镇东方红幼儿园今年投入 32 万元，把与幼儿园相邻的一栋民居买下拆除，整建为幼儿园室外活动场地，新增了 200 平方米。梅苑中心幼儿园为满足家长对优质幼儿教育的需要，近年来投入 6000 多万元改址新建，建成了一所占地面积 12000 平方米、设计规范、功能齐全的幼儿园，本次督评总分达 964.08 分。二是安全卫生工作有成效。大部分幼儿园都进行了晨午检，都有相关消毒记录；都对幼儿进行了安全教育，有演练活动的相关资料；食堂采购都注重索证索票，留样较规范；校车一车一台帐，均取得了校车标牌与使用许可证。安全卫生总分 200 分，119 所受评幼儿园平均得分 173.16 分，得分率为 86.58%。安全卫生得分 195 分以上的幼儿园有西河镇亲亲宝贝幼儿园、上渡街道维多利亚幼儿园、桑梓镇中心幼儿园等。三是区角教学有意识。相当一部分幼儿园有了区角教学意识，在活动室和走廊设置了区角。梅苑中心幼儿园每个活动室设置了 9 个区角，全面实施区角化教学；县幼儿园重视区角化教学的研究，罗健明老师撰写的《简析我园教学小学化的表现及转变策略》，对实施区角化教学具有很强的启迪性。区角化教学开展较好的幼儿园还有上渡街道维多利亚幼儿园、桑梓镇中心幼儿园、上渡街道阿童木幼儿园、上梅街道大风车幼儿园等。四是内部管理有提升。大部分幼儿园组织机构按要求设置，管理制度健全，坚持用制度管人管事，经费的管理与使用、招生行为比较规范。内部管理总分 100 分，119 所受评幼儿园平均得分 92.77 分，得分率为 92.77%。内部管理 98 分以上的幼儿园有梅苑中心幼儿园、西河镇亲亲宝贝幼儿园、县幼儿园、桑梓镇中心幼儿园、新化县壮苗幼儿园、科头乡红苹果幼儿园等 13 所幼儿园。

四、办园存在的主要问题与困难

1. 小学化教学比较严重。有部分幼儿园为了迎合一些家长，不尊重教育规律与孩子成长规律，提前对幼儿进行小学教育，提前把汉语拼音、书写汉字、数学运算等一年级的部分教学内容纳入了幼儿园的教学活动中。具体表现：一是有的幼儿园使用的教材与幼儿园教育内容的五大领域有出入；二是有的幼儿园活动室有小学生的课桌，在教育活动的组织上，不是以游戏活动的方式组织教学，而是采用"黑板加粉笔"的教学方式；三是有个别幼儿园还存在统一布置拼音、汉字、数学运算作业的现象；四是在对幼儿的评价方式上，不是按照幼儿的年龄层次、个体水平对幼儿进行健康、语言、社会、科学、艺术五个领域的个体测查，而是以分数来衡量和评价一个幼儿水平。

2. 教职工队伍建设滞后。所评估的 119 所幼儿园，其中班级配备两教一保的有 30 所，配备一教一保的为 89 所。配备两教一保的大多分布在城区，农村幼儿园（包括乡镇中心幼儿园）的班级一般只配备了一教一保，个别幼儿园一些班级甚至没达到一教一保。119 所幼儿园，共有教师 1226 人，其中 59 人高中文化程度以下，67 人无幼师资格证；有很多保育员没参加过保育员培训，无保育员培训证。公办教师在幼儿园教职工中所占的比例偏低。如县幼儿园共有教职工 44 人，其中在编教师 27 人，临聘人员 17 人；在乡镇公办中心幼儿园，在编教师更少，大多为临聘人员。

3. 办园条件需继续改善。一些幼儿园过度追求利益的最大化，近年来没有投入经费改善办园条件。部分幼儿园园所是租赁的，或利用撤并学校的建筑改为幼儿园园舍，其建筑没有按幼儿园的建设规范标准设计与建设，致使其生活用房与辅助用房相关指标均达不到标准要求。主要存在以下情况：一是有的幼儿园生均活动室面积、生均寝室面积不足标准的一半，活动室、寝室、卫生间不能相邻设置，特别是有个别幼儿园还在园所外另租赁房子作为幼儿寝室，在四楼设幼儿班级活动室等。二是有的幼儿园消防通道原来只有一条，为了符合相关消防要求，临时加建了一条，可加建的消防通道的坡度、踏步宽度、护栏高度均达不到标准要求。三是有些幼儿园厕所过于简陋，蹲位较少，无隔板，无盥洗室，洗手龙头过少。四是在农村幼儿园中有部分幼儿用床为双层床，没有达到一人一床要求，特别是有一所幼儿园的寝室还是通铺。五是有的幼儿园活动室教具、玩具数量较少，个别幼儿园活动室与寝室及厨房配餐间无紫外线消毒灯，有的安装不符合要求，开关高度没达 2 米高且无醒目标识，有的电源插座位置过低，存在安全隐患。六是个别幼儿园活动室区角建设流于形式，只有区角名称，无相应的玩具柜、玩具与供学生休息的桌椅等。七是有一部分幼儿园户外活动场地面积较窄，且没有三十米直跑道、沙坑等户外场地的设置。八是个别幼儿园没有传达室，没有专职保安，安保设施设备欠完善。九是个别幼儿园无保健室，无专职保健医生或保健员，保健设施设备简陋。

4. 内部管理还有待加强。此次评估的 119 所幼儿园中有些没有教职工的岗位分工安排，没有明确具体的岗位职责。有的幼儿园的制度为网上下载，适应性、操作性不强，没有真正的实现制度化管理。在安全卫生方面，对幼儿的安全教育活动与演练活动有的缺乏总体的规划与具体的活动安排，工作的随意性较大；有个别幼儿园的消毒记录、晨午检记录还流于形式。在教研教改方面，有些幼儿园教研活动的系统性还不强，内容零散，没有立足于本园的教育实际，教研活动的形式常常是以学习文章为主，或者只是探讨如何上好一堂课或搞好一次主题活动，缺乏整体研究与全局把握，不能很好地解决教学的实际问题；教研时间得不到保证，教研活动不能经常化。在幼儿健康体检方面，农村幼儿园很大一部分还没有做好入园前的体检，也没有对幼儿进行一年一次的全面健康检查，无相关健康档案；城区幼儿园虽进行了入园体检，但体检基本上是入园后进行的，也不完全符合要求。在档案资料管理方面，很多幼儿园还缺乏过程资料，没有体现精细化管理的要求。

5. 幼儿园相关证件有待完善。此次评估的 119 所幼儿园，有 11 所无卫生评价合格报告，有 6 所无食品经营许可证，有 31 所没有消防验收合格证明，有 11 所没有房屋安全评估报告，有的幼儿园同时存在多个"一票否决"。根据《湖南省学前教育推进工程中央项目"管办分离"实施办法（试行）》，全县已建的部分公办园采用了"公建民营"的办园模式，导致一些公办园没按规定办理相关证件。在幼儿园自评与督评组督评时，相关人员对题目解释未能理解透彻，存在提供的证据不能佐证的情况，有的甚至没有提供证据。

五、整改要求与建议

1. 整改要求：一要尽快制定切实可行的整改方案。各受评幼儿园要根据县人民政府教育督导室印发的《督导评估意见书》，迅速制定整改方案，列出整改时间表，上报所在乡镇（街道、场）中心学校与督学责任区、县人民政府教育督导室。二要层层落实整改。合格及以上幼儿园的整改，由中心学校督促整改到位，督学责任区适时抽查；作为"一票否决"的相关证件，一些幼儿园在督评时还在办理之中，这些幼儿园由督学责任区督促整改到位，县人民政府教育督导室适时抽查。这两类幼儿园的整改在 2019 年 3 月底前到位。对总分 750 分以下的幼儿园，中心学校要加强管理，督学责任区要加强指导，县人民政府教育督导室在 2019 年 6 月组织复评，对复评不合格的幼儿园按《湖南省幼儿园办园行为督导评估实施方案（试行）》的规定与程序提请教育行政部门给予暂停其一年办园资格的处理，整改一年后达到相应标准的再次颁发办园许可证，整改后仍未达到保障幼儿安全、健康等基本要求的坚决予以取缔。各受评幼儿园要按要求将整改情况及时报送中心学校、督学责任区、县人民政府教育督导室。三要做好相关情况的跟踪督导。在督评过程中，如果存在因对相关证件的要求理解不透彻导致把关不严的，要跟踪督促幼儿园办理好规范的证件。四是申请复评。合格以上的幼儿园通过整改后，提升了档次的，可以申请复评。

2. 整改建议：一是建议全县所有幼儿园严格对照《教育部幼儿园办园行为督导评估系统》中的 194 个考核点（其中 15 个"一票否决"考核点），制定本园建设与发展规划，明确努力与发展的方向。二是建议乡镇（街道、场）政府与中心学校加强对属地幼儿园的建设与管理，把幼儿教育纳入当地经济社会发展规划和教育协调发展规划，合理布局，科学、规范管理，有效指导，提升辖区内学前教育水平。三是建议教育行政部门强力推进区角化教学，开展好教学观摩、专题研究等活动，加强管理与业务指导，整体提升全县幼儿教育水平。四是建议县人民政府统筹好学前教育健康发展。①协调相关部门开展综合行动，依法依规办理幼儿园的相关证件；②尽快新建好县幼儿园，发挥示范引领作用，有效提高幼儿园办园行为督导评估的合格率、优良率；③依法依规努力落实学前教育的相关政策，加强《中共中央　国务院关于学前教育深化改革规范发展的若干意见》的宣传与落实；④增加专职责任督学，按国务院教育督导委员会办公室的要求，实施幼儿园挂牌督导。五是建议上级督导部门把不按要求完成自评的幼儿园，纳入"一票否决"的范围。

（肖凯文执笔）

湖南省某示范性高中网上督导评估意见

根据《湖南省教育督导条例》《湖南省示范性普通高中管理办法》和《湖南省示范性普通高中网络督导评估工作规程》的规定，按照《湖南省示范性普通高中督导评估细则》的要求，本着实事求是、公平公正的原则，网评专家于 2018 年 9 月至 2019 年 7 月对某市第一中学进行了网络督导评估。评估中，专家组及时跟进学校办学过程，在每月随访的基础上，查阅了学校督导空间和公共网站资料 621 条，留言互动 36 条，按《评估细则》对各项指标逐一审核记分，同时通过研读获得的信息，对学校本学年度工作特色与亮点进行深入分析，认真查找存在的问题，形成了对某市第一中学的网络督导综合评估意见，现反馈如下。

某市第一中学现有教学班 70 个，在校学生 3794 人，教职工 330 人，其中专任教师 281 人。学校 2019 年高二学业水平考试正考合格率为 99.56%，2018 年高考本科二批以上上线率为 63.10%。学年度内，学校积极践行"让学生享受幸福的教育，让教师享受教育的幸福"的办学理念，坚持"文化立校、科研兴校、质量强校"的办学策略，狠抓班主任队伍与专任教师队伍建设，创新教育科研，教育教学质量得到了全面提升。

一、上年度问题整改情况

学校能正视存在的问题，努力整改。一是积极争取政府支持。2016 年以来，市委、市政府加大了对市一中的投入，改造宿舍楼、毓馨楼，整合了新旧两栋实验楼功能布局，增建了理化生实验室，添置了实验仪器设备和图书，已经改造好了田径运动场，投资额超过 4000 万元。针对学校校园面积小、生均面积不足的难题，市委、市政府斥资 6.8 个亿，新建占地 273 亩的新一中，预计 2019 年 9 月可正式投入使用。二是对党建工作、教师队伍建设、帮扶薄弱学校等工作，积极补齐短板，有初步的整改成效。目前，只有班级人数不均衡的情况没有得到根本性的整改。

二、办学亮点与特色

1. 班级管理工作常抓不懈。学校重视班主任队伍建设，坚持组织专题培训，大胆启用一批青年教师担任班主任，增强班主任队伍的活力；学校能定期召开班主任工作会议，部署与总结通报班级管理情况，大力推广班级管理的成功经验。2018 年下期聘请了两名专职政教干事，加大课间、中午等时段检查巡查力度，强化对班主任的督查；继续组织开展"文明班级"评比和"优秀班主任""十佳班主任"评选。学校承办了湖南省第八届中小学班主任工作研讨会，李某某老师在会上作主旨演讲；政教处呈报的作品《文明校园你我共建，校园文明你我共享》获评"2018 年全省中小学德育工作优秀案例"。

2. 主题教育活动丰富多彩。学校以"扣好人生第一粒扣子"为主题开展了一系列活动：

组织开展了"禁止学生携带手机进校园专项整治",扭转了学生手机泛滥的局面;组织开展了"放飞理想圆梦高考""庆祝第 34 个教师节暨表彰大会""班级文化建设评比""新时代好少年评选"等系列活动;校团委组织开展了清明祭英烈、十一向国旗敬礼、"河湖卫士"保护母亲河志愿者行动、Dating Future 高校宣讲会、"我要人声鼎沸"校园歌手大赛、五四表彰暨成人宣誓典礼、"爱心送考"志愿者活动、Dream Festive 社团文化艺术节、Dream Party 元旦文艺晚会、第二届诗词大会、经典诵读等;办好了校刊《瞳》《麦田》。一系列教育实践活动,既丰富了校园生活,又陶冶了情操,增长了才干,涌现了一大批优秀学生。年内,陈某某同学被评为"某市新时代好少年",姚某某同学获评"湖南省新时代好少年"。

3. 心理健康教育有突破。学校心理健康教育中心通过心理课、专题讲座、个别辅导、团体辅导等形式有效开展心理健康教育和生涯规划教育,精心编辑生涯教育专刊;学校加入了全国青爱教育基金会,建立了第 959 号"青爱小屋";承办了"2018 年某市中小学校心理健康教育活动月启动仪式"和"某市心理与教育学会年会"等市级活动,得到广泛好评;校本教材《心理健康教育》荣获某市一等奖。年内获评"某市心理健康教育先进单位"和"湖南省心理健康教育特色学校"。

4. 教师培训有力度。2018 年,学校争取到了 300 万教师培训专项经费。分批组织全体教师赴上海、浙江、山东进行全员培训,深入了解沪杭、山东等地新高考改革的基本情况和应对策略;与此同时,广泛开展了各类校本培训。9 月 27—28 日举行了新教师入职岗前培训,让他们以最快的时间熟悉学校教育教学各种情况,更好地融入某市一中这个大家庭;9 月 29—31 日学校邀请了省内外专家对全体教职员工进行了新高考培训与师德教育,进一步提升了教师综合素养,教师校本培训率达 100%,还选送 4 人、39 人、23 人分别参加了国培、省培与市培。学校承办大型省市教育教研活动 7 次,为教师提供了宝贵的观摩学习机会。

5. 课题研究有成效。学校从小课题抓起,制定了《某市一中"小课题研究"活动评价方案》,鼓励教师开展校本研究。学校立足课堂,围绕"问题即课题",广泛开展"小课题"研究。每学期初,每一个备课组都围绕本学科常态课堂教学中急需解决的热点、难点问题,通过"同课异构"或"异课同构"方式开展研究,探索解决问题的途径和方法,帮助授课教师发现问题、优化策略,督促教师上好每一堂课。2018 年上期,完成小课题研究 20 项;2018 年下期,完成小课题研究 28 项。小课题研究带动了大课题的研究,学校承担省、市级科研课题达 23 项,承担的《家书家训在普通高中德育中的应用研究》为湖南省教育科学规划重点资助课题。小课题研究极大地提升了教师课堂教学能力与研究能力。2018 年,"一师一优课,一课一名师"活动,获部级优课 3 项,在教学比武中,获省二等奖 2 项,省三等奖1 项,市一等奖 16 项。黄某某老师在第十届全国高中英语教师基本功大赛暨教学观摩研讨会上,荣获现场说课及录像展评课两个全国一等奖。本学年度,学校教师在省级以上刊物发表论文 15 篇,省级以上获奖论文一等奖 15 篇、二等奖 25 篇。

三、主要问题与不足

对照评估方案、评估细则和相关教育政策规定,学校在办学与发展中还存在以下问题。

1. 领导队伍自身建设值得加强。9 位校级领导，只有 4 人兼课，兼课率不足 1/2；没有提供 2018 年下期校级领导的听课记录，2019 年上期，有两位校级领导听课没达 30 节。中层干部竞争上岗，还是 2010 年的资料；本学年度没有及时调整校务委员会。

2. 教师编制短缺。学校应配教职工编制 347 人，实有教职工 330 人，缺编 17 人；专任教师有两个统计数据，教师队伍建设情况统计表（一）为 281 人，教师队伍建设情况统计表（二）为 267 人，如果按 267 人计算，专任教师的比例为 80.9%，没有达到 85%。

3. 办学条件存在不足。生均校园面积为 18.4m2，低于 30m2 的标准；生均图书 38 册，没达 45 册的标准。

4. 学生体质健康测试项目存在短板。学生体质健康测试，只有学生的单项原始成绩，没有进行计算与统计。查 1931 位男生参加引体向上测试，结果为 0 个、1 个、2 个、3 个的学生分别为 258 人、241 人、167 人、178 人；能完成 7 个以上的学生为 581 人，仅占 30.09%。

5. 班级人数不均衡。学校平均班额为 52.9，但高一、高二、高三分别存在一个只有 10 人、8 人、14 人的班级。

四、评估意见与建议

1. 要进一步落实党建工作。党建工作是学校上学年度要整改的一项工作，学校有一定程度的整改，但落实还不是很到位。如党建经费，只提供了一份《关于申请下拨党建经费的报告》，共计 547300 元，没见党建经费预算与支付的资料；党建工作成效，本学年度只提供了一个 "2018 年度开展党支部党员组织生活会民主评议党员有关要求的通知" 和三个学习资料。建议学校用党建统领学校发展大局，充分发挥党员干部与党员教师的先锋模范作用，以活动为载体，把教育教学与党建有机结合起来，在落实上精准发力，为推动学校持续健康发展提供政治、思想与精神保证。

2. 要进一步加强行政队伍建设。一是要建立与完善校级领导兼课听评课制度。课堂是实施素质教育、提高教学质量的主阵地，领导兼课，以身示范本身就是一种无形的管理力量；领导坚持推门听课，深入课堂，可以全面了解学校的课堂教学生态，给授课教师一种无形的压力，促进他们不断成长，是一种最有效、最直接的管理方法。学校要从制度上保证校级领导兼课听评课到位。二是要完善中层干部竞争上岗机制，在全校形成积极科学的用人导向，严格开展中层干部履职评议考核，激发中层干部的主人翁责任感，促使其负责的工作不留死角、不留遗憾。通过加强学校行政队伍建设，逐步实现治理能力的现代化。要充分发挥行政力量，对存在的问题积极整改。编制与生均校园面积不足的问题，要多汇报，争取引起政府及其职能部门的高度重视与支持，能够彻底解决。生均图书不足、学生体质健康测试项目存在短板、班级人数不均衡等问题，只要学校引起足够的重视，是完全可以通过学校的力量整改到位的。

3. 要重视校友资源的开发利用。校友资源是一个学校重要的课程资源。凡有着一定办学历史的学校，都蕴含丰富的校友资源。有效开发利用校友资源，是促进学生健康成长和学校快速发展的重要途径和手段。该校始建于 1906 年，经历了 113 年的办学历程，培养了数以万计的各类人才，校友资源非常丰富。但查学校的校友资料，2016 年 5 月，上传了 15 位校友的信息；2016 年 6 月，上传了一位是院士的校友获 2016 年度陈嘉庚科学奖的消息；2017 年 4 月，上传了校友的 3 个小活动。怎么开发利用校友的德育资源、物力资源、财力资源、信息资源，学校缺乏意识与规划。建议学校树立"凡是不违法乱纪，靠自己能力顽强自信生活的校友，都是母校的骄傲"的校友理念，把校友工作统筹到学校工作之中，把好的做法坚持下来。有效地开发利用校友资源，一定会提升学校的文化品位，助推学校的发展。湖南省教育科学"十二五"规划一般资助课题《中学校友资源开发利用研究》，在结题鉴定时被评为优秀等级，研究成果《魅力人生：校友育人研究》获第四届湖南省教育科研优秀成果一等奖，可以从中借鉴一些好的做法。

（肖凯文执笔）

娄底市某示范性高中督导评估意见

根据国家《教育督导条例》和省教育厅《关于加强中小学校督导工作的意见》及《娄底市市示范性普通高中评估规划》，按照《娄底市普通高中督导评估细则》（以下简称《细则》），娄底市教育督导委员会办公室组织评估专家，于2019年11月27日至29日，对××中学进行了督导评估。督导评估组严格按照《细则》操作，采取听、看、查、访等方式，认真听取了学校校长的情况汇报，察看了校园校貌及教学、生活设施设备，查阅了相关档案资料，随堂听课13节，抽查了部分教师的教案、听课笔记和学生作业本，核查了学校经费账目，与学校主要领导进行了交流，召开了教师代表座谈会和学生代表座谈会，开展了对学校教育工作满意度调查，广泛听取师生、社会对学校工作的意见与建议。督导评估专家组坚持以问题导向，为学校的持续健康发展把脉问诊。经评估专家组认真讨论，形成了对××中学的督导评估意见，现反馈如下。

一、主要亮点与特色

××中学自2004年被认定为娄底市第一批"示范性普通高中"以来，在区委、区政府及各职能部门的关心支持下，在学校领导和全体师生的共同奋斗下，科学定位发展目标，正确研判发展路径，准确把握发展机遇，以"舍我其谁"的勇气和担当，创造了一个又一个辉煌。近年来，学校办学理念不断更新、办学质量不断提升、人民群众满意度不断提高，成为了老百姓有口皆碑的湘中名校。

（一）坚持品牌战略，确保教育优先发展

1. 区委区政府高度重视学校的建设与发展。一是科学规划普通高中发展蓝图，响亮提出了把××中学打造成"娄底高中优质教育品牌"的目标，承诺连续三年投资3000万元，加快改善学校办学条件；二是近年来区委书记、区长每年都要在学校召开书记办公会或常委办公会一次以上，解决学校的困难与问题；三是区委书记×××亲自挂点三中，对学校建设项目亲自过问，亲自把关，其他职能部门对××中学的建设与发展也是尽力提供方便。

2. 加快改善办学条件。近年来，学校筹资2000多万元，对学校田径场进行了全面翻新改造，建有高标准的大型体艺馆；新建了多功能报告厅、录播室、钢琴室、心理教育室等；投入60多万元，新购学生课桌椅4000多套；将学校149个班级包括艺体馆全部安装中央空调系统；学校建有校园网，实现了"三通"，配备了5个多媒体教室，所有教室全部装备了电子白板；学校藏书达35万多册，人均藏书45册，为满足学生阅读的需要，学校把书店引进校园；改善后的学生寝室及学生食堂等生活设施均能基本满足学生需求。

3. 进一步优化了教师队伍。近三年来，学校共引进教师63人，解决了学校教师不足的问题。同时，教师的年龄结构、学科结构及专业结构都得到了较大的改善。

4. 积极化解了高中债务。政府将学校历年欠下的 3587 万元债务完全剥离并化解到位。

（二）坚持目标激励，不断追求卓越

1. 实行科学管理和民主管理。学校以"尚德、博学、求实、创新"为校训，坚持"文化立校、质量兴校、特色强校"，逐步形成了"立德、立行、至善、至美"的良好校风，努力塑造校魂，不断追求卓越。为了使学校持续发展，做出品牌和特色，学校提出了争创"全省一流名校"的发展目标。从评估组开展对家长满意度调查的情况来看，普遍认为领导务实，校风良好，教师敬业，质量一流。在"职业道德""上课质量""教师责任心"等方面，家长表示非常满意。学校能定期召开教职工代表大会，成立了民主监督管理小组，重大事项都要通过教代会，在"职称评定""绩效发放""教师奖惩"等方面全面公开。由此，学校荣获了"湖南省学校民主管理先进单位""全国校务公开工作先进单位"等光荣称号。

2. 实行情感激励，做有温度的教育。××中学的教师是有精气神的，××中学的教育是有温度的。一是人文关怀，给教师积极工作的士气。学校在唤醒教师的内驱力上，做到了"要用热情点燃激情，用温度传递温度"。领导班子坚持以人为本，着力推崇情感激励，如教师家里有困难，大家慷慨解囊，在教师最需要帮助的时候，大家都伸出援助之手，以人文关怀赢得了相互信任。二是主要领导以上率下，担当正气。做到不与教师争荣誉，不与教师争职称，不与教师争利益。教师普遍反映在××中学工作幸福指数高，虽苦犹乐，虽苦犹荣。

3. 立标杆，深融合，党建为教育保驾护航。学校党建紧紧围绕"守初心、担使命，找差距、抓落实"的总要求，坚持将学习教育、调查研究、检视反思、整改落实贯穿始终，认真开展"不忘初心、牢记使命"主题教育活动。学校党建有方案、有措施、有活动、有整改，取得了实实在在的效果。

4. 违规办学集中整治措施有力，成效明显。学校能认真按照市、区《关于中小学校违规办学集中整治实施方案》要求，成立了专项整治领导小组，制定了工作方案，设立了举报电话，签订了承诺书，查摆了问题，组织了回头看，对有偿补课及家教家养、违规征订教辅资料、违规经营食堂、接待用餐不规范等问题落实了主体责任，进行了整改落实，对违规者进行了提醒谈话或立案处理，营造了风清气正的良好环境。

（三）坚持多管齐下，锻造一流队伍

1. 班子勤勉务实，敢想敢干。学校班子年富力强，作风优良，特别是新一届班子成立以来，在"四风"方面，群众反响良好。校长×××，在校工作 30 年，担任校长 15 年，为人低调，淡泊名利，追求完美，以自己的人格魅力感召团队，心怀梦想，不忘初心，带领团队克服了一个又一个困难，创造了一个又一个奇迹，是大家公认的"名校长"。书记×××，担任书记 11 年，始终坚信"相互补台，一定会好戏连台"，在教师心目中是有责任心、有担当、有能力的好书记。

2. 教师队伍业务精良，师德良好。全校 295 名高中教师，专任教师 256 人，专任教师比例达到 95%，师生比 1∶12.5，学历合格率 100%，研究生以上 31 人，比例为 5.8%，教师平均年龄 41 岁，教师的学科结构、学历结构、年龄结构都比较合理。××中学教师特别有敬业精神，特别有一种不甘落后、勇于争先的竞争意识，尽管任务重、压力大，但教师无怨无悔，甘为人梯。今年，学校×××老师还被评为"2019年度全国优秀教师"。

3. 常规固本，教研增效。学校坚持以教学为中心，视质量为生命，通过抓常规，促教研，教育教学成效显著。一是教学常规落到实处。抓教师备课，学校要求所有教师必须有手写教案，集体备课必须有二次备课，学校一周一检查，一月一评比，如果教师没有教案上课会被认定为"教学事故"。抓教师上课，主要抓实"三堂课"：组内示范课、年级汇报课、全校竞赛课；作业批改必须过"两道关"：年级组自查关、全校检查关，学校不定期抽查。二是教研教改引领促进。学校被确定为省教育科学研究基地、教师培训基地。特别是新高考实施以来，全校教研活动蓬勃开展，有力促进了教师专业成长和教育教学水平的快速提高。近年来，学校有6人兼任区高中学科教研带头人，学校设立了3个高中学科教研室。评估组成员随堂听课13节，一致认为××中学教师专业功底比较扎实，综合素质较强，组织课堂的能力较强，能合理使用多媒体教学，重点难点把握较为准确。随机抽查所听的13节课中有9节被认定为优质课，优质课比例为69.23%，其他4节均为合格课。

4. "青蓝工程"促进新教师专业成长。为充分发挥骨干教师"传、帮、带"的作用，帮助年轻教师尽快适应教育教学工作，促进青年教师尽快成长，学校推出了"青蓝工程"实施计划。从教师座谈会中了解到，××中学老教师对青年教师的培养可谓是无私奉献，老教师精心指导，新教师勤勉好学，相互促进，共同提升。

（四）坚持素质教育，全面立德树人

1. 德育为先。学校积极开展社会主义核心价值观"进教材、进课堂、进大脑"的教育，并出版了校本教材，组织开展了"感恩父母""诚实守信""尊师爱友""敬业奉献"等主题教育活动，深入开展了"做文明学生、创文明班级、建文明校园"活动，在全校各班开展"最美教师""最美少年"等评比活动，引领学生爱学习、讲文明、守纪律。学校在2016、2017、2018年连续有学生被评为全国一、二、三届"最美中学生"。2017年，学校被授予"娄底市首届文明校园"荣誉称号。

2. 特色引领。学校不断更新观念，树立全面质量意识。校园文学、科技创新、国艺国学、田径、足球项目等逐步成为了学校的亮点和特色。××中学是"全国首批足球特色学校""湖南传统体育项目优秀学校"，近年来的比赛成绩令人欣喜，"窗外文学"被评为"全国百家优秀文学社团"，国学国艺更是奇葩绽放，英语风采大赛勇夺金杯。课间3000多名学生的跑操组织有序，整齐划一，令人称赞。

3. 质量立校。学校始终坚持以教学为中心，把提高学生学业水平放在重要位置，注重面对全体学生，整体提升学生综合素质。2017年至2019年学考正考合格率分别为93.3%、96.2%、97.0%，优秀率分别为2.5%、9.0%、8.4%。

二、存在的不足

管理无止境，发展也无止境。××中学在快速发展的同时，还存在以下不足。

（一）办学条件尚不能充分满足新形势下教育发展的需要

一是生均占地面积严重不达标。经查，学校生均面积只有13.56平方米（其中还包括在校内的 5 栋家属楼），远远没达到人均 30 平方米的基本要求；

二是生均校舍、教学用房不达标。经查，学校生均教学和教学辅助用房面积只有 6.73 平方米，也没有达到人均 8 平方米的要求；

三是实验仪器器材陈旧破损且不足，不能满足现代教学的基本需要；

四是学校仍然有 1600 多万元的建设负债。

（二）在经费预算管理上还没有完全到位

一是财政对学校公用经费年初预算未足额安排。经查，2017 年学校初中生 4412 人，应安排公用经费 353 万元，高中 3018 人，应安排公用经费 181 万元，合计应安排 534 万元，实际预算 152.1 万元，少安排 381.9 万元。2018 年，学校初中生 4618 人，应安排 369.4 万元，高中 3180 人，应安排 191 万元，全年应安排 560.4 万元，实际 410.3 万元，少安排 150.1 万元；

二是学校对公用经费的使用年初没有详细的预算，也没有经过学校职代会；

三是学校没有实物管理员，账物无法查对。

（三）"大校额"的存在严重制约学校的良性发展

目前学校人数达 8402 人，其中高中教学班 64 个，学生 3495 人，初中教学班 85 个，学生 4907 人，学校超负荷运转。随着城市化进程的加快，城市人口的日益增加，学校周边几乎没有发展空间。湖南省从 2020 年开始即将启动"义务教育优质均衡发展"督导评估，各项指标在原有的基础上作了较大幅度的调整，从目前现状来看，××中学的各项指标无法达到省定要求。

（四）安全压力大

一是校园内有 5 栋家属楼，且没有隔离，一个大门出入，存在安全风险；

二是校园内羽毛球场护墙有裂缝，有坍塌的危险；

三是学校人车混流，校外马路封闭，××中学与隔壁一所小学共有 1500 人左右通过一个地下通道，存在较大安全隐患；

四是学生人数较多，楼道狭窄，上下楼梯相当拥挤。

（五）学校食堂实行托管，存在托而不管的情况

一是没有按照湘教通〔2019〕194 号《关于进一步做好中小学学生食堂专项整治工作的通知》要求进行整改；

二是留样柜没有落锁；

三是食堂满意度调查表操作不规范；

四是成本控制校方未参与。

三、意见与建议

（一）从政府层面来看，主要有两个方面的建议

一是继续加大投入，促进持续发展。财政对学校的预算要足额安排并及时拨付，专项资金的拨付要按照市示范普通高中建设标准进行。建议区委、区政府切实落实《教育法》关于教育经费投入的有关规定，切实加大对普通高中的投入，进一步改善学校办学条件，真正解决××中学存在的实际困难，使学校成为老百姓持续满意的市级示范性普通高中。

二是未雨绸缪，统筹谋划。从近期考虑，××中学要充分利用周边闲置的资源，新建学校的科技馆、图书馆等；从可预见的将来考虑，建议将学校的高中部外迁，高标准、高品位、高起点新建××中学，这一方面有利于××中学作为一所品牌示范性普通高中的高位规划和发展，另一方面，也有利于化解中心城区义务教育大班额问题。××中学的外迁要积极争取市委市政府的支持，将其作为中心城区化解大班额，推动市、区两级义务教育优质均衡发展的龙头工程，做到市、区联动，统筹推进。建设方式可采取招商引资等模式。

（二）从学校层面来看，主要有五个方面的建议

1. 进一步明确学校发展定位。要以创建"省级现代教育技术示范学校"为目标，以教育信息化建设为抓手，全面提升高中学校办学水平，促进教育信息化与教育教学的深度融合。同时学校要积极开展集团化办学，充分发挥优质教育资源的示范引领和辐射牵引作用。

2. 进一步改善办学条件。要加强实验仪器设施设备的购置，不断满足新课改条件下实验教学的新要求。抓好学校食堂的管理，膳食管理委员会要定期对学校食堂开展满意度调查，真正维护好学生的利益。

3. 进一步落实好预算管理。进一步落实《预算法》，加强预算管理。加强固定资产管理，做到固定资产一物一账、一卡一条码。

4. 全面推进育人方式的改革。按照《国务院办公厅关于新时代推进普通高中育人方式改革的指导意见》（国办发〔2019〕29号），贯彻落实党的十九大以来及全国教育大会精神，全面贯彻党的教育方针，落实立德树人根本任务，发展素质教育，遵循教育规律，坚持正确的育人和评价导向。进一步加强德育工作，使德育工作系统化、系列化、科学化。加强校本课程建设，认真研究和应对新高考，外引内联，主动迎接新挑战，促进学校内涵发展、特色发展、品牌发展。

5. 进一步规范办学行为。规范招生行为，严格控制招生计划，坚决杜绝借读生、寄读生，防止大班额反弹；进一步巩固违规办学集中整治成果，严格按照"一课一辅"要求，坚决制止乱订教辅资料的行为；国家课程标准是国家意志，要严格按照国家课程标准开设课程；要严格落实"阳光一小时"体育锻炼，禁止挤占学生正常的锻炼时间和休息时间。认真落实《教育部关于印发〈义务教育学校管理标准〉的通知》要求，统筹抓好所属初中的管理。建议学校设立督导室，进一步加强对学校的督促指导。

针对上述存在的问题，区委、区政府、区教育行政部门和××中学要制定切实可行的整改方案，认真加以整改。区教育督导委员会办公室要加强对整改情况的跟踪督查并将情况按时上报。市督导办将在适当的时候对整改情况进行复查。

（孙志奇执笔）

新化县某中心小学督导评估意见

根据《新化县乡镇（场、办）中心小学督导评估方案》的要求，第三督学责任区于2017年4月13日—14日对某中心小学开展了为期两天的督导评估，评估组通过听、看、查、访等方式对学校的校园规划、条件装备、队伍建设、学校管理、教育教学、办学水平等六个方面进行了一次综合督导评估。现将评估意见反馈如下：

一、基本情况

某中心小学占地18230平方米，校舍建筑面积8235.91平方米，在籍学生2133名，在职教师64名，其中高级教师7名，一级教师44名，二级教师13名；教师学历合格率达100%，本科学历24人，大专学历40人；教师年龄结构合理，其中40岁以下教师32名，40~50岁教师15名，50岁以上教师17名。

二、主要成绩与经验

（一）办学思想与办学行为

学校秉承"为学校持续发展创造条件，为学生终身发展奠定基础"的办学理念，以"创办农村一流学校，办人民满意的基础教育"为办学思路。一是办学行为规范。按就近入学和招生要求规范招生，做到均衡编班，不设重点班级，不以升学率作为评价、奖励学生和教师的唯一依据。二是开展阳光体育。近年来，通过创建足球特色学校、武术进校园试点学校等，发挥学生特长，培养学生兴趣。重视"两操一活动"的开展，保证学生每天1小时的体育活动时间。开展春秋季田径、足球运动会，提升学生身体素质。

（二）领导班子与教师队伍

一是班子团结务实。校长及班子成员具备任职条件，已取得岗位培训合格证书。党组织、工会组织健全，班子团结，团队意识、主动性、责任心强，建立了校长工作日志，管理到位。二是重视师德建设。学校组织教职工开展了政治、业务学习，教师爱岗敬业，积极参加文体活动。教师无家教家养、体罚学生等违纪现象。制定并执行了教职工管理一系列制度，教师出勤规范，记载翔实。

（三）校园校舍与设备设施

近年来，学校新建了食堂、综合楼，解决了学生的就餐问题和部分教师的住宿问题。学校安装了全覆盖的校园监控系统、校园广播系统，各班统一配备了电子白板，添置了基本的教学设施、实验仪器。

（四）德育管理与教学常规

一是坚持德育为首。学校把德育工作列入重要议事日程，定期召开德育研讨会；将德育工作贯穿于学校常规工作中，利用国旗下讲话、红领巾广播站、主题班会与队会、纪念日、主题实践活动等多种渠道落实和开展德育教育。二是抓实教学常规。学校制定了翔实的工作计划和教学常规管理制度，每学期对教师进行 4 次常规检查，做到检查有记载、有统计，及时向教师反馈通报检查结果。

（五）安全教育与隐患排查

学校制订了安全事故应急预案，每期开展安全主题教育、应急演练，建立了安全隐患排查台账。全体教职工利用课余休息时间，实行课间定点、定人、定时的课间巡视制度，及时排除课间安全隐患。

（六）办学水平与办学质量

为提高学校辖区内教育普及程度，狠抓适龄儿童入学率。一年来，学校辖区内适龄儿童全部入学，入学率达 100%。连续三年，在全镇的质量检测中，教学质量稳居全镇前列。

三、主要问题与建议

（一）办学条件有待改善

生均占地面积与标准相差 $6.9m^2$；生均校舍建筑面积与标准相差 $1.6m^2$；厕所蹲位不足；没有科学仪器室与实验室；音、体、美专用教室被占用；无计算机室。虽然校园内有250 米环形足球场，但未按标准建设好，影响学生体育活动的正常开展。

学校要进一步制订切实可行的发展规划，科学布局，积极筹措资金，不断拓展筹资渠道，努力争取财政支持，持续改善学校办学条件。

（二）教师编制有待补充

学校编制严重不足，在职教师 64 人，按 1:23 核算，少编 29 人；音体美等学科没有专任教师；大班额情况相当严重。

学校要进一步建立健全教师补充长效机制，合理规划学校发展，积极争取教育行政部门支持，加大教师补充力度；学校要进一步立足校情实际，通过转岗培训、内部挖潜、聘请兼职教师等优化教师学科结构。中心学校要进一步统筹规划区域内资源配置，制定切实可行的措施，妥善化解大班额问题。

（三）育人环境有待优化

校园绿化、亮化、美化不达标；校园文化建设没有特色，板报、横幅、标语没有及时更新；存在卫生死角。

学校要进一步挖掘校园文化底蕴，加强校园文化建设，大力开展校园"三化"建设，及时更新、维修校园板报，清理校园过时的标语横幅、卫生死角，合理设置文化长廊、宣传橱窗，打造书香校园，营造良好的育人环境。

（四）全面发展有待落实

学生评价大多采用分数评价，学生的素质报告册中对学生的成绩评定没有使用等级制，只对语数进行了评价；音体美等课程没有开齐开足。

学校要全面贯彻党的教育方针，全面规范办学行为，严格按照国家课程标准开齐课程、开足课时；要优化学校评价体系，实施素质教育，推进德智体美劳全面发展。

（五）日常管理有待加强

教学常规管理不到位，教案检查虽有登记和通报，但没有结果运用；在学生的学籍信息管理中，学生异动情况底子不清；学校门窗部分腐朽破烂，存在巨大的安全隐患。

学校要进一步建立健全内部管理制度，强化岗位职责，特别是要抓实抓细教学常规，充分运用评比结果；要进一步强化安全管理职责，加强安全隐患排查力度，建立安全隐患台账，落实专人管理。

（伍晨羽、彭育国执笔）

新化县某初级中学督导评估意见

根据国务院《教育督导条例》、教育部《关于进一步加强中小学校督导评估工作的意见》和《新化县乡镇（街道、场）中小学综合督导评估方案》的要求，第二督学责任区组织评估组于 2020 年 5 月 11 日～12 日对新化县某中学进行了为期两天的综合督导，评估组通过听取校长汇报、推门听课、察看校容校貌、查阅档案资料等方式，重点对校园规划、条件装备、队伍建设、学校管理、教育教学、办学水平等六个方面进行了督导。经评估组商定，现将评估意见反馈如下：

一、基本情况

某中学始建于 1968 年，现有校园面积 8860 平方米，现有教学班级 6 个，学生 231 人，平均班额 38.5 人，专任教师 20 人，是一所寄宿制农村初级中学。本学年度师生比 0.082（省标准 0.055）、教师学历合格率 100%、生均校地面积 38.35 平方米（省标准 19.2）、生均校舍面积 16.10 平方米（省标准 7.9）、生均体育场地面积 8.18 平方米（省标准 3.3）、生均图书 25.02 册、生均设备值 2794.3 元（省标准 2076），有标准实验室 2 间，音、美等功能室 6 间。

二、主要成绩与亮点

（一）办学条件得到改善

一是基础设施得到改善。校园环境幽静，空气清新。近年来，学校先后新建了围墙、塑胶跑道、校门、综合楼、文化长廊；翻新了篮球场、教学楼、宿舍楼、食堂；改建了水厕、热水浴室；安装了 24 小时供热的热水设备。二是学校信息化进程加快。六个班级全部配备电子白板一体机，教师教学手段日趋多样化；配有标准电脑室，开齐开足信息技术课程，学生信息操作能力得到加强；校园网络全覆盖，为教师的教学、教研提供了便利条件；同步开通了录播课堂，与城区学校共享优质资源。

（二）队伍素质得到提升

学校现有专任教师 20 人，其中女教师 11 人，男女比例合理；高级教师 2 人，一级教师 7 人；40 岁以下教师 14 人，教师年龄结构较为合理。近年来，学校逐步形成了一支年轻化、专业化、有干劲的师资队伍和行政管理领导班子。在行政领导班子的带领下，形成了"敬业、爱生、乐教、善导"的教风。学校注重年轻中层干部和年轻教师的培养，通过师徒结对、校本培训、参加省培国培等，不断提升教师的业务素养。

（三）实验教学有效开展

近年来，学校对实验教学工作比较重视，成立了以校长、支书为组长，分管校长和教务主任为副组长，实验员和理化生老师为成员的实验教学工作小组，小组分工明确，责任到位，既有统一领导，又有具体责任，为实验教学工作顺利开展提供了保证。学校充分利用实验室进行实验教学，教师实验教学备课认真，实验操作熟练。有教师演示实验和学生分组实验，学生分组实验有实验过程和实验报告等。实验分组和实验记录登记具体并上墙，实验室管理有专人负责，实验器材有专人管理。

（四）素质教育全面推进

一是坚持德育首位。学校积极开展国旗下的讲话、学雷锋等德育活动，对学生进行爱国主义教育、社会主义核心价值观教育等。二是坚持阳光运动。注重学生身体素质锻炼，有具体实施方案，保证学生每天有足够的体育锻炼时间。三是全面贯彻党的教育方针。学校坚持以落实立德树人为根本任务，培养身心健康的学生。学校注重对学生的养成教育，强化文明礼仪。学校注重对学生的综合评价，注重学生的全面发展。充分落实县教育局提出的"让每一个孩子脸上有笑容"的办学要求，学校开展"校园之星"评选，涵盖阅读、礼仪、卫生、勤奋、进步等方面；还有优秀学生和进步学生评选、优秀学生干部评选、优秀图书管理员评选、优秀团员评选等。通过各种形式充分践行学校"重德、启智、善学、成才"的校训。

（五）安全教育常抓不懈

学校安全工作有专人负责，实行岗位责任制。每月开展安全教育活动、安全隐患排查、危险物品清缴、安全知识讲座等活动。防疫工作不放松，落实每日晨午晚检制度、门卫室查验登记制度、缺课追踪制度等，确保师生安全。

（六）教育质量稳步提升

在初三毕业会考中，学校连续四年荣获全县"十强学校"荣誉称号。

三、主要问题与建议

（一）办学行为有待进一步规范

督导中发现，学校音体美等课程在落实上与标准有偏差；校本课程尚未形成体系。学校要严格执行国家课程计划，严格按标准开齐开足课程；加大教研力度，开发校本课程。

（二）办学特色有待进一步凝练

学校在养成教育、阅读教育、书法教育等方面有了初步探索和尝试，但没有很好地总结和凝练；学校办学历史较长，但没有很好地挖掘校园文化底蕴，校友资源没有利用和开发。学校要进一步凝聚共识，结合校风、校训，总结学校办学成绩，逐步形成学校办学特色；学校要进一步开发和利用校友资源，将杰出校友的励志故事融入校本课程，激励和鼓舞学校师生奋发进取。

（三）教学常规有待进一步落实

学校在教师业务竞赛、教研教改、学生活动等方面落实力度不够，部分学生、教师进一步提升自己能力的意愿不强；在普通话推广方面，教师没有做好示范，大部分老师的普通话难以达到要求。学校要进一步落实教学常规，制订教研教改计划，落实"师徒结对"，实施

"青蓝工程"，多形式开展教师素养竞赛，为教师成长提供平台；学校要进一步加强社团建设，为学生全面发展与个性发展提供舞台。

（四）校外实践有待有效开展

学校因担心学生安全问题，很少组织校外实践活动。农村最容易组织的春游、志愿服务等活动，学校近十年没有组织过。学校既要考虑学生的安全，也要注重社会实践；既要在课堂上加强安全教育，也要注重在实践中增强学生的安全意识。

（彭育国、伍晨羽执笔）

新化县责任督学随访督导报告

一、随访督导重点任务完成情况及目标达成度

2017 年 9 月,我对挂牌的西河镇××中学、琅塘镇××中学、游家镇××小学、天门乡××学校、金凤乡××小学进行了一次随访督导,对学校的办学条件进行了核查,了解了各校的基本办学条件,并由此形成了各校的办学条件台账,对各校的制度建设、课程开设情况、课堂教学、常规检查、安全工作、收费工作等方面进行了督导,任务完成情况较好,基本达到了预期的目标。

二、所督学校所督事项基本情况

所督学校都有年度工作计划,都对教师开学的教学常规工作进行了检查,招生工作都比较规范;小学学年度巩固率达 100%,适龄儿童入学率达 100%,小六升初一比率达 100%;各校对安全工作都比较重视,都在开学初对学校的安全隐患进行了排查,都上了安全教育第一课;收费工作都比较规范,没有发现乱收费行为。也发现了学校的一些问题与不足:1. 个别学校没有鲜明的办学理念与思路;2. 有 3 所学校课程开设没按省颁课程标准,随意挤占音体美课的现象还存在;3. 个别学校虽然进行了安全隐患排查,但没落实整改。

三、典型经验及案例

此次随访督导,发现和挖掘了一些学校的先进经验与做法,值得其他学校借鉴。1. 琅塘镇××中学小学部教研教改巡回示范课开展得有声有色,全管区统一组成教研组,每所学校选送教师到其他学校上示范课,每所学校既引进来又走出去,统一评课,使全管区各校教学资源共享,对新教师教学水平的提高大有帮助。该学校每班都设安全员与班级安全管理日志,每天由安全员对师生的安全工作教育情况进行记载,加强了学生的自我安全管理意识。2. 西河镇××中学坚持行政值节,对各班每节课的纪律、学生听课率、教师到位情况进行检查登记,极大地促进学校学风与校风的好转。3. 金凤乡××小学每班每月坚持对学生进行思想品德评估,每个学生建立评估卡,既有自评、学生互评,又有师评,对学生的日常行为习惯加强了监督,学生的养成教育抓到实处。每班都有安全工作排查记录,由学生牵头对班级安全隐患进行排查与记录,这样既增强了学生的安全意识,又消除了安全死角。4. 游家镇××小学每天坚持安全值班,基本上每天都有安全工作情况排查与记录。5. 天门乡××学校利用学校监控系统对各班的课堂教学与纪律卫生情况实行全程监控,加强了学校管理。

四、突出问题及案例

1. 琅塘镇××中学、西河镇××中学窗户玻璃破旧,安全隐患较大。

2. 金凤乡××小学、游家镇××小学、天门乡××学校没按课程计划编排课程。

3. 游家镇××小学一年级两个班的人数均超过66人。

4. 大部分学校教师编制紧,无音体美专任教师。即使有音体美专任教师,也因教师编制紧而被安排担任其他课程的教学,使专任教师无法专起来。

5. 游家镇××小学厕所后墙临河,因7月份暴雨冲刷,后墙基脚已不稳,安全隐患很大。

6. 金凤乡××小学反映:金凤乡只有一趟公交车,学生搭乘公交车上下学时,超员现象严重。

五、整改要求

各学校针对存在的问题,举一反三,制定切实可行的整改方案。对上述1、2两类问题要立即整改,拍好整改后的图片报责任区;对上述3、4两类问题要做出应对规划,实现逐步达标;对上述5、6两类问题要立即做好预案,并向有关部门报告情况,争取支持,积极配合相关部门尽早解决。问题的整改,纳入下次随访的重要内容。

(伍晨羽执笔)

第九章　教育督导经验推广

人大决议提升教育督导权威

肖凯文

　　2016 年 11 月 30 日，新化县第十七届人民代表大会召开第一次会议。根据议程安排，大会审议了县人民政府《关于提请审议推进教育跨越发展的议案》，形成了《关于推进教育跨越发展的决议》。该决议包括八个方面的内容：一是形成推进教育跨越发展的强烈共识；二是切实加强组织领导；三是加快教育基础设施建设；四是依法理顺教育管理体制机制；五是切实加强教育内部管理；六是严格控制城区（中心城镇）义务教育阶段班额；七是全力优化教育教学发展环境；八是营造全社会支持教育发展氛围。

　　决议全篇凝聚了教育必须发展的理念与使命，明确了具体的任务，采取了过硬的措施。在奋斗目标上，力争用五年左右的时间，达到全省教育平均水平，实现教育跨越发展，推动教育大县向教育强县转变、人口资源大县向人力资源强县转型。在教育基础设施建设上，从 2017 年起，县人民政府统筹投入教育基础设施每年不少于 4 亿元（含中长期融资款）。严格按标准和时间节点全面落实教育重大基础设施建设攻坚三年行动计划。

　　特别是在组织领导上，决议明确要求，县人民政府和县直各单位、各乡镇要认真研究制定推进教育跨越发展的年度计划及各专项工作方案，并实施到位。积极探索政务督查与行政监察、舆论监督联动机制，推动各项举措落到实处。县人民政府逐年向各县直部门和乡镇下达年度考评任务，由教育督导室从严督导评估，结果向社会公示。每年至少召开一次全县推进教育跨越发展讲评会。

　　新化县教育督导部门感到了从未有过的紧迫感与使命感，正紧锣密鼓地着手建立和完善县直部门、乡镇人民政府教育工作和党政主要负责人教育工作实绩督导评估制度，研发督导评估方案和评估细则等评估工具，力争为这幅新化教育未来几年发展的美好图景成为现实提供有力保障。

（本文原载《娄底日报》、湖南教育督导网）

以教育科研促责任督学能力提升

肖凯文

近日，笔者从湖南省教育科学规划办获悉，新化县人民政府教育督导室申报的《湖南中小学校责任督学能力建设实证研究》课题已立项为湖南省教育科学"十三五"规划2017年度重点资助课题。该课题是这次全省基础教育立项的17个重点资助课题之一，是全省教育督导领域第一个重点资助课题，是娄底市"十三五"以来立项的第一个重点资助课题，是新化县申报省教育科学规划课题以来立项的第一个重点资助课题。

为贯彻《国家中长期教育改革和发展规划纲要（2010—2020年）》提出的"坚持督政与督学并重、监督与指导并重"的教育督导工作指导方针，新化县2014年建立了督学责任区制度与中小学校责任督学挂牌督导制度。2014年4月新化县被湖南省人民政府教育督导室确定为全省第二批25个督学责任区建设示范县之一，年底顺利通过了督学责任区建设示范县的验收。经过不断的实践、研究与创新，新化县督学责任区制度与责任督学挂牌督导制度日趋成熟，实现了"五有"目标：有较完善的体制机制，有实用的办公场所与设施，有一定的经费保障，有专职和兼职相结合的责任督学与教育督导员队伍，有师生满意的督导评估活动。目前，全县形成了教育督导委员会—县政府教育督导室（县教育督导委员会办公室）—督学责任区—县属学校、乡镇中心学校教育督导站四个层级的教育督导管理体制，共划分7个督学责任区，建设了一支拥有21名专职责任督学、30名兼职责任督学、38名教育督导员的教育督导队伍，实现了全县完全小学以上学校、公办幼儿园挂牌督导全覆盖。

督学责任区制度有没有生命力，责任督学挂牌督导有没有成效，关键取决于专兼职责任督学与教育督导员能力水平的高低。新化县人民政府教育督导室坚持把教育督导队伍的能力提升作为每年的工作重点来抓，确定了"在实践中研究，在研究中提升"的教育督导队伍能力建设思路。一方面，县教育督导室组织力量开展中小学校责任督学能力建设实证研究。以课题研究形式，对责任督学应该具备的能力素养、能力发展与新能力的形成开展全面系统深入的研究，用来指导责任督学的能力提升培训与督导评估实践。另一方面，县教育督导室要求责任督学在工作实践中自觉培养与提高教育科研能力。一是要求各督学责任区以问题为导向，每年确定一个研究方向，以课题形式开展研究，责任区内专职、兼职责任督学与教育督导员全员参与，县教育督导室年终组织专家对课题研究进行验收，合格的认定为县级科研成果；二是规范责任督学的工作，要求每期完成正、反面督导案例各一个，每年完成一篇高质量的教育督导研究论文；三是把教育科研纳入督学责任区与责任督学年度工作绩效考核之中；四是每年组织一次责任督学听课评课比赛或督导评估工具开发比赛、现场督导比赛等。

几年来，新化县中小学校责任督学挂牌督导取得了较为丰富的实践成果与理论成果，责任督学的能力得到了有效提升。各责任督学除了顺利开展每月的随访督导外，积极参与、成功开展了多次专项督导、综合督导、协作督导。责任督学善于把丰富的实践活动上升到理论水平，在湖南省教育督导与评价协会组织的优秀论文评选比赛中，新化县选送的论文获一等奖 4 次、二等奖 5 次；《中小学校长》《教育督导》《湖南教育》《教师》《发现》《青年教师》等杂志均发表过新化县责任督学撰写的教育督导文章。

（本文原载《娄底日报》、湖南教育督导网）

以督导评估为抓手，推进县域教育跨越发展

肖凯文

2017 年 5 月 16 日—18 日，新化县人民政府教育督导室组织市、县督学和专职责任督学共 22 人组成督导评估组，对新化县人民政府教育工作开展了一次模拟督导评估。评估专家根据湖南省县级人民政府教育工作督导评估综合性指标、学前教育工作督导评估指标、县域义务教育均衡发展督导评估指标、职业教育工作督导评估指标、普通高中教育工作督导评估指标的要求，分别深入财政、编办、人社、统计、教育等部门和随机抽取的中小学校、幼儿园，核实统计数据，实地核查办学条件与查阅资料，深入课堂听课。通过专家们三天的务实工作，督导评估组向新化县人民政府提交了督导评估意见与教育工作问题清单及责任清单。

新化县是国家级贫困大县，教育大县。几年前，县委县政府确定了"重教治贫"战略，力争 2019 年实现"教育强县"目标。2016 年 11 月 30 日，新化县第十七届人民代表大会第一次会议，通过了《关于推进教育跨越发展的决议》，为推进全县教育跨越发展制定了具体的强有力的保障措施。

新化县教育督导室为落实《关于推进教育跨越发展的决议》，负责研制了《新化县乡镇（场、办）与县直部门教育工作督导评估方案（2017—2020 年）》《新化县中小学校、幼儿园督导评估方案（2017—2020 年）》，建立了督政与督学并重、督导评估与自查自评相结合的教育督导机制。在这 4 年中，由县委组织部和县教育局牵头，县教育督导室负责落实对乡镇（场、办）与县直部门教育工作每年开展一轮督导评估；由县教育督导室牵头负责落实对县域内中小学校、幼儿园每两年开展一轮督导评估；由县教育督导室根据《湖南省县级人民政府教育工作督导评估方案（2014—2020 年）》，负责组织对县政府教育工作每年开展一次自查自评。今年 4 月份，县教育督导室组织责任督学对 29 所乡镇中心小学和 7 所乡镇中心小学层次的学校开展了督导评估；当前完成的对县政府教育工作开展的模拟督导评估，属于自查自评的重要范畴。新化县运用督导评估这个重要抓手，强力推进县域教育健康均衡跨越发展。

（本文原载《娄底日报》、湖南教育督导网）

新化县着力加强督学能力建设

肖凯文

2017 年 12 月 20 日至 24 日，湖南省基础教育质量监测中心在湖南省教育科学研究院举行了湖南省怀化市义务教育质量监测报告讨论修改会。全省共有 6 位督学受邀参加，其中新化县有 2 位督学受邀参加了本次活动。

督政、督学、评估监测，是现代教育督导的三大任务。义务教育质量监测旨在了解学生的学习结果及其相关影响因素，为教育决策、学校改进提供常态、真实的信息，以促进义务教育质量整体水平的提升。监测以课程标准为依据，突出能力导向，测试学生在知识与认知能力所达到的水平，同时对部分影响学生学习的个人因素、家庭因素、学校因素、社会因素进行调查。

现代教育督导对督学的能力与水平提出了新的、更高的挑战。新化县高度重视督学能力建设，承担了湖南省"十三五"教育科学规划重点资助课题《湖南中小学校责任督学能力建设实证研究》。通过课题研究与实践，新化县督学的督政、督学、评估监测能力与水平得到有效提升，多名督学在全省组织的教育督导各项比赛活动中脱颖而出。

（本文原载《娄底日报》）

全面部署幼儿园办园行为督导评估工作

肖凯文

为贯彻落实《关于进一步做好幼儿园办园行为督导评估工作的通知》（国教督办函〔2019〕25 号）、《湖南省教育督导委员会办公室转发国务院教育督导委员会办公室〈关于进一步做好幼儿园办园行为督导评估工作的通知〉的通知》（湘教督办〔2019〕46 号），新化县对幼儿园办园行为督导评估进行了全面部署。

一是完善了《新化县幼儿园办园行为督导评估规划（2017—2020 年)》。新化县现有公民办幼儿园 236 所。2018 年，根据教育部《幼儿园办园行为督导评估办法》《湖南省幼儿园办园行为督导评估办法》，依据"教育部幼儿园办园行为督导评估系统"，完成了 119 所幼儿园办园行为的督导评估。2019 年规划评估 56 所，2020 年规划评估 61 所。评估安排具体到了每一所幼儿园，将薄弱园优先纳入评估工作范围，并将微调的评估规划上报到了市、省教育督导办备案。

二是组织了相关幼儿园的复评。2018 年度评估的 119 所幼儿园，有 32 所幼儿园的评估分在 750 分以下。新化县教育督导室重视所评估幼儿园的整改复查，对评估分在 750 分以上的幼儿园，由各督学责任区跟踪整改与复查；对评估分 750 分以下的 32 所幼儿园，6 月下旬，新化县教育督导室组织四个复评组开展了复评。各复评组严格按复评程序完成了复评工作，对每所幼儿园建立了"已整改的问题""正在整改的问题""未整改的问题""新增的问题""专家建议"等内容的台账，指导幼儿园有效开展整改工作，实现规范办园。

三是全面部署了 2019 年度幼儿园办园行为督导评估工作。新化县教育督导室在 5 月份印发了《新化县 2019 年度幼儿园办园行为督导评估实施方案》。目前，邀请中基智库系统技术员进入了"新化县幼儿园督导评估群"，方便开展交流活动；为 56 所幼儿园各申请了一个自诊账号，幼儿园可以进入"教育部幼儿园办园行为督导评估系统"，熟悉评估内容和程序，进行自诊，加快补齐短板。计划 8 月 21 日提供自评账号，9 月 10 日前完成自评工作；9 月中旬组织督评，9 月底前完成督评工作；10 月上旬形成《新化县 2019 年度幼儿园办园行为督导评估报告》，报新化县人民政府同意后向社会发布，同时报送市、省教育督导办。这样，努力实现"以督促改，以评促建"的目标。

（本文原载中华人民共和国教育部政府门户网站）

落实三大举措　提升挂牌督导成效
——新化县责任督学挂牌督导工作情况介绍

肖凯文

新化县督学责任区建设及其中小学校责任督学挂牌督导工作，2013 年部署、准备，2014 年起步，2015 年逐步完善，2016 年全面铺开。几年来，新化县坚持用好三大举措，让全县责任督学挂牌督导的工作成效不断得到提升。

一、完善体制机制，让责任督学扎"根"

新化县政府高度重视与支持督学责任区建设及挂牌督导工作。为落实国家、省、市相关文件精神，2015 年 4 月，新化县召开第 4 次政府常务会议，专题研究了督学责任区建设等工作。一是同意成立新化县教育督导委员会，并在全县建立 6 ~ 7 个督学责任区，各督学责任区配备 5 ~ 6 名责任督学（其中专职督学 3 名），责任督学从教育系统内部严格把关选派；二是同意为督学责任区建设在已预算 120 万元的基础上增加 20 万元工作经费，保证每个督学责任区的建设经费与运转经费有 20 万元；三是同意出台《关于进一步加强教育督导工作的意见》，请教育部门根据会议意见进一步修改完善按程序报批后实施。

有了这"尚方宝剑"，新化县教育局与新化县人民政府教育督导室抓住时机，加快督学责任区与督学队伍的建设。目前，有了比较完善的体制。一是督学责任区机构健全。全县划分了 7 个督学责任区，学前教育与义务教育阶段 6 个，高中阶段 1 个；县政府聘请配备了 21 名专职责任督学，县教育督导室聘任了 30 名兼职责任督学，各县属学校与乡镇街道场中心学校各安排了一名教育督导员，共 40 人，对全县 318 所完小以上学校、23 所乡镇以上中心幼儿园实施了挂牌督导；各督学责任区实现了"六有"：有办公场地、有经费保障、有专职和兼职督学队伍、有正常督导活动、有年终教育系统绩效考核权、有督政参与权。二是全县教育督导部门层级分明。拥有四级组织机构：县教育督导委员会—县人民政府教育督导室（县教育督导委员会办公室）—督学责任区—乡镇中心学校督导站（县属学校督导室）；第七督学责任区加设督政股，第六督学责任区加设督学股（主要负责基础教育质量监测）。这样，基本形成了层级分明、工作协调、监管有效的工作体系。三是督导部门做到了"四个"统一。有独立账号，督导经费统一管理与使用；建立考核制度，督导室干部与专职督学统一年度考核；建立了教育督导支部，统一组织建设；建立了教育督导工会，统一福利待遇。

在进行体制建设的同时，新化县人民政府教育督导室重视管理机制的建设。到目前为止，比较成熟的制度有《新化县督学责任区管理规程》《新化县责任督学管理办法》《新化县督学责任区及其责任督学工作规范》《新化县督学责任区绩效考评实施方案》《新化县教育督导人员绩效考评实施方案》《新化县督学责任区考勤制度（试行）》《新化县教育督导研究与宣传工作奖励办法（试行）》等。

这样的体制机制，充分考虑了责任督学的感受，基本上消除了他们认为组织关系在一个单位，工作在另一个单位的感觉，让他们充分享受组织的温暖，让他们意识到督导部门就是家，就是扎根的地方，各种制度就是他们开展工作的依据。这样，就能充分激发责任督学们的工作主动性、积极性、创造性。当然，这样的体制机制还没达到理想的境界，还需要不断完善，比如，责任督学的职称评聘与岗位设置怎么科学解决，应是以后努力的方向。

二、强化督导科研，让挂牌督导结"果"

督学责任区与挂牌督导制度要有生命力，责任督学挂牌督导要有成效，责任督学良好的工作态度与饱满的工作热情是一个重要因素，另一个重要因素就是责任督学的能力与水平。怎么有效地提升责任督学的能力与水平呢？新化县教育督导部门确定了"以督导科研促责任督学能力提升"的督学队伍建设工作思路，开展了卓有成效的工作。

首先，每个督学责任区有课题研究。新化县人民政府教育督导室申报并成功立项了湖南省教育科学"十三五"规划重点资助课题《湖南中小学校责任督学能力建设实证研究》，课题组将研究内容具体化，分解了 10 多个子课题，给每个督学责任区下达了一个以上的子课题开展研究。

其次，编印了多种教育督导工具书。工具书既是督学们学习的工具，也是督学们开展督导评估的工具。新化县人民政府教育督导室编印了《新化县督学工作手册》，内含教育法律法规、教育政策规章、教育督导文件、领导重要言论、教育督导研究等内容；为做好幼儿园办园行为督导评估工作，又编印了《幼儿园建设管理评估工作一册通》。

第三，开展了多种形式的培训。新化县建立了县本培训与外出培训相结合，理论培训与实际操作相结合，交流学习与专家讲座相结合的培训机制。坚持每期一次县本培训，由本地专家解决基础层面的理论与实践问题。坚持每年一次外出学习交流，全方位提升督学能力。学习的足迹遍布青岛、醴陵、汉寿、湘阴、新晃、芷江、宁乡、天心、双峰等地。同时，迎来了娄底市双峰县、怀化市辰溪县等地教育督导部门来新化学习交流。

第四，重示范引领与实践指导。挂牌督导实施之初，新化县人民政府教育督导室牵头开发了《新化县 2016 年高考、学考、中考迎考专项督导方案》《新化县 2016 年秋季学校开学工作随访督导方案》《新化县乡镇场办中心学校办学水平督导评估方案》，为各督学责任区开展随访督导、专项督导、综合督导制订方案与评估细则提供了借鉴。在实施这些督导评估时，县教育督导室为每个督学责任区聘请一位专家担任观察员，进行实地考察与指导。这种做法更有力于责任督学的成长。

最后，开展责任督学素养比赛。坚持开展以赛知不足、以赛促学的活动。县教育督导室先后组织了责任督学随访督导比赛、听课评课比赛、开发评估工具比赛、撰写评估报告比赛、教育法律法规知识比赛等素养比赛活动，促进了责任督学的学习与思考。

强化督导科研这个举措，促进了新化县责任督学能力的有效提升。在湖南省 2015 年度—2017 年度教育督导优秀论文评选中，全省共评出 67 个一等奖，娄底市共有 6 人获一等奖，新化县共有 4 人获一等奖，新化县获一等奖的比例占全市的 66.67%、占全省的 5.97%。2017 年湖南省基础教育质量监测中心在全省邀请 6 位督学对 2016 年的义务教育质量监测报告进行座谈修改，新化县占了两位；新化县责任督学撰写的多篇教育督导论文发表在《中小学校长》《发现》《湖南教育》《娄底日报》等报纸杂志上；学校督导案例收入湖南省人民政府督查室编印的《政务督查案例文集》。2018 年，新化县人民政府教育督导室被教育部授予义务教育质量监测先进组织单位。

责任督学能力的提升增强了挂牌督导的成效。各督学责任区能正常开展每月的随访督导；有效开展了学校安全工作、校园文化建设、开学工作、营养改善计划、规范办学行为、校园环境整治、校长科研领导力、校长课程领导力、规范办学行为等 10 多次专项督导；完成了 119 所幼儿园、36 所完全小学、30 所中心学校、8 所县属学校的综合督导，基本上实现了"让所督学校每次都有新进步"的目标。在责任督学满意度测评中，各责任督学的满意度为 96.3% ~ 100% 不等，挂牌督导结出了硕果。

三、坚持反思创新，开创挂牌督导新时代

反思才能创新，创新才能发展。新化县人民政府教育督导室在完善体制机制、强化督导科研中，始终伴随着反思与创新。

首先是责任督学坚持反思。在《新化县督学责任区及其责任督学工作规范》中，有一项比较新颖的规定，就是每个学期每个责任督学要写一篇反思，针对自己半年来开展的督导工作进行全面盘点，寻找自己的不足。如，你每次进校督导，是不是都主动出示了督学证？你实施督导时，有没有发生违规行为？你的哪些督导方式需要改进？你的挂牌督导对学校发展有多大帮助？等等。这样的反思，对责任督学减少工作失误、创新工作方式起到了事半功倍的效果，挂牌督导的成效也随之提升。

其次是县教育督导室组织了反思性的研讨。全国各地，督学责任区运行了几年，到底可以划分为几种类型呢？本县又属于哪种类型？带着这样的思考，新化县人民政府教育督导室在县内外组织了大量的问卷调查，对本县督学责任区运行的几年组织了"回头看"，得出了督学责任区建设及责任督学挂牌督导存在应付型、休闲型、忙乱型、忙碌型、规范型、创新型等六种类型，本县属于忙碌型的结论，并找出了离规范型与创新型的距离，明确了努力的方向。

最后是在规范与创新中，开创挂牌督导新时代。一是以争创省级与全国中小学校责任督学挂牌督导创新县为契机，以《全国中小学校责任督学挂牌督导创新县（市、区）评估认定标准》作为顶层设计，规范督学责任区建设与责任督学挂牌督导工作，不断创新工作方式。二是推动督导工作信息化。充分利用"互联网＋"、大数据等新技术，加强数据的采集、加工处理与深度挖掘，实现教育督导与互联网的深度融合，构建"互联网＋教育督导"的新格局。三是在落实常规督导的基础上，针对本区域教育热点、难点、弱点设计与组织开展有效的专项督导。四是撰写出高质量的督导评估报告，能够有效地指导学校的发展，能够引起政府与社会各界的关注，推动督导评估结果的高效运用。

（本文原载中华人民共和国教育部政府门户网站）

基于国家质量监测结果，组织开展课题研究

肖凯文　吴志宏

近日，新化县人民政府教育督导室牵头，组织新化县何永红小学数学名师工作室的部分教师和县内外义务教育阶段数学教师代表召开了一个小型研讨会。研讨会针对国家发布的《湖南省娄底市新化县监测结果报告（数学、体育）》呈现的数据进行分析研讨。与会人员联系自己的教学实际，认真解读分析数据背后的问题，以问题为导向，探讨教学改进措施与研究方向。最后，明确以"基于质量监测结果的学生数学学习兴趣提升策略研究""以监测结果倒逼县域义务教育数学教学提质增效的行动研究"等为题在全县开展课题研究，并逐级申报立项。

新化是一个有着150多万人的人口大县、教育大县，特别是义务教育规模庞大，现有义务教育阶段学校483所（含教学点），在校学生175293人。2018年5月，新化县接受了国家义务教育四年级、八年级数学与体育监测，参加监测的样本校20所，其中小学12所、初中8所，参加学生591人，校长20人，班主任、数学、体育科任教师152人，分布在全县的13个乡镇（街道、场）。因组织工作突出，新化县人民政府教育督导室被教育部基础教育质量监测中心授予"县级优秀组织单位"。

近几年来，新化县以推进义务教育均衡发展为契机，以"四校联创"为手段，强化阅读教育、家庭教育、心理健康教育，坚持走内涵发展道路，义务教育办学水平不断得到提升。但义务教育摊子大，基础薄弱，问题还非常突出，国家质量监测所呈现出来的状况不理想。

《湖南省娄底市新化县监测结果报告（数学、体育）》一经发布，新化县把报告印发到了每所学校，邀请专家进行解读，组织骨干教师盘点了问题；明确了"校长专家化、教师专业化、绩效积分化、管理信息化、保障制度化、科研常态化"的改革创新路径，制定了提升全县义务教育质量的工作方案。

（本文原载湖南教育督导网）

全县顺利完成中西部教育发展监测信息填报工作

肖凯文

截止到 6 月 26 日下午 4 时，新化县顺利完成了中西部教育发展监测信息填报工作，共完成平台里已采集的 862 所学校和幼儿园（含县级层面 6 个方面）所需信息的填报工作，没有填报信息退回的记录。

6 月份是一个考试月，而本项工作要在 6 月 28 日前完成，时间紧迫；新化是一个教育大县，有 868 个单位（含县级层面的 6 个方面）的信息要填报，任务很重。新化县却提前完成了工作任务，有如下经验值得总结。

一是站位高，认识到位。全县教育系统上下齐心，把中西部教育发展监测信息填报工作作为全县教育发展的一次重要契机，把第一次信息上报作为打基础来加以重视与对待，形成了工作合力。这是做好本项工作的前提。

二是业务熟，培训到位。县教育督导室选派身体过硬、工作务实、信息技术基础较好的同志前往省、市参加了培训；培训回来后，组织科研小组进行研讨，解读好了每一个指标。全县组织了乡镇中心学校、县属学校、县级民办学校等单位负责人、信息员或统计员、教育督导员及相关股室负责人参与的培训。做到了当场消化、当场解答好疑问。

三是时间明，措施到位。县教育督导室对不同单位，明确规定上报电子版的时间及填报质量；安排专门人员对各单位上报的电子稿进行严格审核。没按时间节点完成，没保证质量，存在退回情况，在年度工作绩效考核中酌情扣 1~5 分。

四是思路好，统筹到位。中西部教育发展监测平台，刚开发不久，还不是非常成熟，用起来不流畅，特别是一个账号只限一台电脑登录工作。考虑到这些因素，县教育督导室组织吴志宏、肖光春、刘邵军三位责任督学在周六、周日实行三班制，抢占了平台较通畅的时机。

（本文原载湖南教育督导网）

新化一中：以网评为抓手，促管理，提质量

肖凯文　刘邵军

"湖南省示范性普高网评是现代信息技术手段在督导评估中的有效运用，这种方式可以突破时空障碍，对学校实施即时督导，目的是促进省示范性普高规范办学、健康发展、持续发展、科学发展，在全省普高学校中发挥示范引领作用。一个学校的网评水平基本能折射出一个学校的常规管理水平，特别是资料归档水平。搞好学校网评，就是在为学校建设一个规范的电子档案馆，最终赢得的是学校办学行为的规范和办学水平的提升……"这是新化县教育局党组成员、新化一中校长袁愈祥在学校2019年上学期网评工作研讨会上说的一番话。

说起网评，很多人都会记得新化一中2015—2016学年度的网评得分：72分。省人民政府教育督导委员会办公室因此组织专家对新化一中进行了现场督导评估。这次现场督导评估为新化一中赢得了一次大的发展契机。一方面，办学条件的改造得到了县委、县政府前所未有的重视。县级财政先后投入2.2亿元，一期工程完成了学校图书馆、学生服务大楼、围墙、西校门和二栋女生公寓等新建项目。二期工程完成了田径场、体育馆、艺术馆和男生公寓等新建项目。目前校园园林绿化景观、文化馆、艺术馆和体育馆配套设施等项目已进入招投标阶段，6000多万元资金即将到位；预算2000多万元的综合教学大楼也已在立项规划之中。学校硬件设施越来越与省级示范性普通高中的名头相匹配。

另一方面，新化一中对网评空间建设与每月上传的资料进行了深刻的反思，认真开展了自查自纠，组织骨干力量赴先进兄弟学校取了经，明确了"以网评为抓手，促管理，提质量"的管理策略。坚持把省示范性普通高中网络督导评估工作纳入非常重要的议事日程，完善组织机构，建章立制，狠抓落实。2016—2017学年度网评得分提高到了85.5分，2017—2018学年度又提升到了88分，本学年度树立了争创优秀的目标。学校网评工作与常规管理相得益彰，要抓好网评工作，必须以抓好常规管理为基础，有序高效的常规管理能推动网评工作；网评又能诊断常规管理的不足，推动常规管理不断完善。常规管理落实了，办学水平的提升也就自然而然了。2018年新化一中无论高考，还是高二学考，都创了历史新高。新化一中尝到了网评的甜头，也形成了自己的网评特色。

一是加强组织保障，形成合力。学校成立了督导评估工作领导小组，校长担任组长，书记直接分管学校督导工作，全校12个处室各确定了一名资料员，负责本部门资料的收集和上传工作，处室主任为资料初审人即第一责任人，所有资料由督导室主任审核，重点资料须经分管督导的书记审核；充实了学校督导室的力量，明确了学校督导室的职能，督导室除牵头完成网评工作外，还承担了学校内部督导的职能，把一些检查考核的职能整合到了学校督

导室。组建了专门的学校网评微信群，由督导室主任担任群主，所有行政人员和资料员入群，做到了重要工作第一时间在微信群里发布，遇到困难在微信群里交流。以上举措彰显了学校齐心协力抓好网评工作的坚定决心。

二是建立激励机制，激发动力。学校建立了《新化一中关于学校督导工作的规定》《新化一中网络督导平台空间建设考评细则》等核心制度与方案，给学校督导工作与网评工作确定了目标、方向与考核内容。学校高度重视制度与方案的落实，真正做到了奖优罚劣。在今年3月8日晚上召开的学校网评工作研讨会上，表彰了政教处、办公室、教务处和教科室等4个优秀处室，有4名资料员与1名网管员得到表彰奖励，交流了先进经验，有两个处室做了表态性发言。各处室主动作为的氛围已经形成。

三是融入常规管理，提升效益。《湖南省示范性普通高中督导评估细则》其实就是示范性普通高中的一份办学指南，是对示范性普通高中的常规管理要求。新化一中抓住这个特点，每学年初，把考核指标分解到了每个处室。要求每个处室把考核指标落实到常规管理之中，列入学年工作计划和活动安排，再一一予以落实，克服了搞突击、临时抱佛脚的现象。学校针对教育督导与网评工作，设置了《工作提示》与《工作简报》。《工作提示》每周不少于一次，已达138次，是对各处室上传资料进展与质量的温馨提示。《工作简报》是每月一通报，已达25次，内容丰富，有基本数据统计，有上传资料清单，有评价，有经验推介，有努力方向。把网评作为一项常规工作来抓，任务减轻了，效益提升了。

四是积极开展自评，补齐短板。自评是网评工作的一个重要环节。新化一中不是把自评作为一项任务去完成，而是把自评作为一个诊断办学、管理、质量的手段去实施，对自评发现的问题立行立改，对短板积极补齐。如办学条件不足、学考水平不高、科研氛围不浓是新化一中一段时间存在的短板。新化一中利用省教育督导委员会办公室组织现场评估的契机，积极争取县委、县政府及其部门的支持，基本上解决了办学条件的短板。通过课堂教学改革，落实面向全体的理念，提升了学考水平。为激发教师参与研究的积极性，提升科研水平，学校出台了相关制度与方案，校长袁愈祥作为核心研究人员参与了湖南省教育科学"十三五"规划重点资助课题《湖南中小学校责任督学能力建设实证研究》的实质性研究；今年学校申报的4个省级资助课题已通过娄底市初评报省教育科学规划办评审。

新化一中通过网评抓手，推动学校管理走向规范化、科学化的轨道，促进教育教学质量稳步提升。

（本文原载湖南教育新闻网、湖南教育督导网）

新化一中：有效开展师德师风教育与业务培训

肖凯文　李茂秋

百年大计，教育为本；教育大计，教师为本；教师大计，师德为本。8 月 25 日—29 日，新化一中组织了"不忘初心、牢记使命"暑期师德师风建设集中教育与业务培训活动。该校 325 名教职工全程参与，该校帮扶支教的新化十二中、安正学校分别派出 15 名、35 名教师参与聆听专题讲座。

新化一中建立了常态管理与专题教育相结合、自主学习与集中培训相结合、自查自纠与执纪问责相结合、理论与实践相结合的师德师风建设长效机制。该校本次师德师风建设集中教育与业务培训，紧扣"不忘初心、牢记使命"主题，以娄底市教育局编印的《师德师风教育读本（二）》为主要学习内容，通过作专题报告、组织学习相关文件、教师先进事迹宣讲、自我剖析与警示教育、分组讨论、学习心得评优等方式，较好地完成了市、县教育局的规定动作。同时，该校邀请了省内外知名专家学者刘建琼、高阳平、胡正明、姜新分别作了题为"优质高效的课堂教学——基于学科核心素养的培育""高中课改考改新政：新时代人才培养的价值诉求""班级精细化管理""高考新政下的教改走向及应对策略"的讲座。专家们紧紧围绕立德树人的根本任务，结合新时代、新课改、新高考对教师师德的新要求，从理论到实践，为老师们呈现了一堂堂精彩的讲座，解决了老师们当前关切的热点问题。新化县教育局党组成员、新化一中校长袁愈祥在培训时说："师德是教师的灵魂，具体表现为爱和责任。实践证明，教育的成败在很大程度上取决于教师道德素养的高低。开展师德师风集中教育，既要在思想认识上、理论与政策水平上提升自己，更要把所学、所见、所思、所感内化为自己的教育教学行为，心无旁骛地育好人、教好书，争做践行教师职业道德的模范。"

据悉，近几年来，新化一中在学考、高考、网上督导评估等方面，每年都有新的突破。

（本文原载湖南教育督导网）

新化三中为考生提供优质服务

肖凯文

"在新化三中吃得好，睡得香，无压抑，有安全感。"这是在新化三中考点参加娄底市2017年初中毕业学业水平考试考生的一个基本评价。

新化三中是新化县2017年初中毕业学业水平考试的五个考点之一，来自孟公、天门、荣华、游家、炉观、西河六个乡镇所辖的初中和上梅镇北渡中学、民办学校东方南北文武学校等20所学校共2549名初三学生在这里参加考试。新化三中地处城郊，附近宾馆酒店极少，进出公路车流量大，平时就有点堵。因此，新化三中领导班子多次研究，与送考学校多次协调，形成了最佳的接待方案。最后确定16所学校共1794名考生、168名带队领导与送考老师在考点餐宿，离考点近的4所学校跑通。

新化三中考点全力以赴，为考生提供优质服务。组织本校学生腾出了近300间宿舍，整理了内务，清理了卫生；组织专门人员对每间宿舍进行了消毒杀虫；买来新的被子和席草铺到了每一张床上，还备有足够的蚊香。学校食堂根据调查了解的情况，为考生精心设计了菜谱，每餐保证了两荤两素一汤；坚持"保本不盈利"的原则对考生开放。考生住宿区，实行全天候值班制，特别在晚上，由一名校级领导带队，值通宵班。该考点平安、圆满地完成了组考任务。

据了解，新化三中的住宿和就餐条件较好，每个宿舍配备了两厕一洗漱间，装有能旋转的风扇；该校食堂，在新化县食品药品监督管理局组织的检查评比中，已连续4年被评为"餐饮服务食品安全示范店"。

（本文原载娄底新闻网、《娄底日报》）

附录 一位督学的观察与思考

让学生做做"小板凳"吧

肖凯文

诺贝尔奖获得者、伟大的物理学家爱因斯坦读小学的时候，一次上劳作课，同学们很快交上了自己的作品：泥鸭、布娃娃等，唯独爱因斯坦第二天才送来一条很粗陋的小板凳。老师看了很不满意，说："我想，世界上不会有比这更糟糕的小板凳了。"爱因斯坦回答说："有的。"他不慌不忙地从课桌下拿出两条小板凳，举起左手，说："这是我第一次做的。"又举起右手，说："这是我第二次做的……刚才交的，是我第三次做的。虽然它还不能使人满意，但总比这两条强些。"

对这个故事，我们的教育者们耳熟能详，常用它来教育学生在学习上要有锲而不舍、不怕失败的积极进取精神。但有人往往可能忽视了一点：十九世纪德国的学校教育要上劳作课，让学生在实践活动中培养探索、求真、创新的精神，提高自身素质，发展健康个性，激发好奇心和创造欲。

时间列车驶入了二十一世纪，我们的学校教育现状怎样呢？用"素质教育喊得轰轰烈烈，应试教育办得踏踏实实"来形容我们绝大部分学校当前的做法是何等的形象逼真！学校工作计划里，领导报告中，大谈特谈"全面推行素质教育"，可实际上，考试成了指挥棒，上面考什么，学校教什么，一切教学活动都是为了考试，一切以分数为中心。音、体、美、劳动、科技、活动等课程名存实亡；一些学校连简单的实验设备都没有；有条件做演示、分组实验的学校，有的老师嫌麻烦，认为耽误时间，让学生死记硬背实验步骤和实验结果能应试就行了。新闻媒体对高考状元的炒作，名牌大学对高分考生的争夺，给我们学校教育的天空布上了阴云。可怜的孩子，在课堂里，要充当一个容器接受教师乏味的满堂灌，在课外，要到"学王""考霸"那里忍受山重水复之苦，哪有时间和心情去做"小板凳"呢？一些孩子不堪重负，以宝贵的生命为代价抗争，给我们学校教育敲响了沉重的警钟。

这就是我们过分重视知识传授、轻视实践活动和实验操作的学校教育。这样的教育违背了素质教育的精神，尽管学校这样做也是受社会、家庭某些因素的影响和制约，但素质教育的核心是要培养学生的创新精神和实践能力，喊口号、空洞说教是不可能培养学生的创新精神和实践能力的，而创新精神和实践能力的培养要靠创新的课堂和生动具体的实践活动，要让学生在做"小板凳"中不知不觉地得到培养。

　　成功的教育就是让每个孩子的潜质充分发挥发掘出来。孩子是可以成才的，正如一位伟大的教育家所说："作为一个教师应该懂得，在你的教鞭下有牛顿，你的冷眼里有瓦特，你的讥笑中有爱迪生。"孩子能否成才，关键在于我们的教育是否做到了因材施教、不拘一格育人才，能否还给孩子们一方自由驰骋的空间和一份自由支配的时间。

　　排除一切干扰，坚决落实国家课程计划，全面推行素质教育，让学生们有做做"小板凳"的机会，是我们学校教育不能不重视的课题，也是我们冲刺诺贝尔奖的希望所在。

（本文发表在 2002 年 5 月 26 日《教师报》头版）

关于增强农村教师队伍建设实效的督导报告

肖凯文

百年大计，教育为本；教育大计，教师为本。教师队伍建设是推动教育发展的一个永恒主题。加强教师队伍建设和管理，对于加快教育改革和发展具有全局性、基础性和决定性的作用。翻开 1985 年至目前党中央、国务院及教育部和我省一系列有关教育发展的文件，除了 1985 年 5 月 27 日颁发的《中共中央关于教育体制改革的决定》只在第二大点中明确指出"建立一支有足够数量的、合格而稳定的师资队伍，是实行义务教育、提高基础教育水平的根本大计"外，其他文件都把"教师队伍建设"单列一个大点。可见，教师的作用重大，教师队伍建设日益受到党和国家的重视。随着经济社会的不断发展，我国教育事业的改革和发展进入了新时期、新阶段。国家现已把建设高质量的教师队伍明确为中国教育政策的重点。党的十七大报告指出："加强教师队伍建设，重点提高农村教师素质。"

教师队伍建设一直是教育督导的主要内容。《湖南省人民政府办公厅转发省教育厅关于进一步加强教师队伍建设意见的通知》（湘政办发〔2003〕23 号）明确提出：建立教师队伍建设督导评估制度，定期对市州、县市区和各级各类学校教师队伍建设和实施《湖南省2010 年教师队伍建设规划》（2002 年制定）的情况进行督导评估，并把评估结果作为衡量该地区教育工作和学校办学水平的重要依据。2006 年 9 月 30 日湖南省第十届人民代表大会常务委员会第二十三次会议通过、2007 年 1 月 1 日起施行的《湖南省教育督导条例》把"教师队伍建设与管理"列为教育督导机构进行督导的主要内容之一。为贯彻落实相关教育法规、政策和文件会议精神，笔者就农村教师队伍建设的实效性开展了调查和思考。

一、当前农村教师队伍建设缺乏实效

我们年年在喊、年年在抓教师队伍建设，按理说，我们应该收到了很大成效，今天的教师队伍应该适应教育的发展和社会的需要。可实事求是地说，我们目前的师资队伍已经成为制约实施素质教育、推进新课改的瓶颈，教师队伍建设缺乏实效，在广大的农村地区表现更为明显。中央党校经济学教研部中国农村九年义务教育调查课题组指出，目前我国农村教育"贫困、学困、校困、师困，前景贫困"中最突出的问题是"师困"。"师困"已成为农村教育中最危险的问题，因为没有教师绝对办不了教育，没有好的教师绝对办不了好的教育。这是只要稍有良知和责任感的人都应意识到的。笔者对某县一个农村一类乡镇的师资现状进行了调查分析，发现主要存在以下四个问题：

一是教师编制隐性不足。某镇现有小学生 3819 人，在编在岗小学教师 195 人，平均每个教师不足 20 名学生；初中生 2993 人，在编在岗初中教师 202 人，平均每个教师不足 15

名学生。按国家编制标准衡量，教师编制应略有盈余。可实际操作起来并不像做除法这么简单，全镇共 139 个小学班级，其中 20 人以下的班级有 69 个，10 人以下的班级有 7 个，人数最少班级只有 7 人，而这些班级的课程一门也不能减少；加上国家新的课程计划，从三年级到六年级，每周增设了两节外语课，五年级到九年级的综合实践活动课程要求开设信息技术教育课，这些工作也必须由老师来承担。因此，教师编制显性看起来已经饱和，但隐性不足依然存在。

二是小学教师年龄日趋老化。某镇小学教师 195 人，最小的 27 岁 1 人，28～30 岁 8 人，31～40 岁 42 人，41～50 岁 84 人，51 岁以上 60 人，平均年龄在 48 岁左右。该镇每年都有一些年轻优秀的小学教师被选调到初中任教，更导致了小学教师队伍年龄老化。这还真应了"爷爷奶奶教小学"的说法。

三是学科结构严重不合理。近几年，教师的学历达标和提升是取得了成绩的。某镇 195 名小学教师，中师以上学历 192 人，其中大专 104 人，学历合格率达 98.5%，高层次学历达 53.3%；202 名初中教师，大专以上学历 195 人，其中本科 67 人，学历合格率达 96.5%，高层次学历达 33.2%。这些数据表明教师的学历是上去了，但分析教师的专业分布，我们就会发现教师的学历培训还存在很大的问题。某镇小学班级 139 个，初中班级 47 个，186 个班要开音、体、美课，而中师以上专业毕业的教师，全镇体育 3 人，美术 1 人，音乐空缺；开英语的班级三至九年级全镇共 137 个班，可中师以上英语专业毕业的教师只有 18 人；某镇四所初中教学班级共 47 个（七年级 13 个，八年级 16 个，九年级 18 个），而专科以上专业毕业的教师数学 8 人，物理 5 人，生化 6 人。这样的学科结构，要全面落实国家的课程计划，基本上只能落实在课表上。学校必须动员相当多的老师放弃自己熟悉的专业，去承担师资短缺学科的教学，还会把有关课程作为搭料分摊给教师。虽然新课程倡导学科的整合，但各学科有各自的特点，整合也需要一定的学科专业素养作为基础。据笔者了解，许多课程名存实无，许多教师教学力不从心，知识的灌输都很勉强，更不用说培养个性特长了。

四是教师队伍极不稳定。首先，一些教师不热爱教育事业。笔者做过几次随机调查，某镇只有近 15% 的教师把当老师作为事业来追求，65% 左右的教师把当老师作为一种谋生的手段，有 20% 左右的教师总在找机会跳槽，通过考公务员、考研究生、找关系转行的途径与教师职业彻底拜拜。其次，教师的身心健康很不乐观。某镇不能正常上班的教师有近 20 人，其中 5 人患有精神分裂症。再次，优秀教师的流失严重。近几年，该镇每年有 3～5 名骨干老师被调走，进入高中或城区初中学校，这对于师资本来就薄弱的单位来说，犹如雪上加霜。

以上调查分析表明，某镇的教师队伍建设几年来基本上没什么实效，从某个角度看，还遭到了一定程度的破坏。窥一斑而见全豹，这说明在教师队伍建设上，某县缺乏科学发展观，没有统筹好城乡之间、不同学段之间师资的协调发展，可以说是"头痛医头，脚痛医脚"。

二、增强农村教师队伍建设实效的思考与探索

教师永远是办好教育的最关键因素。建设一支人民满意的中小学教师队伍，事关教育振兴、民族复兴，事关"有学上"向"上好学"转变。基础教育要改革，要持续发展，必须走建设高素质的中小学教师队伍这条内涵发展的道路。农村教育在全面建设小康社会中具有基础性、先导性、全局性的重要作用。城镇师资由于不断有农村优秀教师的加盟而日益优化。因此，思考与探索提高农村教师队伍建设实效具有里程碑的意义。

（一）督导落实对农村教师的相关政策是增强实效的基础工程

关于农村教师队伍建设，国家出台了许多好政策。《国务院关于进一步加强农村教育工作的决定》（国发〔2003〕19号）明确要求，在核定编制时，应充分考虑农村中小学区域广、生源分散、教学点较多等特点，保证这些地区教学编制的基本需求；积极引导鼓励教师和其他具备教师资格的人员到乡村中小学任教；各地要落实国家规定的对农村地区、边远地区、贫困地区中小学教师津贴、补贴；建立城镇中小学教师到乡村任教服务期制度；城镇中小学教师晋升高级教师职务，应有在乡村中小学任教一年以上的经历；适当提高乡村中小学中、高级教师职务岗位比例；地（市）、县教育行政部门要建立区域内城乡"校对校"教师定期交流制度。《教育部关于进一步推进义务教育均衡发展的若干意见》（教基〔2005〕9号）也要求，核定教师编制时要向农村学校倾斜，新增教师要优先满足农村学校、城镇薄弱学校的需求；要采取各种有效措施，建立区域内骨干教师巡回授课、紧缺专业教师流动教学、城镇教师到农村学校任教服务期等项制度，积极引导超编学校的富余教师向农村缺编学校流动，切实解决农村学校教师不足及整体水平不高的问题。《中共湖南省委湖南省人民政府关于建设教育强省的决定》（湘发〔2007〕18号）也指出，建立和完善教师培养培训体系，从根本上改变农村教师队伍薄弱状况。事实上，我省已经实施农村小学教师定向培养专项计划和特岗教师招聘录用工作。教育督导部门必须进行农村教师队伍建设专项督导，确保农村教师队伍建设的政策得以落实，夯实农村教师队伍建设的基础。

（二）唤起农村教师的工作激情是增强实效的根本保证

农村教师在我国教师群体中占据很大的比例，他们中的很多人工作和生活在异常艰苦的环境中，体验着异乎寻常的艰辛和困难，承受着异乎寻常的苦恼和困惑。工作的激情在这种状态下被消磨。没有激情就没有追求和创新。年龄老化并不可怕，只要激情常在，照样谱写人生辉煌。于漪老师70多岁高龄，追求"让课堂充满生命活力"，继续活跃在讲坛上。斯霞老师70多岁时，还和孩子们玩老鹰捉小鸡的游戏，帮孩子们甩长绳。

如何唤起教师的激情呢？一要大力加强师德建设。师德是教师最重要的素质，是教师之灵魂。师德决定了教师对学生的热爱和对事业的忠诚，决定了教师执着的追求和高尚的人格。既然做了一位教师，就要有一种崇高的育人使命感。二要积极改善教师的生存环境。一些教师缺乏工作的激情，主要原因是生存环境太差。教师不是神，更不是机器，他们是人——平凡的普通的有七情六欲的人。他们同样需要享受、需要呼吸新鲜自由的空气。说实

话，一些教师特别是农村小学和初中的教师生存环境太差。他们工作时间长，压力大，身体状况不佳，福利待遇低，居住条件差。一些老师一间几平方米的房间要做"五室"用，发挥着办公室、卧室、厨房、餐厅、客厅的功能。而有些行业福利房换了一套又一套。教育不是创收单位，教师生存环境的改造，必须靠推行素质教育和新课改，必须靠政府加大投入。要使教师认为职业最光辉，感到无上光荣，永葆工作激情，除了教师的职业特点决定了教师必须具备更高的素质外，还必须保证教师职业应有的政治地位和经济待遇，能够吸引社会上的优秀人才加入到教师队伍中来。教师有了工作激情，一定会为了追求更高的教育境界，而主动学习、终身学习，在学习中不断完善自己。

（三）推动校本培训是增强实效的主要渠道

校本培训是随着新课改热起来的一种有效的培训教师的新方式，它具有"为学校、在学校中、基于学校"等显著特征，强调学校的自主培训和教师的主动自觉参与，相对于传统单一的院校式教师培训具有便捷、经济、见效快、针对性强等特点。

农村学校实施校本培训必须做好以下工作：

一要扩大办学规模。由于农村调整布局没到位，相当一部分学校办学规模小，班额不足，全校只有 1~5 位老师，基本上每人包一个班，甚至一些老师包教 2~3 个年级（一个年级一个班，一个班几个学生），互相听听课的时间都没有，实施校本培训的难度更大。因此，县级区域必须花大力气、动真格统筹好农村中小学的布局调整，扩大学校的办学规模，减轻教师的工作量，首先保证教师有时间参加校本培训。

二要发挥"鲶鱼效应"。一个学校有了一定的办学规模，有了足够数量的教师，也并不完全能够启动校本培训。如果全体教师都像沙丁鱼一样甘于平庸，满足现状，学校就会像一潭死水一样平静，教改的小涟漪都难得出现一个。要改变这种现状，必须发挥"鲶鱼效应"，注意培养和配置一定数量的"鲶鱼"——学科带头人，来激活和带动一个学校的教改工作。保证每个学校有一定的优秀师资也是促进教育均衡发展的重要内容。

三要开发远程教育资源。目前，农村大部分学校虽然配备了电脑，但一般没开通互联网，面对网上丰富的课程资源、教改资源、网上培训只能是望洋兴叹。《中共中央关于制定国民经济和社会发展第十一个五年规划的建议》指出，"发展远程教育和广播电视'村村通'；切实提高师资特别是农村师资水平"。各县级区域必须抓住有力时机，加快现代远程教育步伐，为农村教师的专业成长打造一个现代化的平台。有些电影、电视剧（如《阳光伙伴》《十八岁的天空》《恰同学少年》等）就是活生生的教育学、心理学案例，学校通过组织教师观看和讨论，可以创新教师们的育人理念和教学方法。

各级政府和农村学校要为实施校本培训积极创造条件，抓实抓好，让真正意义的校本培训在广大的农村学校落地生根、开花结果。

（四）注入新鲜血液是增强实效的有力手段

农村一些中小学，由于学科结构不合理，有些科目根本无法开课，这些科目的师资也不是通过短期培训、强化培训能够解决的。这事关一代人的成长和学校的发展，不能等，也不能拖，必须向这些学校注入新鲜血液。

一要通过支教、示范性学校扶植薄弱学校等手段，解决农村学校师资短缺的问题。二要适当招聘教师。不管县级财政再困难，补充一定的师资是必要的。要千方百计把社会上拥有教师资格证、学历合格、素质较高的优秀人才吸纳到教师队伍中来，要改变招聘的方式，借鉴招考公务员的成功经验，根据编制和学科结构情况，把具体的招聘岗位安排到具体的学校，改变过去那种招了老师但没有用到最需要的地方的做法。

新鲜血液有可能挽救一个垂危病人的生命。补充优秀师资可以迅速提升一所学校教师队伍的实力，乃至提升一所学校的办学水平，是增强教师队伍建设实效的有力手段。

（五）科学引导学历提升等继续教育是增强实效的长效机制

学历合格是对教师最基本的要求。农村教师也非常重视自己的学历培训，基本上具备了合格学历，还有相当一部分老师取得了高层次学历。这是有目共睹的成绩。但学历培训也存在一个不容回避的问题，相当多的农村教师有学历无学力，有文凭没水平，所学专业与自己的学科教学没有多大关系。为什么会出现这种情况呢？一是速成式的学历培训含有不少的水份；二是教育行政部门对学历培训缺乏引导，学历培训纯粹是教师自己的事，教师自己负担所有的培训费用，可任意选择专业。教师一般不考虑教学需要，哪些专业容易学一些，就想当然选择哪些专业，结果造成了有些学科专业教师过剩、有些学科专业教师严重短缺的不合理、不协调的畸形学科结构。随着时代的进步和社会的发展，国家和省里对教师提出了更高的要求，到 2010 年，小学教师达到专科及以上学历、初中教师达到本科及以上学历分别达80%。这意味着还有大量的学历培训工作要做。学历培训必须贯彻科学发展观，促进教师队伍协调、可持续发展。师资培训单位要紧跟形势的发展，不断创新培训内容、方式和手段。教育行政部门和学校要导好向，学历培训和其他培训都要从教学需要出发，培训之前，要认真调查了解学校的需要和培训对象的需求，制定科学的培训方案，在培训内容上突出实践性和实用性。各级政府必须保障相关的培训经费，千方百计让科学的学历培训等继续教育成为提高农村教师队伍建设实效的长效机制。

农村教师队伍建设既是重点，又是难点。只要我们坚持科学发展观，加强教育督导，求真务实，开拓创新，建成一支服务社会主义新农村建设、小康社会建设、和谐社会建设的合格教师队伍不会遥远。

（本文获 2008 年湖南省第三届教育督导优秀论文评选一等奖；发表在 2009 年第 6 期《教师》杂志，收入《2010 湖南教育督导工作年度报告》）

办学理念：学校文化的灵魂

肖凯文　康甫然

学校文化是一所学校的名片和灵魂，直接反映一所学校的品位，是社会文化的重要组成部分。随着学校文化功能的日益彰显，学校文化建设受到空前的重视，可在轰轰烈烈的学校文化建设中，一些学校表现出来的文化总是缺乏内涵，缺少底蕴，甚至还有糟粕。这是为什么呢？我们从学校办学理念这个角度作点探讨。

中小学一般缺乏办学理念

笔者随机调查过某县 50 位中小学校长：贵校的办学理念是什么？你想把你的学校办成什么样子？问到办学理念，有 39 位校长答不上来；问到想把学校办成什么样子，有 41 位校长说没想过。一些校长向笔者阐述了令人振奋的"办学理念"，但笔者深入调查了解时，发现真正能将"办学理念"演化成精神内涵的学校少之又少，华丽的外衣包裹着苍白和浮躁。飘若浮云口号式的"办学理念"成了一块遮羞布、一件摆设，成了装点门面的饰物和在报刊上炫耀的资本。

为什么中小学校长普遍缺乏办学理念呢？有其客观原因：应试教育愈演愈烈，应试文化主宰校园；校长负责制很不健全，校长普遍缺乏办学自主权。更有校长的主观原因：对办学缺乏思考和总结，丧失改变学校的冲动和意识，缺少"明知地球要毁灭，今天仍种苹果树"的胸怀。一般认为组织把学校交给了我，只要保证在我任期内不出问题就心满意足了，哪管学校发展不发展，万一在这个学校待不下去了，请求组织调个地方，就万事大吉了。处于这种精神状态的校长，你能指望他们团结带领师生员工建设出先进的学校文化来吗？要知道，有一个好校长才会有一所好学校。

办学理念具有强烈的个性色彩和校本特色

人们通常把学校文化分为观念文化、行为文化、制度文化和物质文化等不同类型。观念是行动的先导，观念文化在学校诸文化中，居于核心地位，它反映学校的整体风貌。办学理念属于观念文化，并且处于观念文化的核心位置。它的形成是非常复杂的。它融校长及其学校的哲学思想、教学主张、品质修养、工作作风和办学经验于一体，还必须考虑本校的办学传统和当地实际，并且随着教育和学校的发展而不断完善，积淀着一个学校的文化底蕴，具有强烈的个性色彩和鲜明的校本特色。

现实中，一些学校的办学理念是缺乏思考和调查研究的，甚至是想当然地选择一些好听的词语和时髦的句子充当自己的办学理念。一个学校平平庸庸办了几十年，一直缺乏自己的精神和特色；或者，稍微有点好的"东西"，由于校长的变更，而不能很好地传承。有明确的办学理念并能围绕办学理念开展工作的中小学校，真是凤毛麟角。

大凡特色鲜明、办学成绩显著的学校，都具有鲜明的办学理念。长沙紫凤小学的办学理念是"培养健康活泼、乐于学习和创造性的现代小学生"。这个理念是通过聘请学校部分老师和学生代表，邀集学生家长和社会名家进行调查研究而形成的。江苏省东台中学秉承百年传统，前瞻性地提出了"让我们共同获得发展和成功"的办学理念，并为之开展了一系列卓有成效的实践活动，收获了颇多心得，赢得了社会的广泛赞誉。美国耶鲁大学本着"教育不是为了求职，而是为了生活"的办学理念，办出了特色，赢得了世界各地留学生的极大青睐，获得了我国最高领导人的高度赞誉。

虽然办学理念具有个性化、校本化的特点，但先进的办学理念，有一个共同的特点，就是"学校应带给每个人幸福与希望"。几年前美国哈佛大学校长说过的一段话能给我们带来启迪。哈佛大学以什么为骄傲？哈佛的校长说："最值得哈佛骄傲的不是培养了 6 位美国总统，不是造就了 36 位诺贝尔奖获得者，更不是美国 500 多家特大型企业一半以上的经理是哈佛大学的学子，而是哈佛的教育，它让每一块金子都闪闪发光，让每一位从哈佛走出来的人都创造奇迹。"

办学理念引导学校的制度文化

制度文化是学校文化的重要组成部分，是学校发展的动力系统。办学行为的规范、教育教学工作的有序运行与创新，都必须依靠完善的制度体系。

办学理念与学校制度有怎样的关系呢？我们先来看两个例子，某实验中学 2003 年的初一新生录取公告上有这样一条：学生在校学习期间，如因不能完成学习任务，跟班困难，必须劝其转学。为什么会做出这样的规定呢？这是因"追求高升学率"的办学思想而决定的。无独有偶，某中学一面在报纸上报道"以人为本，对学生实行人性化的管理"，一面是家长、学生反映"迟到、做错作业都要罚款，双休日、节假日补课长盛不衰，补课费收得太高"。这同样是片面追求升学率使然。

可以说，有怎样的办学思想，就有怎样的制度文化。办学理念是办学思想的集中体现。办学理念作为一种观念文化必须具体体现在学校的制度上、行为中、环境里，要靠与之相匹配的制度和行为来保证它转化为学校的办学实践。理想的制度文化是什么样子的呢？它首先至少应该尊重和保护师生的人格；其次要充分体现民主；还有更重要的一点，就是要激励和保障全体师生健康成长。而不是压抑师生的个性，打击师生的自信心，追求惩罚的快感。理想的制度文化，才是学校应该追求的。也只有在先进的办学理念背景下才能构建理想的制度文化。

综上所述，办学理念决定着学校的发展方向，承载着校长、师生的价值取向，当之无愧是学校文化的灵魂。缺少灵魂的学校文化，不管房子再漂亮、环境再优美，它总是缺乏内涵和底蕴的，也就缺乏了发展的生命力。精准科学地打造我们的办学理念，建设有灵魂的学校文化，让学校真正实现教书育人、管理育人、服务育人、环境育人等全方位育人的目标。

（本文发表于 2006 年 7 月 10 日《娄底日报》、2007 年第 4 期《年轻人》）

爱：实施新课程的灵魂

肖凯文

当前，新中国成立以来的第八次基础教育课程改革在党中央、国务院的直接领导下，正以令世人瞩目的迅猛之势在全国推进。这次课程改革是我国建国 50 多年来教育领域里最全面最深刻的革命。一是本次课程改革对于中华民族的伟大复兴具有深远的意义；二是它将实现我国中小学课程从学科本位、知识本位向关注每一个学生发展的历史性转变。出发点非常好，改革的目标也很明确。走进我们的新课堂，却发现我们很多老师的课是"穿新鞋走老路"，不是"涛声依旧"，就是"山还是那座山，梁还是那道梁"。为什么新课程的先进理念转化为教师的教学实践这么难呢？当然有"传统的'应试教育'势力强大，考试评价改革滞后"等原因，更重要的是我们教师对教育事业的爱、对学生的爱出现了问题。爱是教育的灵魂，没有爱就没有教育，要使新课程顺利实施，必须唤起教师的"爱"。

教师的"爱"在悄悄流失

相当一段时期，我们教师在"教师是人类灵魂的工程师，教师是太阳底下最光辉的职业"的激励下爱岗敬业，奉献着自己的青春。2004 年 9 月 10 日下午，时任中共中央总书记、国家主席胡锦涛在北京人民大会堂会见出席庆祝第 20 个教师节暨全国优秀教师表彰大会代表讲话时，发表了"人民教师是无上光荣的神圣职业"这感人肺腑的真情话语。现实生活中的教师是否都有这样的光荣感和自豪感呢？笔者随机调查了 100 位义务教育阶段的教师，对教师职业感到自豪，把教育事业作为永远追求的教师仅 7 人，占 7%；有 10% 的教师比较满意教师职业；有 69 位教师表现出无奈，要维持生计，又找不到好的职业，只好硬着头皮撑下去，这种状态的教师占了 69%；还有 14 位教师是"身在曹营心在汉"，正准备通过考研或考公务员的途径与教师职业彻底拜拜；这 100 人中，有 73% 的教师自卑心理严重，他们觉得自己的社会地位、经济实力都不如从事其他职业的同学，特别是其中的某些教师，当别人问起从事的职业时，还羞于启齿。

促进每一个学生全面发展和终身发展是新课程的一个重要理念，正如朱永新先生的《教育的理想与理想的教育》中说的："教育的理想是为了一切的人，无论是城市的还是乡村的，富贵的还是贫贱的，智慧的还是笨拙的；教育的理想是为了人的一切，无论是品德的还是人格的，生理的还是心理的，智力的还是情感的。"在教育教学实践中，是不是所有的老师都平等地爱着、关注着每一个学生呢？笔者对一个 54 人的班级进行过调查，有 18 位同学没有得到过老师的微笑，没有感受过老师爱的阳光。相当一部分老师对学生的爱是畸形的，他们爱的是成绩好、能为自己挣来荣誉的学生，他们也关注家长已请客送礼的那部分学生；相当多的老师不会为学生的全面发展、终身发展负责。小学老师只管保证小学阶段，初中老师只管保证初中阶段，哪管开发学生的潜能，只怕榨不干学生的精力。因此，许多在小学成绩优秀的学生到了初中跟不上班；一些在初中成绩优秀的学生，到了高中就落后了。总之，我们教师的"爱"出现了裂痕，在悄悄地流失。

没有爱就没有追求和创新

笔者曾读过一篇《理想与未来》的美文。该文说的是：有三个建筑工人在共同砌一堵墙时，有人问他们："你们在干什么呀？"第一个人头也没抬，没好气地说："你没看见吗？在垒墙。"第二个人抬起头来说："我们当然要盖一间房子。"第三个人边干活边唱歌，脸上满是笑容："我在盖一间非常漂亮的房子，不久的将来，这里将变成一个美丽的花园，人们会在这里幸福地生活。"10年以后，第一个人仍是一名建筑工人，第二个人成了建筑队的带班队长，第三个人成了他们的总经理。这篇文章其实告诉了我们一个这样的道理：爱自己的工作，就不会感到工作的枯燥，就会永远拥有追求和创新的动力。整天和砌刀、红砖、沙浆打交道，应该够烦的，为什么第三个建筑工人的心情如此轻松和快乐呢？原因是他热爱自己的工作，于是对自己从事的工作有追求和创新，最终在同行中脱颖而出。教育本来是极富诗意的，是一部开心词典。教师劳动的一个显著特点就是创造性。为什么一些老师才教了几年，就出现了厌烦的情绪呢？问题的关键就是这些教师不是真心地热爱教育事业。不爱这项工作，就失去了追求与创新的动力。实施新课程，推进素质教育，必须花大力气提高教师的素质，可是，到各种培训班上去看一看，能看到几个班在出满勤？能看到多少如饥似渴的眼神？有追求的人，会珍惜每一个成长的机会；缺少追求，就容易满足于现状。笔者斗胆地说，与某些行业比，教师是有待提高创新能力的群体。有的老师原原本本抄袭教案，照本宣科，"满堂灌"主宰着课堂。而培养学生的创新精神和实践能力是新课程追求的最高目标，因循守旧的老师们怎能承担起这伟大的使命呢？

大凡真诚地热爱教育事业，真心地爱每一个学生的老师，不管外界环境如何，都会在教育史上写下辉煌的一章，或在教育这块热土上有所成就。于漪老师一直把"让课堂充满生命活力"作为从事语文教学孜孜矻矻追求的目标。她的课堂教学不是简单的知识传授、机械训练，而是师生互动、思想碰撞、心灵交流、师生共同成长的生命历程。这些正是新课程所倡导的。她70多岁高龄，还活跃在讲坛。霍懋征老师从教近60年，爱着每一个学生，没有向一个学生发过脾气，没有惩罚过一个学生，对学生充满了爱心，做到了把全部的爱献给教育事业，尽管现在已经83岁，但她依然每天工作近10个小时，她要尽她所能，继续为教育事业做出贡献。还有许许多多这样的教师，他们都是"爱"的典范。

唤起教师的"爱"刻不容缓

百年大计，教育为本；教育大计，教师为本。新课程的实施对于中华民族的伟大复兴具有深远的意义，而新课程的实施需要一支有着崇高的人生追求、高尚的师德情操、强烈的责任意识、无私的奉献精神的教师队伍；要铸造这样的队伍，必须首先唤起教师的"爱"。

唤起教师的"爱"。一要大力加强师德建设。师德是教师最重要的素质，是教师之灵魂。师德决定了教师对学生的热爱和对事业的忠诚，决定了教师执着的追求和人格的高尚。既然做了一位教师，就要有一种崇高的育人使命感。二要积极改善教师的生存环境。一些教师不觉得自己的职业最光辉，不觉得无上光荣，原因是生存环境太差。教师不是神，更不是机器，他们是人——平凡的普通的有七情六欲的人，他们同样需要享受、需要呼吸新鲜自由的空气。说实话，一些教师特别是小学和初中教师的生存环境太差。工作时间长，压力大，身体状况不佳，福利待遇低，居住条件差。一些老师一间几平方米的房间，要发挥办公室、卧室、厨房、餐厅、客厅的功能。而有些行业福利房换了一套又一套。教育不是创收单位，教师生存环境的改善，必须靠推行素质教育，推进新课改，必须靠政府加大投入。要使教师感到职业最光辉、无上光荣，除了教师的职业特点决定了教师必须具备更高的素质外，还必须保证教师职业应有的政治地位和经济待遇，能够吸引全社会的人羡慕教师，能够吸引社会上的优秀人才加入到教师中来。

总之，唤起了教师的"爱"，实施新课程就不会是一句空话。因为一个真正热爱教育事业、热爱学生的教师，一定会坚持教学反思，一定会追求更高的教育境界，一定会坚持主动学习和终身学习，一定会用创新的火花点燃学生无穷的智慧。

（本文发表在 2005 年《湖南课程改革实验通讯》第 2 期）

现行党和国家教育方针必须有个统一表述

肖凯文

党和国家的教育方针是教育工作总的指导思想和行动纲领，统筹教育活动有序开展，保证教育目的有效实施。"全面贯彻党和国家的教育方针"是教育文献和教育工作报告、制度、计划、总结等必不可少的表达。所有学校是不是把握了现行党和国家教育方针的内涵呢？近两年，笔者从事教育督导工作，下到每所中小学校，都要留心学校张贴在显眼处的教育方针，还真发现了问题，各学校对教育方针的表述有几个不同的版本。归纳起来，主要有以下六种：

①教育必须为无产阶级政治服务，必须与生产劳动相结合，培养德、智、体、美全面发展的建设者和接班人。

②教育必须为社会主义现代化建设服务，必须与生产劳动相结合，培养德、智、体全面发展的建设者和接班人。

③教育必须为社会主义现代化建设服务，必须与生产劳动相结合，培养德、智、体等方面全面发展的社会主义事业的建设者和接班人。

④以提高国民素质为根本宗旨，以培养学生的创新精神和实践能力为重点，造就"有理想、有道德、有文化、有纪律"的、德智体美等全面发展的社会主义事业建设者和接班人。

⑤坚持教育为社会主义现代化建设服务，为人民服务，与生产劳动和社会实践相结合，培养德智体美全面发展的社会主义建设者和接班人。

⑥坚持育人为本、德育为先，实施素质教育，提高教育现代化水平，培养德智体美全面发展的社会主义建设者和接班人，办好人民满意的教育。

出现这些情形，既有一些学校缺乏学习的原因，也有党和国家及其教育行政部门，很长一段时间，没有明确表明我国新时期的教育方针是什么的原因。以上表述①中的"教育必须为无产阶级政治服务"，在1958年颁布的教育方针提出来后，1978年全国人大五届一次会议通过的《中华人民共和国宪法》又作为教育方针的重要内容提了出来，但这种提法在1981年6月党的十一届六中全会通过的《关于建国以来党的若干历史问题的决议》中提出了"坚持德智体全面发展，又红又专，知识分子与工人农民相结合，脑力劳动与体力劳动相结合的教育方针"后，就再没有这样提过了，因为不符合新的社会经济形势的发展。②③④⑤⑥的表述都符合现行教育政策和教育发展规律，但明确作为教育方针提出来的，只有②和③。②是1990年12月，党的十三届七中全会审议并通过的《中共中央关于制定国民经济和社会发展十年规划和"八五"计划的建议》中提出的教育方针的新表述，后被写入中

发〔1993〕3 号《中国教育改革和发展纲要》；③是在②的基础上，经一定的立法程序，在
1995 年 3 月 18 日第八届全国人民代表大会第三次会议通过的《中华人民共和国教育法》中
第五条的规定，这是国家从立法角度对教育方针的最新规定。

④是中发〔1999〕9 号《中共中央国务院关于深化教育改革全面推进素质教育的决定》
中关于"素质教育"的内涵；其完整表述为：实施素质教育，就是全面贯彻党的教育方针，
以提高国民素质为根本宗旨，以培养学生的创新精神和实践能力为重点，造就"有理想、
有道德、有文化、有纪律"的、德智体美等全面发展的社会主义事业建设者和接班人。⑤
先是出现在国发〔2001〕21 号《国务院关于基础教育改革与发展的决定》（两个地方有
"必须"二字），后在党的十六大报告提了出来。⑥是党的十七大报告提出来的。

一般来说，教育方针的基本点必须包括办学方向，培养学生的基本途径和所培养的人应
具有的素养要求。党和国家的教育方针，关系教育工作全局的总方向，既相对稳定，又动态
发展。时代在前进，社会在发展，国情在变化，教育方针的内涵会更丰富。目前，我国教育
正在实现由"有学上"向"上好学"、由"教育大国"向"教育强国"的跨越，用党和国
家的教育方针统领教育工作非常关键。⑤比③更加完善，因此，通过修订《中华人民共和
国教育法》，把第⑤种表述上升为法律规定，让党和国家的教育方针有一个统一的表述，显
得非常必要和重要。

（本文发表在 2009 年第 8 期《都市家教》）

呼唤德育魅力

肖凯文

德育有没有魅力？我们先不要急于做出简单的肯定或否定回答，还是让笔者说说两件亲身经历的与德育相关的事吧！

2004年12月25日是这个冬季最寒冷的一天，只有三四摄氏度。这天，娄底市年度德育工作会议在双峰县召开，组委会估计与会人员在200人左右，准备了一个只能容纳200多人的会议室，结果来了500多人，组委会不得不临时转移会议室。出乎意外，会议开得十分热烈，取得了圆满成功。

2005年3月16日下午，新化县教育局在铁牛中学举办了一场"读好书，健康成长"演讲报告会，全国知名儿童文学作家晓玲叮当结合自己的成长经历，为师生们作了《抓住梦的翅膀》讲座，全场2000多听众，都听得非常入神，哪怕平时最调皮、最不听话的孩子也安静地坐在那里，脸上露出了平时课堂里难以看到的微笑。整个会场除了主讲人的声音和不约而同的掌声，没有一点杂音。会议结束了，孩子们还迟迟不肯离去。

从这两件不算很大的事情中，我们充分感受到了德育的吸引力、德育的力量和师生们对理想的渴望。德育是充满魅力的。德乃为人之本。对每个人来说，支撑一生的是品德，而不是知识。著名的意大利诗人但丁说过："道德常常可以填补智慧的缺陷，而智慧却永远填补不了道德的缺陷。"伟大的科学家爱因斯坦在悼念玛丽·居里夫人的演讲中，肯定的是居里夫人的高尚品德。他说："在像居里夫人这样一位高尚的人物结束她一生的时候，我们不要仅仅满足于回忆她的工作成果对人类已经做出的贡献，第一流人物对于时代和历史进程的意义，在其道德方面，也许比单纯的智慧成就方面还要大。"我国著名教育家陶行知先生极力倡导"千教万教，教人求真；千学万学，学做真人"。

审视我们的德育实践，一是作为青少年思想道德教育主渠道、主阵地、主课堂的学校德育基本上处于"喊起来首要，说起来重要，干起来次要，忙起来不要"的地位；二是社会、家庭、学校的"合力"难以形成，一度陷于"学校讲集体主义、家庭行个人主义、社会兴利己主义"的矛盾境地。学校德育在层层包围之下，黯然失色，魅力全无。

只要是稍有良知的德育工作者，就应该刻骨铭心地记得1992年8月那场"夏令营中的较量"，日本人那时公开说："你们这代孩子不是我们的对手！"是知识"不是他们的对手"吗？不，中国是世界奥赛强国；"不是他们的对手"，指的是孩子们吃苦耐劳的生存能力和良好的社会公德。这些是学校德育的使命呀！为什么党中央和国务院要出台《中共中央国务院关于进一步加强和改进未成年人思想道德建设的若干意见》？主要因为现在我国一些未成年人在思想道德方面出现了一些问题，引起了党和国家领导人对国民思想道德建设的高度重视。

因此，对于学校来说，挽救德育，帮助德育突围，让德育焕发青春魅力是迫在眉睫的事情。要让目前的学校德育走出低迷状态，焕发青春活力，最关键的问题是要改善目前德育的环境，给德育以肥沃的土壤。要真正实现"育分"向"育人"转变。对社会而言，人们要以关心国家的未来为己任，做到"幼吾幼以及人之幼"。我们的德育工作者要与时俱进，不断创新德育方法和手段，积极开发利用德育课程资源，不断增强自己的人格魅力。道德是被感染的，而不是被教导的。乌申斯基说过："在教育工作中一切都应以教师的人格为依据，因为，教育力量只能从人格的活的源泉中产生出来，任何规章制度，任何人为的机关，无论设想得如何巧妙，都不能代替教育事业中教师人格的作用。"

让德育充满魅力，是我们德育人坚定的信念和永远的追求。

（本文发表在 2007 年《德育年鉴》）

我们的教育忽视了什么

肖凯文

审视我们的教育，就会发现我们的教育还不是很明朗："应试教育"还占有很大的市场；素质教育似乎给人一种高谈阔论、好高骛远的感觉，还没有得到很好的实践，没有形成气候。正是"应试教育"片面追求升学率和实施素质教育的浮躁，我们对学生的教育忽视了一些最基本的内容。

一是忽视了一些基本常识教育和良好习惯的培养

笔者曾做过一次关于学生写字姿势的调查，在某县随机抽取 4 所中心小学，每所中心小学随机抽取 40 人，结果 160 人中，写字姿势完全正确的只有 14 人，正确率为 8.75%，其中有一所学校 40 人中写字姿势正确的找不到 1 人。而有关教学大纲或课程标准明确要求学生养成正确的写字姿势和良好的写字习惯；要求教师关注学生写字的姿势与习惯，写字教学要重视对学生写字姿势的指导。为什么在教学实践中偏偏没有得到老师的重视呢？对"应试教育"而言，写字姿势的正确与否跟分数没有什么联系，何必费神呢？"素质教育"也许认为，一个人的写字姿势是无关痛痒的素质，不如多培养学生的特长。其实，正确的写字姿势和良好的写字习惯，在人的发展中有着不可低估的作用。据河南省某县 2002 年高考体检情况统计：全县参加体检总数 2800 人，身体完全合格的 420 人，只占 15%；专业受限 2319 人，占 83%。读书写字姿势不正确，写字时间过久正是影响视力下降的一个重要原因。一旦形成近视，就会给学习、工作、生活带来诸多不便。培根说得好，习惯真是一种顽强而巨大的力量，它可以主宰人生。这么说，坏习惯是多么可怕。

二是忽视了一些基本品德的教育

诚信是一个人最基本的品德。著名教育家陶行知说过，千教万教，教人求真；千学万学，学做真人。在一些国家，一个孩子如果不诚实，可能成为最不受欢迎的人。因为随着他的成长，谎言将会带到工作和人际关系中。我们的诚信教育怎么样呢？2004 年 2 月 10 日《中国教育报》发表了冯英杰先生的一幅题为"早期教育"的漫画，画面上一位师长模样的人对一群少先队员说："明天督导团来我校评估检查，不许乱讲。违者罚站！"冯先生对教育现状的反映真是一针见血。什么是"乱讲"？据笔者掌握的情况，就是实事求是地讲，如学校办了重点班，如果你如实反映，就是"乱讲"。由于学校在评估检查前统一了口径，别指望从师生口里得到很多有价值的信息。学生的回答，更多的是异口同声的"没有""不知道"等，因为罚站的滋味是不好受的。学校为了眼前的利益，剥夺了学生说真话的权利，也埋下了祸根。身教胜于言教，平时的《狼来了》《诚实的孩子》的教育就显得多么苍白无力。纯洁天真的学生通过几次这样的"早期"教育，变得对人不真诚、撒谎、自私。新课程改革倡导合作学习，而诚信是合作的基础，由于诚信教育的失败，越往"上"，越难合作，同学之间互相设防，互相封锁学习方法、学习资料。目前，从学校到社会，普遍缺乏合作精神。

培养学生的健全人格是教育永远的追求，而诚信是健全人格的核心。事实上，我们的教育还没有真正地为学生的终身发展负责，一般只图眼前的利益。"应试教育"追求的是高分数，只要分数高，品德差一点不要紧，一俊遮百丑、瑕不掩瑜吗！而目前的素质教育很不成熟，急功近利，把精力花在能迅速出成果的方面上，以人为本不过是纸上谈兵。

粗心的旅行者往往错过了身边最美的风景，粗心的教育者忽视的往往是最有价值的教育，是应该深刻反思我们教育的时候了。

（本文发表在 2004 年 4 月 2 日《娄底日报》"素质教育版"）

"减负"的关键在于提高教师的素质

肖凯文

当前，从中央到地方的各种媒体，对减轻中小学生过重负担做了全方位的报道宣传，可谓沸沸扬扬。减轻中小学生过重负担，这为推进素质教育创造了必要条件。但从现在农村学校减负的形势来看，并不理想，窃以为"减负"工作只是从显性的量上做了文章，要彻底减轻中小学生过重负担，还必须从隐性的质上下功夫。

不妨先比较这样的例子：某些老师工作起来无精打采，批阅一个小时的作业也觉得很累；可一坐到麻将桌边，就来了精神，几十个小时也就轻而易举地过去了。一些学生做几分钟的作业，都觉得时间太难过了，认为是负担；可一玩起游戏来，十几个小时就不知不觉打发了。打几十个小时的麻将和批阅一个小时的作业比，玩十几个小时的游戏与做几分钟的作业比，前者付去的精力要比后者多得多。按理说，前者的负担比后者重，而某些师生相反地认为后者负担重。为什么心理感受有如此差异呢？这就是兴趣的差异。一般来说，人们都喜爱做自己感兴趣的事，对自己感兴趣的事，就会积极主动地去做，不觉得是什么负担。因此，对学习不感兴趣的学生来说，减少作业量还不是解决问题的根本，要解决根本问题，还必须努力培养学生的学习兴趣。

俗话说得好：兴趣是最好的老师。那么，学生的学习兴趣又受到什么因素的影响和制约呢？先来分析一些教学中的事实：同样一个教学内容，甲老师讲起来生动活泼，学生们听起来轻松愉快，越听越有味，越听越想听；而乙老师讲起来死气沉沉，学生们犹如背着一块石头在听课，越听越乏味，越听越想早下课。对同一个写错的字，甲老师要求更正，会写就行了；而乙老师要求学生抄写数百遍。我们不难看出，甲老师的教学方法远远优于乙老师。时间一长，甲老师的学生会把学习看成一件快乐的事，乙老师的学生会认为学习是一个沉重的包袱，是一种摧残精神的负担。这种负担才是最可怕的。因此，学生对学习有没有兴趣，取决于老师的教学方法，而老师的教学方法又是老师的学识水平和工作态度决定的，归根到底是由老师的素质决定的。

只有高素质的老师，才能自觉地为学生"减负"。著名教育改革家魏书生老师从来不布置额外的作业，从来不搞平时测验和模拟考试。然而，魏书生老师的学生升学考试成绩一直在市里遥遥领先。在他的第一轮实验中，学生的升学考试成绩就比重点中学平均分高出7.8分。由此可见，老师的素质和学生的负担息息相关。我们喊了多年的"减负"收效甚微，就是老师的素质没有跟上去。老师的培训没抓落实，办了很多的培训班，可大多是图图形式，走走过场。竞争机制也不健全，一些低素质的老师一点紧迫感也没有，这个学校不能待了，要求领导调个学校或是领导主动帮他们调动。大部分老师不讲究教法，靠题海战术取得一点成绩，并且"上有政策，下有对策"，除了题海战术还是题海战术。因此，只有多一些像魏书生一样的老师，领导不喊他们也会自觉地为学生"减负"。看来，落实"减负"工作的关键是要千方百计迅速提高老师的素质，最直接最彻底地减轻学生的过重负担。

（本文发表在 2000 年 5 月 8 日《娄底日报》"校园四季版"）

教育督导要为学校解围

肖凯文

《国家中长期教育改革和发展规划纲要（2010—2020 年）》为中国教育未来十年的发展描绘了美好的蓝图。在其第二章战略目标和战略主题中提出：形成惠及全民的公平教育；坚持教育的公益性和普惠性，保障人民享有接受良好教育的机会；建成覆盖城乡的基本公共教育服务体系，实现基本公共教育服务均等化，缩小区域差距；努力办好每一所学校，教好每一个学生，不让一个学生因家庭经济困难而失学；切实解决进城务工人员子女平等接受义务教育问题；保障残疾人受教育权利。

努力办好每一所学校，教好每一个学生，不让一个学生因家庭经济困难而失学，这是每一个教育者、每一个家长所希望的，但目前这还是理想中的理想。根据笔者的调查了解，相当多的学校目前处于水深火热之中，陷入各种指责声的包围之中，亟须教育督导为之解围。

一、几个真实的事例可窥学校的尴尬处境

事例 1：某中学一个学生节假日在校外溺水身亡，家长找到学校，责问学校为什么节假日不补课，要求学校负责。

事例 2：某中学两个学生节假日在校外骑摩托车兜风出了车祸，不幸身亡，家长把孩子的遗体往学校抬，要求学校负责，理由是学校没有教育好孩子。

事例 3：某中学一个班主任对一个学生进行了多次教育，学生一直没改，班主任通知家长到学校来帮助教育，后来这个学生因为家长的一句"你不学好就去死了算了"的气话而自杀了，家长带领亲戚们到学校闹，要求学校负全部责任，理由是班主任不应该通知家长到学校来。

事例 4：某中学立了一个学生宿舍的建设项目，按规定程序进入招投标公司向社会公开招标，一切都是阳光操作。学校所在地的一位村支书没有中标，结果这位村支书把不满情绪发泄到学校，找茬子封堵学校的进校公路。

学校是传承人类文明的场所，原本充满神秘和神圣，让孩子们心之向往。当下却成了弱势中的弱势，任何人可以有理、无理地指责，本应由家庭、社会、政府承担的责任可以轻松地推卸给学校。孩子的一切不对是学校的问题，一切责任事故是学校的责任。赢得家长、社会的理解与支持成了学校的奢望。处于这种尴尬地位的学校，怎么会有发展？

二、教育督导要在热点、难点问题上为学校解围

教育督导要深入研究发生在学校的事情，究其根源是在学校，还是在其他层面。要通过

不断的督导与研究，实现政府及其教育行政部门依法治教、各个学校依法自主办学的良好局面。

（一）关于补课

各级教育行政部门禁补令下了一个又一个，可效果很不理想，总有一些学校或老师冒着风险、变着法子在补。这只是因为追求升学率、教师创收吗？

笔者认为，怎么来处理补课，可以先来思考以下几个问题：

一是正常教学时间，能不能完成教育教学任务。现在实行双休日，增加了一些节假日，而课程与内容一点没减，还在不断增加新的教育内容，如信息技术、国防教育、安全教育、法制教育、禁毒教育、环境教育等都要求进课堂，还有创新与实践活动，还有每天一小时的体育锻炼。要落实这些，正常的教学时间够不够，政府及其教育行政部门有没有做过调研？教育教学必须遵循教育规律和孩子们的认知规律与成长规律，实施新课程也好，改进教学方法也好，最基本的时间是必须保证的。教育行业是塑造人类灵魂的，有其特殊性，要区别对待。

二是农村学校70%以上的留守孩子，那么多的假日在家里度过，会不会增加学校教育的难度。可以组织问卷调查。

三是禁补能不能做到全国或者全省一盘棋，城市与农村一盘棋。因为高考、学考是全国或全省统一试题，在同等的教学水平上，谁保证的时间多，谁取胜的机会就大，所以补课在各学校相互攀比中难以销声匿迹。如果每个学校都能做到不补课，城里也没有各种培训班，这就很公平了。这需要一种有力的机制，更需要全体教育人的努力。

四是教师的正常收入能给教师带来一种怎样的生存状态。教师冒着风险、不顾身体补课是追求金钱，还是被迫无奈？

简单的禁补没有效果，只有充分调研，才能查明补课的真正原因，才能产生科学的决策。

（二）关于安全

学校安全形势日益严峻，如履薄冰，防不胜防，校长成了高危职业。一方面，校长和学校严防死守，不敢越雷池半步，取缔一切社会实践活动。党的教育方针是提得非常好的：教育必须为社会主义现代化建设服务、为人民服务，必须与生产劳动和社会实践相结合，培养德、智、体、美等方面全面发展的社会主义建设者和接班人。实际上，教育哪里能与生产劳动和社会实践相结合？德智体美全面发展也基本停留在口头上。政府及其教育行政部门和学校为了不出任何安全事故，借着"以人为本"的幌子，取缔一切校外活动。一级一级只是简单地下禁令，而不是积极地去为学校开展生产劳动和社会实践活动提供好的制度或法律保障。笔者认为，真正的"以人为本"，就是充分尊重人的天性，培养人适应自然和社会的生存能力；如果学校教育局限在四壁合围的课堂，那么学生的生存能力是很难培养出来的。

另一方面，面对落后的安全设施设备，校长与学校只能干着急。比如学校有危房，一般的做法是上级下令封存或拆除，而到校外租用民房和新增的安全隐患全都是校长与学校的事情；这些危房的改造也不能特事特办，只能耐心等待立项。再如学校的围墙建设，当发生了因为没有围墙导致的安全事故时，各种检查铺天盖地，数据上报了一次又一次，可就是难以看到实际的整改效果。

（三）关于建设

学校建设本来是政府的事情，应该由政府来当这个甲方，统筹好本区域内的学校建设，分清轻重缓急，提高使用效益。可据笔者了解，一般的地方还是由学校在做，这给校长与学校增加了很大的工作量。一是校长要去争取项目；二是一个项目的立项资金往往明明不足，作为甲方的学校与作为法人代表的校长还得为项目资金负责；三是要花很多的时间与精力去办理繁琐的项目建设手续。

（四）关于师资

师资是学校办学的第一资源，是提高教育质量的关键因素。目前，教师职业缺乏吸引力，不但免费师范生、特岗教师到不了位，很多优秀人才根本不愿进教师队伍，而且教师队伍中的优秀人才也在想办法找机会跳槽。这样不但影响学校特别是农村学校教师的质量，还影响了教师的数量。一个区域内的师资缺乏科学的统筹机制，明明少了教师，但还要正常开课，这个难题基本上是学校在解决，踏破铁鞋找代课教师，在本来很紧张的公用经费里支付代课金。

（五）关于治理教育乱收费

教育维系千家万户，治理教育乱收费一度成为社会热点问题。也正因为教育存在乱收费现象，教育的形象在老百姓心目中一落千丈。笔者认为，一是对教育乱收费要坚决治理；二是教育督导部门要深入调研，挖出教育乱收费的源头。比如，目前的义务教育公共经费标准或高中学费标准能不能保证学校的正常运转，应由财政预算的经费有没有由公用经费承担；自愿性收费项目能不能进一步明朗、明确，因为开了自愿性收费项目这个口子，压力与负担几乎都落到了学校这一边。

（六）关于顽劣学生的处理

随着独生子女、留守孩子的增多与家庭教育、社会教育的不断缺位，学校教育正经受着严峻的考验。学校教育不是万能的，教好每一个学生，光靠学校的力量是万万不可能实现的。学校对一些屡教不改的学生最后不得不放弃，通知家长带回去。这样处理是学校不得已的办法，存在很多隐患：一些不服家长管教的孩子，会迅速沦落为社会上的"混混"，社会多了一些不合格的公民；一些不思悔改的被劝退的学生迁怒于同学与学校，时刻都有可能发生报复的行为。

对这些学校难以教育好的孩子，县级以上人民政府要依法筑好最后一道防线。《中华人民共和国预防未成年人犯罪法》第三十五条规定：对未成年人实施本法规定的严重不良行为的，应当及时予以制止。对有本法规定严重不良行为的未成年人，其父母或者其他监护人和学校应当相互配合，采取措施严加管教，也可以送工读学校进行矫治和接受教育。《中华人民共和国义务教育法》第二十条规定：县级以上地方人民政府根据需要，为具有预防未成年人犯罪法规定的严重不良行为的适龄少年设置专门的学校实施义务教育。法律规定如果真正予以实施，不但会减轻学校教育的难度，还会为国家减少潜在犯罪人。这有必要通过教育督导手段去落实。

　　笔者既是一个基层教育的管理者，又是一个教育督导工作的热爱者，认为要实现"努力办好每一所学校，教好每一个学生"的目标，教育督导在做好督政、督学常规工作的同时，要积极主动地在教育热点、难点问题上为学校解围，让学校轻装前行，轻松发展。

（本文发表在 2014 年第 3 期《青年教师》）

社会实践不应成为学生的"奢求"

肖凯文

日前，某县一所省示范性高中的一个高三班级决定组织一次野炊活动。同学们听到这个消息，全班兴奋了整整三天。同学们在活动中呈现在老师面前的那种自由快乐，那股热情和力量，那种全身心的投入，在那四壁合围的课堂是难以感受到的。

一次很普通的野炊活动，令同学们如此兴奋不已。一是充分表明同学们渴望参加像野炊一样的社会实践活动；二是可以看出学校组织这样的活动太少，搞一次野炊，似乎成了学生的一种奢求。事实上，我们的初高中学生参加社会实践活动的机会的确太少太少。看一看一些初高中学校的冬季作息时间表吧！早晨6点10分起床上两节早自习，上午、下午各4节正课，晚上4节自习，到10点多钟才能就寝；节假日，高中学校可以名正言顺地安排学生补课和培训，很多初中学校也在想方设法、变相地组织学生补课。我们的中学生，太缺少自由驰骋的空间和自由支配的时间了。这种"应试"倾向如果得不到有效遏制，学生们虽然有参加社会实践活动的强烈欲望，对学校又能指望多少呢？

国家课程计划有科学的课时设置。新课程非常重视综合实践活动的开展，让学生通过亲身实践，发展收集与处理信息的能力，综合运用知识解决问题的能力以及交流与合作的能力，增强社会责任感，并逐步形成创新精神与实践能力。这正是素质教育的要求，也是当今社会对人才的要求。我们学校要变"教科书是学生世界"为"世界是学生的教科书"，要靠提高课堂教学效率来提高教学质量，而不是一味消极地靠增加学科的课时来提高教学质量。加班加点可能提高教学质量，但也有可能摧残学生的身体健康，消磨学生的丰富情感，扼杀学生的创造天性。事实上，单一的课堂学习让一些学生变得麻木和迟钝，甚至扭曲了人格。

社会是一个不见墙壁的课堂，是任何人都不能回避的。社会实践活动是学生科学知识学习的有效调节和检验。各学校应该千方百计保证社会实践活动按照素质教育和国家课程计划的要求正常地开展起来，让社会实践活动不再是学生的"奢求"，而应成为学生的家常便饭，让学生在社会实践活动中更好地成长，逐步塑造健全的人格。

（本文发表在 2007 年 1 月 18 日《湖南科技报》）

开发利用校友资源　推动学校文化建设

肖凯文

校友，一般指在本校学习过的学生和工作过的教职工、在校师生员工、过去或现在在学校兼职的教职工、对学校发展有贡献并愿意成为学校名誉校友的社会各界人士。一届届校友是一所学校向社会各行各业散发的一张张名片，是学校办学精神、办学理念、办学目标的传承者、发展者与实现者。一所学校办学成功与否，最终要由步入社会后的校友的整体表现来衡量。

校友资源是一所学校最重要的课程资源与发展资源，有效地加以开发利用，可以促进学校快速发展，提升学校的文化品位。如果一所学校得不到校友资源的支持，那就很难赢得非校友资源的支持。笔者所负责的学校是一所完全中学，该校创办了 55 年，有着辉煌的办学历史和优良的办学传统，为社会各行各业培养了数以千计的合格人才、数以百计的杰出人才。学校高度重视校友资源的开发利用，2012 年向湖南省教育科学规划办申报了课题《中学校友资源开发利用研究》，成功立项为省级教育科学规划资助课题，课题批准号为XJK012BZXX029。学校通过两年多扎扎实实的探索、研究与实践，有效开发利用了校友资源，推动了学校文化建设，彰显出了发展的生机与活力。

（一）完善校友档案资料，建立校友交流平台

要开发利用校友资源，拥有完整的校友档案资料是关键。学校采取了许多有效的措施对校友档案资料进行完善。一是组织相关人员对学校建校四十周年的校庆资料进行补充完善；二是组织师生利用寒暑假开展了"寻校友足迹，觅人生真谛"大型校友调查活动，对校友的基本状况进行调查摸底登记；三是对后段的毕业校友，学校设计了校友成长跟踪联谊卡，要求校友经常与母校保持联系，及时将人生的变化汇报给学校；四是开展了走访慰问最老校友和贫困校友活动；五是聘请社会贤达作为名誉校友。通过这些手段与途径，学校建立了丰富的校友资源库。

同时，完善学校网站，开设"校友资源"专栏；开办《涌泉》校报，报名由全国著名书法家、湖南省文化厅副厅长、娄底市原分管科教文卫副市长的鄢福初校友题写，校报开设了"校友风采"栏目；以每一届为单位，建立 QQ 群或组织同学聚会，学校提供优质服务，成功举办了 79 届校友聚会；在网站和校报上发表《致校友的公开信》和支持母校发展的《倡议书》……这样，建立了母校与校友、校友与校友之间立体的交流平台。

（二）用校友名命名班级，开展升降班旗活动

在开发利用校友资源的研究与实践中，我们把校友的名字也作为资源来开发。学校对各班级的命名，除了一个常规的用阿拉伯数字命名班级外，还要求各班选择一位校友的名字来

命名，诸如清尧班、福初班、荣华班、巨星班、光荣班、日新班、卫华班等。选择校友名字命名班级有严格的规程，先由学校出面与相关校友取得联系，必须经得校友的同意；其次是有计划地向学生们展示候选校友的名字与事迹，供班级选择；然后各班在规定的时间内向学校申报并陈述选择的理由，如果碰上几个班选择同一个校友，学校组织"竞选"活动，由第一名的班级优先选择，其他班级继续选择；最后由学校审定公示。

如果只停留在这个层面上，意义不大。学校要求各班向相关校友写信获得学长学姐的教育与帮助。学校在此基础上，开展了设计班旗、升班旗竞赛活动。每周一升国旗后，分别把上周初中部、高中部综合评价第一名的班级的班旗升起飘扬在校园的上空。学校坚持了两年升班旗，学生集体荣誉感和班级凝聚力大大增强。

（三）开发校友德育资源，形成校本德育教材

校友育人，校友身上最有价值和取之不尽的资源当属德育资源。学校开设了"校友励志讲坛"，一是有计划地邀请校友回母校作励志演讲；二是每年举办一届由校友资助、校友作励志演讲的"励志与梦想"夏令营。第一届夏令营，组织 50 多位品学兼优的高二学生参观了毛泽东故居、刘少奇故居、岳麓书社、中南大学、湖南大学、湖南师大，游览了岳麓山，请湖南行政学院教授曹山河校友为学子们作了励志演讲。第二届夏令营，组织 40 多名高一新生参观了井冈山革命根据地和南昌起义旧址、井冈山大学、南昌大学，请井冈山大学康东波博士校友作了励志演讲。两届参加夏令营的学生都交了参观感想，择优发表在校报或网站上，让没去的同学感同身受，收到了显著的教育效果。

开发校友的人生故事。校友们是学校向社会各行各业散发出的一张张精美的名片。校友们演绎了多姿多彩的人生，他们积极、精彩的人生故事对学弟学妹们找准人生坐标具有很大的启迪作用，可以引导他们走向健康的人生、高尚的人生、成功的人生。课题组把校友中精彩的求学、成长、创业等人生励志故事开发出来，编辑了《魅力人生》一书，作为校本德育励志教材，供莘莘学子品读。由于校友的人生故事具有本土性和亲和性等特点，同学们容易接受，在赏读中接受了无声的教育。

（四）开发校友财力资源，建立教育助学基金

一个学校如果没有校友的支持，也很难得到非校友的支持。开发利用校友的财力资源，推进学校发展，是我们课题组研究的一个重要内容。先是一些校友看到《致校友的公开信》《倡议书》，开始主动联系学校，尽能力为母校献爱心。如高中 95 届校友代表捐赠母校多媒体设备 6 套；高中 76 届校友曾立吾先生访问母校，捐赠人民币 5000 元；校友康钦华先生对 2011 年高考上本科线的学弟学妹每人进行 2000 元的奖励；高中 85 届校友陈艳武先生去年出资 2.5 万元、今年出资 3 万元资助母校开展"励志与梦想"夏令营活动；高中 82 届校友王淑云女士资助课题研究经费 5 万元；等等。我们在学校网站和校报上推出《校友爱心接力榜》，并深情寄语校友和社会爱心人士：您的每一次善举都是学校的福祉，您的每一个微笑都是我们前行的力量，母校永远铭记您付出的心血和智慧。

这样，学校不断得到校友的关注，赢得了很多校友的理解和大力支持，凝聚起了校友的

力量。有经济实力的校友向母校捐赠钱物；有门路的校友为母校牵线搭桥，提供信息资源。由 79 届鄢福初先生等校友牵线搭桥与组织，2012 年 10 月 1 日学校成功举办了娄底市教育基金会王本奎助学基金成立暨学校 79 届校友聚会活动。王本奎助学基金首次达到了 141 万元，每年可产生 28 万元的收益，用来奖励优秀师生和资助家庭贫困师生。众人拾柴火焰高。教育助学资金的成立，既减轻了学校办学经费的压力，又激励师生成长成才。

（五）弘扬优秀传统文化，打造书画艺术特色

书法、绘画是中华优秀传统文化，也是学校的一个教学特色。学校先后有 6 位毕业生考入中央美院。目前，有 4 位校友是全国有名的书画家，有 5 位校友的书法在省内有名，有 20 多位校友在市县书画界有影响。

学校继承优良的办学传统和办学成果，建起了师生书画室；在《涌泉》校报上开辟了"校友书画作品展示"专版；特别是联系到了毕业于中央美术学院、中国艺术研究院的衡阳师院书法教师、知名青年书画家彭育龙校友。彭育龙先生了解母校发展艰难的情况后，毅然决定拿出凝聚了他书画功底、艺术灵感与爱心的 100 余件作品，为地处武陵山片区的母校的发展，举办了一次爱心公益活动。这次爱心公益活动的成功举办，不但唤起了更多的社会贤达、爱心企业家，特别是校友对当下教育的关注与支持，还为弘扬中华优秀的传统文化提供了一个富有意义的交流平台，为我校的书画艺术特色教育提供了经济保障和智力支持。

与此同时，学校还经常开展"校友球类友谊邀请赛"等校友文化活动。校友与母校的关系维系得越来越紧。

（六）汇集校友各类荣誉，建设好校友荣誉室

一般的中小学校，都缺少校史展览室和校友荣誉室，我校过去也不例外。校史展览室和校友荣誉室是一所学校沉淀文化底蕴的地方。建设校友荣誉室也是我们课题研究的一个重要内容，我们把它作为学校重要的德育基地来打造和重要的文化阵地来建设。课题组对荣获过县、市级十佳称号和省级及以上先进的校友征集荣誉证书或照片，制成展板，建成了校友荣誉室。有计划地组织在校学生参观，学生们深受感动。以后新生入学的第一堂课就是参观校友荣誉室，唤起他们的自豪感、求知欲和进取心。

（本文发表在 2015 年第 10 期《中小学校长》）

推进依法治教的思考

肖凯文　曾曙勇

党的十八届四中全会通过了《中共中央关于全面推进依法治国若干重大问题的决定》。在推进依法治国的大背景下，推进依法治教有其必要性与紧迫性。作为基层的督学，笔者非常期待一个真正依法治教时代的早日到来，同时对推进依法治教也有过一些思考。

一、推进依法治教是社会多元发展和改良教育现状的迫切需要

（一）推进依法治教是贯彻党和国家教育方针的需要

《国家中长期教育改革和发展规划纲要（2010—2020年）》明确提出了"坚持教育为社会主义现代化建设服务，为人民服务，与生产劳动和社会实践相结合，培养德智体美全面发展的社会主义建设者和接班人"。这个提法完善了《中华人民共和国教育法》提出的教育方针："教育必须为社会主义现代化建设服务，必须与生产劳动相结合，培养德、智、体等方面全面发展的社会主义事业的建设者和接班人。"

党和国家的教育方针全面回答了办学的方向是什么，培养什么样的人、怎样培养人和为谁培养人等问题，可在实际的执行中经常大打折扣，停留在口头上。一些政府及其教育行政部门为了学校不出任何安全事故，禁止一切校外活动，而不是积极地去为学校开展生产劳动和社会实践活动提供好的制度或法律保障，学校也不主动作为。笔者认为，真正的"以人为本"，就是充分尊重人的天性，培养人适应自然和社会的生存能力；学校教育如果局限在四壁合围的课堂，这种能力是培养不出来的。而要真正贯彻党的教育方针，必须有健全的法律做保障。

（二）推进依法治教是改变"有法难依"陋习的需要

多年来，国家陆续推出了一系列有关教育的法律法规，但依法治教的氛围一直没有形成，最主要的原因就是"有法难依"。

比如说，对顽劣学生的处理，《中华人民共和国预防未成年人犯罪法》第三十五条规定：对未成年人实施本法规定的严重不良行为的，应当及时予以制止。对有本法规定严重不良行为的未成年人，其父母或者其他监护人和学校应当相互配合，采取措施严加管教，也可以送工读学校进行矫治和接受教育。《中华人民共和国义务教育法》第二十条规定：县级以上地方人民政府根据需要，为具有预防未成年人犯罪法规定的严重不良行为的适龄少年设置专门的学校实施义务教育。其第二十七条规定：对违反学校管理制度的学生，学校应当予以批评教育，不得开除。

可在学校管理中，学校对一些屡教不改的学生最后不得不放弃，通知家长带回去。这样处理是学校不得已的办法，中间存在很多隐患，一些不服家长管教的孩子，会迅速沦落为社会上的"混混"，社会多了一些不合格的公民；一些不思悔改的被劝退的学生迁怒于同学或

学校，有可能发生报复的行为。因此，对学校难以教育好的孩子，如何落实相关法律法规，履行对他们的教育职责十分重要。

（三）推进依法治教是保证教育健康发展的需要

教育是传承人类文明、培养人的行为活动，本应充满诗意。目前，教育的外部环境和内部管理都没有达到理想的状态。

比如这样一些教育案例：某中学一个学生节假日在家里时溺水身亡，家长找到学校，责问学校为什么节假日不补课，要求学校负责；某中学两个学生节假日在家期间骑摩托车兜风被货车撞死，家长把孩子的尸体往学校抬，要求学校负责，理由是学校没有教育好孩子；某中学一个班主任对一个学生进行了多次教育无效，班主任通知家长到学校来帮助教育，后来这个学生因为家长的一句"你不学好就去死了算了"的气话而自杀了，家长带领亲戚们到学校闹，要求学校负全部责任，理由是班主任不应该通知家长到学校来。

这些案例都说明，教育的健康有序发展需要法律的保驾护航，学校、教育主管部门和家长等都需要依法办事。

二、推进依法治教需要建立科学的教育法律法规体系

目前我国教育法律法规滞后于经济社会和教育本身的发展，体系很不健全，立法水平还较低。在教育领域，《教育法》应是教育法律法规的基本法。按理，要先有教育基本法，再有其他教育法规。可一看几部教育法规制订的时间，就发现没有体现这种逻辑关系。《中华人民共和国教育法》是由第八届全国人大第三次会议于1995年3月18日通过，1995年9月1日起施行的。《中华人民共和国教师法》由第八届全国人大常务委员会第四次会议于1993年10月31日通过，1994年1月1日起施行的。《中华人民共和国义务教育法》是1986年4月12日由第六届全国人大第四次会议通过，1986年7月1日起施行的。按照正常程序，《中华人民共和国教育法》要先于《中华人民共和国教师法》《中华人民共和国义务教育法》等其他教育法律法规制定，其他教育法律法规要根据宪法和教育法制定。

完善科学的教育法律法规体系已迫在眉睫。《国家中长期教育改革和发展规划纲要（2010—2020年）》提出了完善教育法律法规的要求：按照全面实施依法治国基本方略的要求，加快教育法制建设进程，完善中国特色社会主义教育法律法规。《中共中央关于全面推进依法治国若干重大问题的决定》也提到了依法加强和规范公共服务，完善教育、就业、收入分配、社会保障、医疗卫生等方面的法律法规。

完善了教育法律法规，还存在一个普法宣传的问题。在很多次普法考试中，试题基本上没有涉及教育法律法规的内容。在人们心目中，教育法律法规是"软法"。因此，很有必要通过多种形式在社会、家长、学校及师生中加大对教育法律法规的普法宣传。

三、推进依法治校、依法办学是推进依法治教的关键

推进依法治教最终要落实到依法治校、依法办学上来。学校要切实提高运用法制思维和法制方式推进依法治校、依法办学，推动学校健康发展的能力和水平，紧紧依靠法律来维护

学校、师生的合法权益。推进依法治校、依法办学，目前各级各类学校应做好以下事情：

（一）完善学法制度，增强法制意识

各级各类学校要进一步完善领导干部和师生学法用法制度，增强学法、遵法、守法、用法意识，牢固树立宪法至上、法律至上的理念，牢固树立在宪法和法律范围内活动的意识。对法律充满敬畏感，养成依法处事的习惯，彻底消灭情大于法、权大于法的不良行为。

（二）提高依法建章立制的水平

学校坚持用法制思维审视学校办学章程和管理制度，充分发挥学校教代会的智慧与作用，充分尊重民意。让修订后的办学章程和管理制度既服从于法律，又具有很强的操作性，能充分激发广大教职员工的积极性、主动性和创造性。

（三）加强法制文化建设

中小学校是建设社会主义法制文化的重要场所，是培养合格公民的地方，而合格公民最起码的特点就是遵纪守法，所以，学校应承担社会主义法制文化建设的重任。一是要加强法制课程建设。结合道德教育和社会主义核心价值观教育，推动中国特色社会主义法治理论进教材、进课堂、进头脑，培养造就熟悉和坚持中国特色社会主义法治体系的法治人才及后备力量。二是建设好教育阳光服务平台，实施校务公开。三是定期开展道德模范、守法模范评选活动，开展寓教于乐的法制教育主题活动。四是加强法制的宣传与研究。坚持用板报等多种形式呈现法律知识，向社会公开报道法制活动的开展情况，培养法制小宣传员。同时，应加强课题研究，通过课题研究来指导依法治校和依法办学的实施。

（四）依法规范办学行为，重塑教育形象

目前，人民对教育的满意度不是很高，一是因为家长对优质教育的需求越来越高；二是因为教育自身确实存在这样那样的问题。影响教育形象的主要因素是在教育内部不同程度地存在乱补课、乱收费、乱订教辅资料、排挤差生等违规违法行为。一般的管理，效果不大，亟须法律法规的约束。

四、依法加强教育督导，为推进依法治教提供有力保障

《中共中央关于全面深化改革若干重大问题的决定》强调"强化国家教育督导"。国务院《教育督导条例》《湖南省教育督导条例》为各级教育督导机构的建设和教育督导活动的开展提供了法律依据。依法加强教育督导，也属于推进依法治教的范畴。

因此，要依法建设好各级教育督导机构，加强督学责任区建设，开展责任督学挂牌督导。让教育督导依法履行督学、督政、评估监测的职能。教育督导机构要用法治思维，深入调查研究制定科学的督导评估方案，用法制方式加强义务教育督导检查，开展学前教育和高中阶段教育督导检查。强化对政府落实教育法律法规和政策情况的督导检查。建立督导检查结果公告制度和限期整改制度，有力地保障依法治教的实施。

（本文获 2014 度湖南省教育科研工作者协会优秀论文评选一等奖，发表在 2015 年第 1 期《发现》杂志）

新化教育到了"众人划桨开大船"的时刻

肖凯文

这几天，人们对新化教育的关注，不亚于高考放榜的时候。笔者没有刻意去搜寻有关新化化解大班额的文章，但跳入眼帘的文章一一拜读了一下，从中读出了诉求、指责、同情、委屈、无奈、苦闷、理解、支持等情绪。笔者认为，这不像一场针锋相对的辩论赛，倒像一次关乎新化教育发展的大讨论。通过讨论，可以看出，家长对方便、安全而优质的教育期待多么的强烈。这无可厚非。通过讨论，可以看出，穷县办大教育多么艰难啊！新化教育要发展，要跨越发展，真的到了众人划桨开大船的时刻了。笔者作为一个普通的督学，又作为一个有多位亲人的孩子在明德学校分流年级就读的相关者，我不想去反驳什么、指责什么。怎么来共克时艰？想把我的了解、理解、思考与大家做一次但愿是暖心的交流。

新化教育这艘大船真的很大

据统计，新化现有幼儿园 228 所，在园幼儿 45800 人；共有中小学校 496 所，在校中小学生 189895 人，在园在校学生合计 235695 人。这个数据，比一些县的总人口数还要大，远远超过了一些地级市（区）的在园在校学生数。前不久，笔者参加了国家教育行政学院在杭州萧山基地组织的高级研修培训，考察了萧山区的教育。萧山区户籍人口 128 万，外来人口 139 万；教育规模为幼儿园 174 所，在园幼儿 50776 人，中小学校 118 所，在校中小学生 166285 人，合计在园在校学生 217061 人；地区生产总值 1632 亿元，财政总收入 267 亿元，一般公共预算收入 163 亿元。萧山的教育规模比新化小，可财政收入是新化的 10 多倍。

新化的"吃饭财政"承担了湖南乃至全国县级区域最大规模的教育之一。无论如何，从大局来说，新化政府和人民是做出了贡献的。笔者多次目睹了现任县委书记向省里领导汇报新化教育资源严重不足的时候，真有要流泪的感觉；也多次听到现任教育局长表达过"不尽快在县城新建好三所学校，到时我只能跳资江了"的感慨。可见新化教育发展到了何等艰难的地步。新化教育这艘大船是停滞不前，还是顺利且快速地驶向胜利的彼岸？主动权既在领导的手里，也在我们每个普普通通的新化人手里。我们完全可以成为桨手，同心协力向共同的目标划去。

全力化解大班额是实事、好事

大班额甚至超大班额像一个顽疾，困扰了新化教育多年。党的十九大提出了办公平而有质量的教育。省里把化解大班额列为为民办实事工程，摸清了全省的底子，明确了工作进程。这是国家政策与教育战略的要求。

众所皆知，大班额不利于老师面向全体学生，不利于培养学生的个性，不利于教学质量的提高。笔者小时候生活在农村，经常看到奶奶、妈妈用老母鸡孵蛋，奶奶、妈妈很用心，我时不时看到她们把老母鸡窝边的蛋捡到窝中间去，有时还把老母鸡正在孵的蛋拿到煤油灯下去照。尽管奶奶、妈妈做到这个份上了，但老母鸡窝里的蛋每次都不能100%孵出小鸡来，放再多的蛋，收获的总是10多只小鸡仔；她们就把那些"寡鸡蛋"煎了给全家人当美味。后来我慢慢明白，那些"寡鸡蛋"没有孵出小鸡仔，可能是没有受精的原因，更有可能是老母鸡只有孵化20个左右蛋的能力吧。国家、省里制定了各个学段的班额，就是考虑老师的上课、批阅作业、个别辅导能顾及到班上每个学生，目标是教好班上每一个学生。试想，同样的时间与精力，是花在50个学生身上效果好，还是花在80个学生身上效果好呢？答案不言而喻。全力化解大班额真的是实事、好事。

分流方案考虑了家长的感受

我国基础教育实行以县为主的管理体制。最新的《湖南省中小学幼儿园规划建设条例》规定：县（市、区）人民政府应当按照国家和省有关规定，结合本地实际，科学确定中小学校、幼儿园的布局、服务半径、数量和规模。这表明，县级人民政府及其教育行政部门有权利和义务管理好辖区内的学校与幼儿园，从布局到数量、规模和质量。当前，新化要按照国家、省里的部署化解大班额，面临新建学校暂时不能交付使用的困难。按照省里规定的时间节点，2018年下学期招生的小一、初一的班额必须控制在规定的人数内；到2020年，所有班级都必须符合班额标准。在这种情况下，县政府及其教育行政部门通过反复比较、多次论证，形成了目前比较合理的分流方案。笔者认为，这个分流方案理性地考虑了家长的感受。按理说，家长最在乎的是学校的管理与任课教师。把明德学校下期的初二与初三整体移到原星台中学，同样是原班教师，同样是原班同学资源，同样是明德的管理制度与管理规程，就是考虑家长的感受。当然，这样不多不少会给部分家庭带来些许困难，但这并不是不能克服的困难。城东本来只有两所中学，分流到这里，还是属于就近入学的范围。至于校园安全问题，政府、教育部门、学校与家长一样上心，学校不能出安全问题，也出不起安全问题。全县所有学校都建立了"全面排查、全员防范、全程监管"的安全机制，效果很好。学校会根据每个学生距离学校远近制定通宿生、寄宿生的管理方案，尽最大努力解决好家长的后顾之忧。想起10年前的星台中学，有来自全县各个边远地方的学生，城区各个角落的学生，只要能考入星台的，都进了星台。所以，家长完全可以把心放在肚里，基础教育的目标就是为学生一生的发展与幸福奠基。

珍惜教育孩子的每一次契机

在孩子的教育问题上，我们很多家长对孩子真是含在嘴里怕化了，捧在手里怕摔了，似乎要让孩子舒适舒适再舒适，这才尽到了做父母的责任。笔者在学生时代读过一本励志的书，书中有一段话，我能倒背如流，在不顺的时候，常常用来激励自己："人生的旅程是漫长的，在命运的安排下，有的人终生一帆风顺，有的人经历坎坷艰辛。一帆风顺固然值得祝贺，却难于领略那跋山涉水的意境；坎坷艰辛，却能获得战胜困难之后的种种喜悦。"许多名校组织学生远足，创设情境让学生体验，就是为了磨炼学生的意志。

《中国学生发展核心素养》是目前一项非常重要的研究成果，已进入了课程标准。其中有一项素养是"责任担当"，它包含"社会责任""国家认同""国际理解"三方面的内涵。培养学生的社会责任感是要靠家长、教师潜移默化地熏陶的，空洞说教是教不出来的。这次明德学校初二、初三学生的分流就蕴藏了培养学生"责任担当"核心素养的契机。每个家长应该珍惜这个教育契机——用您的行为告诉孩子，目前政府有点困难，我们就做出点小牺牲吧。孩子们拥有了"责任担当"这个核心素养，是一笔不可估量的财富。长大后对父母、对家庭肯定是有责任担当的，在事业上也会赢得很多优秀的合作伙伴。培养孩子的责任担当，不可以从现在开始吗？

夜深了，我预感明天是个好天气。我充分相信新化教育倾注大家的心血与智慧，一定会有美好的明天。

（本文原载《梅山时评》）

快乐着 收获着

——参加 2018 年湖南省骨干督学高级研修培训有感

肖凯文

5月13日—19日，笔者作为一名省示范性普通高中网络督导评估专家，有幸参加了省督导办委托国家教育行政学院、省教育督导与评价协会组织的新高考改革及新修订课程方案、课程标准骨干督学高级研修培训。这次培训地点选在高考综合改革首批试点的浙江省与上海市，培训课程安排既有理论的深度，又有实践的温度。专家们的学习热情像这几天的气温从30°C上升到37°C一样，一直高涨。笔者和大家一样颇有收获，深有体会。

一是高考综合改革的初衷更加清晰。《国务院关于深化考试招生制度改革的实施意见》指出：切实通过高考综合改革，更好地贯彻党的教育方针，全面实施素质教育，增加学生的选择性，分散学生的考试压力，促进学生全面而有个性的发展。浙江省教育厅提出：满足学生的需要，是我们最大的价值取向。浙江、上海新高考试点彰显了新高考的作用与意义：①鼓励学生强化兴趣优势；②通过选考确立专业方向；③通过选择建构动力机制等。基本实现了高考综合改革的初衷。

二是分享了两地新高考的经验。浙江、上海新高考试点不负众望，为其他省（区、市）高考改革提供了正反两方面的经验。成功的经验可以有效借鉴；表现出来的不足，可以警醒正准备实施新高考的省（区、市）在制订实施方案与顶层设计时，更能理性地思考，让实施方案与顶层设计更加完善，在实践中少走弯路。比如，学生在选考中产生的"驱赶效应"与"磁吸效应"，即考生惧怕选物理，大多喜欢选基础起点较低的易学学科。"驱赶效应"与"磁吸效应"心理作用的共同影响，会导致"七选三"或"六选三"学科会越来越不均衡。因此，让选考回归理性，让学生真正地可以按自己的兴趣与爱好进行选择，必须有科学的机制来保障。怎么来克服高中学校、学生、家长、高等院校的功利思想，不偏离新高考的初衷，也需要科学的机制来引导。

三是感受了主讲老师的学识魅力。本次培训，共安排了6堂讲座。主讲老师都是全国有影响的专家，有3位来自教育行政部门和中学名校，都是特级教师，其中一位是教育部《普通高中英语课标》修订组核心成员；有3位来自大学和研究所，都是教授和博导，其中一位是普通高中语文课程标准组组长，另有一位教授已有74岁高龄。通过聆听教授专家们的讲座，笔者对新高考、新修订的普通高中课程方案和课程标准有了比较全面与全新的认识。教授专家们渊博的学识、生动形象的阐述，让我们有如坐春风之感。特别是教授专家们严谨的治学之风、重视案例与大数据的积累、善于从大数据中获取有效的信息，给了笔者深深的启迪，受用后半辈子。

　　四是目睹了名校的风采。本次培训观摩考察了 4 所中学：杭州萧山中学、杭州萧山二中、上海格致中学、上海大同中学。这四所中学校长的课程领导力都很强，学校课程建设形成了自己的特色，都重视校史的积淀和学校精神文化的传承。这些恰恰是笔者所在地学校的短板。特别是新高考、新课程方案、新课标的贯彻落实，对校长的课程领导力与学校的课程建设是一个严峻的考验。笔者将力所能及地给予学校指导与帮助。

　　本次培训，既是快乐的，又是有收获的。在快乐中培训，在培训中收获。

（本文原载湖南教育督导网）

参考文献

［1］国家中长期教育改革和发展规划纲要工作小组办公室．国家中长期教育改革和发展规划纲要（2010－2020 年）［EB/OL］．（2010－05－29）［2021－05－29］．http：//www. moe. gov. cn/srcsite/A01/s7048/201007/t20100729_ 171904. html.

［2］国务院．教育督导条例［EB/OL］．（2012－09－09）［2021－05－29］．http：//www. gov. cn/gongbao/content/2012/content_ 2231685. htm.

［3］教育部．关于加强督学责任区建设的意见［EB/OL］．（2012－05－04）［2021－05－29］．http：//www. moe. gov. cn/srcsite/A11/s7057/201205/t20120504_ 171752. html.

［4］国务院教育督导委员会办公室．中小学校责任督学挂牌督导办法［EB/OL］．（2013－09－17）［2021－05－29］．http：//www. gov. cn/gongbao/content/2013/content_ 2547143. htm.

［5］国务院教育督导委员会办公室．中小学校责任督学挂牌督导规程［EB/OL］．（2013－12－19）［2021－05－29］．http：//www. moe. gov. cn/srcsite/A11/moe_ 1789/201312/t20131219_ 161264. html.

［6］国务院教育督导委员会办公室．深化教育督导改革转变教育管理方式的意见［EB/OL］．（2014－02－18）［2021－05－29］．http：//www. moe. gov. cn/jyb_ xwfb/gzdt_ gzdt/s5987/201402/t20140218_ 163911. html.

［7］国务院教育督导委员会办公室．中小学校责任督学挂牌督导创新县（市、区）工作方案［EB/OL］．（2015－03－17）［2021－05－29］．http：//www. moe. gov. cn/s78/A11/tongzhi/201503/t20150317_ 186359. html.

［8］国务院教育督导委员会办公室．全国中小学校责任督学挂牌督导创新县（市、区）评估认定标准［EB/OL］．（2018－07－13）［2021－05－29］．http：//www. moe. gov. cn/s78/A11/tongzhi/201807/t20180713_ 342935. html.

［9］教育部．督学管理暂行办法［EB/OL］．（2016－08－05）［2021－05－29］．http：//www. moe. gov. cn/srcsite/A11/s8390/201608/t20160805_ 274102. html.

［10］湖南省人民政府教育督导室，等．湖南省督学责任区学校督导评价指南［M］．长沙：湖南大学出版社，2012.

［11］王建华，等．责任区督学工具箱［M］．长沙：湖南少年儿童出版社，2013.

［12］唐亚武．督学责任区概论［M］．长沙：湖南人民出版社，2016.

［13］教育督导团办公室．欧洲五国教育督导制度的比较［EB/OL］．（2012 – 12 – 04）
［2021 – 05 – 29］．http：//www. moe. gov. cn/s78/A11/s3077/moe＿626/201212/
t20121204＿145133. html.

［14］陈雨．国外"责任督学"招聘培训概述及对我国的启示——以英、法、美、日等国为
例［J］．教学月刊中学版，2014.

［15］韩淑萍，等．责任督学队伍建设的需求与建议：来自责任督学的视角［J］．北京教育
科学研究院 2015 年学术年会，2015.

［16］王水发．加强督导机制研究与能力建设——深圳市南山区落实责任督学挂牌督导实践
［J］．中国教育干部网络学院，2014.

［17］教育部．开创教育督导新时代加快推进教育现代化——中小学校责任督学挂牌督导工
作报告［EB/OL］．（2018 – 02 – 06）［2021 – 05 – 29］．http：//www. moe. gov. cn/jyb＿
xwfb/xw＿fbh/moe＿2069/xwfbh＿2018n/xwfb＿20180206/sfcl/201802/t20180206＿
326793. html.

［18］教育部．我省全面建设督学责任区　激发教育督导新活力［EB/OL］．（2018 – 02 –
05）［2021 – 05 – 29］．http：//www. moe. gov. cn/jyb＿xwfb/xw＿fbh/moe＿2069/xwfbh＿
2018n/xwfb＿20180206/dfjy/201802/t20180205＿326724. html.

［19］黄龙威．关于督学责任区几个问题的思考［J］．当代教育论坛，2013（2）.

［20］湖南省人民政府教育督导室．湖南教育督导史［M］．长沙：湖南教育出版社，2011.

［21］温红博．2018 年国家义务教育质量监测湖南省报告结果解读［J］．2018 年国家义务教
育质量监测湖南报告解读会，2019.

［22］中共中央办公厅、国务院办公厅．关于深化新时代教育督导体制机制改革的意见
［EB/OL］．（2020 – 02 – 19）［2021 – 05 – 29］．http：//www. gov. cn/zhengce/2020 –
02/19/content＿5480977. htm.

［23］中共湖南省委办公厅，湖南省人民政府办公厅．关于深化新时代教育督导体制机制改
革的实施意见［EB/OL］．（2021 – 01 – 22）［2021 – 05 – 29］．http：//www. hunan. gov.
cn/hnszf/hnyw/sy/hnyw1/202101/t20210122＿14145262. html.

［24］教育部，等．义务教育质量评价指南［EB/OL］．（2021 – 03 – 14）［2021 – 05 – 29］.
http：//www. moe. gov. cn/srcsite/A06/s3321/202103/t20210317＿520238. html.

后 记

在全国上下全面贯彻落实《关于深化新时代教育督导体制机制改革的意见》之际，《责任督学能力建设探微》即将出版。本书是湖南省教育科学"十三五"规划重点资助课题"湖南中小学校责任督学能力建设实证研究"的重要研究成果，也当为推动新时代教育督导体制机制改革尽点绵薄之力。

人是生产力中最具有决定性的力量和最活跃的因素。责任督学是落实挂牌督导制度最关键的因素，他们能力素养的高低决定挂牌督导工作成效的大小。新化县人民政府教育督导室高度重视责任督学的能力建设，牢牢把好责任督学的入口关、信念关、培训关、实践关、考核关、创新关；2017 年，与新化县第一中学共同承担了课题"湖南中小学校责任督学能力建设实证研究"的研究工作。课题组运用实证研究的方式，开展了扎实有效的研究，取得了一定的理论成果与实践成果。编著成书，一是对课题研究的全面总结与理性思考，二是为责任督学能力建设提供一些成功的范例，三是为后续研究奠定一个良好的基础。

本书文稿主要由主持人肖凯文执笔，包括已注明和未注明的文稿。主要研究人员袁愈祥、曹光辉、李艳梅、刘邵军、彭育国、孙志奇、贺智力、伍晨羽、周锡波、李茂秋、刘文理、吴志宏等均有研究成果收入。主持人与朋友康甫然、李斌、曾曙勇合著的一些文章也收入其中。但愿本书能展现更丰富的视角。

本书顺利出版与课题顺利结题，凝聚了研究人员的心血与智慧，同时，倾注了领导的重视、专家的指导、出版社的支持、朋友们的帮助；在研究经费保障上，省里按标准给予资助，课题承担单位按要求给予配套，特别是新化县教育基金会雪中送炭，解决了研究经费短缺问题，助力教育科研发展。在此，一并表示崇高的敬意和由衷的感谢。本书引用的个别实例，是为了充分展示责任督学的实践成果，为此带来的不良影响，深表歉意。本书参考了一定的文献、讲座等资料，对其归属者表示诚挚的谢意；一些参考资料在文后或书后没有一一注明，对其归属者真诚致歉。

由于研究人员学识水平与理论视野的局限、实践能力的不足，加之时间仓促，本书和课题研究一定存在诸多问题，敬请大家包容和批评指正。不胜感激！

著 者

2021 年 4 月 30 日